몽골의 정부개혁

김 태 룡

도서출판 대영문화사

머리말

몽골로 불리우는 몽골국은 우리에게 어떤 느낌으로 다가올까? 늘 품어오던 의문 가운데 하나이다. 역사적으로 보면 과거 원(元) 시대에 고려에게 패배와 함께 80여 년 간이나 간접 지배를 하면서 잊을 수 없는 치욕을 안겨준 나라이다. 하지만 현대에 이르러서는 몽골과 수교가 이루어진지 30주년이 되고, 정치적으로나 경제적으로 밀접한 우호관계를 맺고 있는 나라이다.

칭기즈 칸(Chinggis Khan)의 제국 시대에는 세계를 정복하고 문명의 전파자 역할을 했던 몽골이었다. 북원(北元)으로 몰락한 이후의 제국은 명과 청, 러시아와 중국 및 일본 등의 침입과 간섭으로 제대로 된 국가모습을 상실한지 오래되었다. 근대에 이르러 러시아에 의존한 몽골인민공화국을 수립했으나, 가난하고 폐쇄적인 소비에트 위성국가의 일원일 뿐이었다. 이후 구(舊)소련의 개혁・개방정책에 영향을 받아, 1990년에 시장경제와 민주주의를 표방한 체제전환을 통해 현재 몽골(Mongolia)이 수립되었다.

체제전환 이후 몽골은 시장경제와 민주주의를 정착시킨 나라이자, 민주주의의 '오아시스'라는 평을 들을 정도로 성공한 국가로 인정받고 있다. 경제적으로는 몇 차례 경제부침이 있었지만 1인당 국민소득이 4천 달러에 달하고, 시장경제체제가 정착되었다는 평가다. 천연자원도 전 세계에서 10위권에 달하는 풍부한 광물자원을 보유하고 있어, 자원빈국인 한국의 입장에서 보면 부럽기까지 하다. 이에 더해 인적자원도 사회주의 유산으로 교육 수준이 높고, 복지 차원에서 사회안전망도 어느 정도 갖추어져 있다.

하지만 몽골이 체제전환에 비교적 성공한 국가라는 외부평가와 달리, 내부적으로는 대단히 낮은 체제 수준을 지닌 모순을 안고 있다. 정치적으로 민주주의를 정착시켰다고는 하나 이는 어디까지나 절차적 민주주의가 실현된다는 의미일 뿐이다. 실질적 민주주의를 달성하기 위한 조건인 체제 구축이라는 측면에서 몽골의 정치체는 불안정하기가 이를 데 없다. 체제전환 이후 열네 차례의 내각 교체가 있을 정도로 정부가 불안정하고, 정실주의와 금권정치에 가까운 정치문화는 정치체의 안정성을 심각하게 훼손하고 있다. 그로 인한 관료사회의 불안정성과 낮은 전문성으로 정책의 효과성과 일관성을 기대하기가 어려운 실정이다.

경제체제는 국제 자원시장의 가격변동과 중국 등에 대한 의존도가 너무 높아, 이들의 영향에 따라 경제운명이 좌우될 정도로 취약하다. 한국은 1998년에 국제통화기금(IMF)의 구제금융을 단 한 차례 받았을 뿐인데도 현재까지 후유증에 허덕이고 있는 데 비해, 몽골은 무려 여섯 차례나 이를 받고도 별탈이 없는 것을 보면 경외롭기까지 하다. 게다가 몽골은 국제금융기구나 국제원조기구로부터 가장 많은 지원을 받는 국가 중 하나이기도 하다. 이들의 도움으로 발전을 도모하기도 하였지만, 다른 한편으로는 이들의 요구에 부응하다 보니 독자적인 발전모형을 모색하는 데 장애가 있었을 것이다.

한국도 과거 외국으로부터 원조를 받던 시절이 있었다. 무릇 원조에는 유상원조와 무상원조가 있게 마련인데, 원조에는 대개가 조건이 수반되게 마련이다. 이런 점에서 보면 몽골의 경우도 국제기구로부터의 원조나 지원에 따른 조건부여는 피원조국으로서는 피할 수 없는 상황이었을 게다. 그런데 문제는 이런 조건부여가 피원조국이 지닌 여건이나 상황에 부합되면 좋겠지만, 그렇지 못할 경우에는 부작용과 형식성만을 야기한다는 데 있다.

몽골정치체는 체제전환 이후 끊임없이 개혁을 추구해 왔다. 소비에트 위성국가로부터 벗어난 몽골이 개혁과정에서 선택할 수 있는 것이라고는 시장경제와 민주주의를 추구하는 국가를 모방하는 것이었다. 이후 국제사회의 일원이 된 몽골이 국제기구들의 도움으로 개혁을 추구하는 과정에서, 언급한 원조에 따른 조건부여는 피할 수 없는 상황이 되었다. 그러다 보니 몽골정치체는 개혁을 감내할 내적 조건을 구비하는 대신, 외국모형을 추종하는 의존적 개혁을 추구해 왔다. 이에 따라 몽골은 개혁박물관이 되기는 하였으나, 과연 개혁의 성과가 높았는지에 대해서는 회의적이다.

이 책의 출발 동기는 몽골의 과잉적이고 외국 의존적인 개혁지향성을 살펴보고자 하는 데 있다. 아직 우리의 학문 축적이 넉넉지 않아 몇몇 선진국을 제외하고는 발전도상국에 대한 연구물은 많지 않다. 다행인 것은 수출지상의 정부정책 덕분에 경제 분야에 대한 연구물은 그래도 다른 분야에 비해 넉넉한 편이다. 몽골에 대한 자료도 마찬가지로 경제정책이나 개혁에 대한 자료들은 다소 있는 편이나, 정부개혁 분야는 전무한 실정이다. 게다가 비교연구에 필요한 언어 장벽으로 그나마 많지 않은 몽골 자료들을 참조할 수 없었던 것은 문제였다.

왈도(D. Waldo)가 일찍이 설파했듯이 행정학의 꽃은 비교행정이라는 의미를 세기면서, 새로운 지평을 여는 심정으로 몽골의 정부개혁의 전반을 살펴보는 장정을 시작했다. 이 책이 비록 몽골에 대한 정부개혁 연구에 한정되기는 하였지만, 향후 발전도상국에 대한 비교연구를 통해 심오한 연구물이 축적되기를 희망한다. 아울러 이 책이 영미권 중심의 학문적 편향성을 극복하고, 적실성 있는 이론을 도출할 수 있는 비교연구의 초석이 되기를 희망해 본다.

한편 이 책을 집필하는 데 또 다른 동기가 있었는데, 정년을 앞두면서 마지막으로 지도한 박사과정 제자가 몽골학생이었다. 몽골인 제자를 지도하면서 몽골의 정부개혁에 대한 이해가 없이는 안 되겠다는 생각에 수년 간 자료를 수집하다 보니, 이 책을 집필하기에 이르게 되었다. 다만 지금은 학위논문 작성에 어려움을 느끼고 있는 뚜레(G. Duuree)가 이를 극복하기를 기도할 뿐이다.

늘상 생각하는 것이지만 결실을 맺는 데는 여러 사람의 희생이 필요할 수밖에 없었다. 교수로서 정년을 맞이하면서 많은 사람으로부터 받은 혜택과 그들의 희생에 그저 감사할 따름이다. 하늘에 계신 부모님의 은혜가 그러하고, 바쁘다는 핑계로 가족에게 희생을 강요해 온 것도 그러하다. 연구실의 제자들은 늘 선생의 요구에 부응해야 하는 노고를 감내해야만 했다. 이 모두가 정년을 맞는 본인이 감당해야 할 삶의 빚이자 갚아야 할 부채일 게다.

내용을 수정하느라 수고를 아끼지 않은 송정현 박사에게 감사의 뜻을 표하고자 한다. 특히 연구차 미국에 체류할 때마다 수고를 아끼지 않고 편의를 제공해 준 Irene Shim 선생과의 오랜 우정과 배려에도 감사의 뜻을 전하고자 한다.

함께하는 시간이 늘 부족해 마음 아파했던 나희도 이제는 자라 초등학교 입학을 눈앞에 두고 있다. 이제는 사랑스런 나윤이가 언니를 따라 손길이 절실하게 필요할 터이다. 이제 첫돌을 막 지난 채영이 역시 손길을 필요로 하기는 매한가지이다. 이 아이들이 마음놓고 뛰어 놀 수 있게 한국도 몽골도 멋진 행정이 펼쳐지기를 꿈꿔본다.

끝으로, 대영문화사의 임춘환 사장님께 감사를 드린다. 늘 어려운 출판 여건 속에서도 싫은 내색없이 출간을 허락해 주고, 소중한 인간관계를 맺어 온 인연에 감사할 뿐이다. 또한 보잘것없는 원고를 아름답게 편집해 준 편집부 선생님께도 다시 한 번 감사를 드린다.

2021년 새해

산자락이 보이는 우거에서

김태룡

차 례

들어가는 말

전 세계에 현존하는 국가가 200개가 넘고, 고금동서(古今東西)를 통해 정부개혁을 시도하지 않은 국가는 없었다.[1] 그런데 그 많은 국가들 가운데 몽골(Mongolia)의 정부개혁을 살펴보려고 하는 이유는 무엇일까? 그 이유는 이러했다.

몽골은 유럽을 제외한 구(舊)공산권 국가들 중에서 키르기스스탄과 함께 민주주의를 정착시킨 나라이자, 민주주의의 '오아시스'라는 평을 들을 정도로 체제전환에 성공한 국가로 인정받고 있다. 경제적으로도 몇 차례 경제부침이 있었음에 불구하고, 1인당 국민소득이 4천 달러에 달하고 시장경제체제가 정착되었다는 평가다.

인적자원도 사회주의 유산으로 교육 수준이 높아, 소득 수준이 비슷한 국가에 비해 우수한 인적자원을 많이 보유하고 있고 문맹률도 거의 제로에 수렴하고 있다. 사회적으로도 세계자유지수에서 높은 점수를 받

1 2021년 현재 전 세계에 현존하는 국가수는 기준에 따라 약간씩 차이가 있다. 국제연합(UN)에서 인정하는 국가수는 195개국이고, 세계은행(World Bank: WB)에 등록된 국가수는 229개국, 세계지도에 등록된 국가수는 231개국으로 나타났다.

는 등 어느 정도 자유국가로 자리매김하고 있다.

게다가 정부개혁을 지속적으로 단행해 왔음은 물론 개혁박물관이라 할 만큼 다양한 개혁이 시도되어 왔다. 가장 급진적 모형으로 평가받는 뉴질랜드모형에 입각한 신공공관리론(new public management)적 개혁을 시도한 국가이기도 하다. 그 결과 구(舊)소련의 위성국가로부터 벗어나 체제전환을 한지 30년 만에 시장경제와 민주주의가 비교적 정착된 국가로 평가받고 있다는 얘기다.

하지만 몽골이 직면한 현실이 긍정적 부분만 있는 것은 아니다. 민주주의의 '오아시스'라는 평가 이면에는 심각할 정도의 정치적 불안정이 놓여 있고, 풍토병처럼 번진 부패가 앞길을 불투명하게 가리고 있다. 민주주의 제도는 도입되었으나 제도들 간의 불협화음이 크고 제도를 운영할 정치문화나 능력은 많은 시간을 필요로 하고 있으며, 만연한 부패를 해결할 기미는 앞이 보이지 않는다. 더욱이 개혁을 집행해야 하는 관료집단은 지나친 정치화로 체제안정을 위협하고 있고, 집행능력이라는 면에서 전문성은 취약한 수준이다.

세계에서 10대 자원 보유국임에도 불구하고, 체제전환 초기인 1993년부터 국제통화기금(IMF)의 구제금융을 여섯 번이나 신청할 정도로 취약한 경제구조를 갖고 있고 현재까지도 진행형이다. 지정학적 요인과 함께 중국에 지나치게 의존적인 경제체제는 언제든 부침할 수 있는 조건을 갖추고 있으니, 향후 구제금융을 신청한다고 해도 이상한 일이 아니다. 단 한 번의 구제금융으로 20여 년이나 지난 지금까지도 후유증에 시달리고 있는 한국의 입장에서 볼 때 경외심마저 든다. 인적자원의 수준이 높다고는 하지만, 질적 수준의 측면에서 교육이나 문화 수준은 제도화에 따른 변화를 감내하기가 만만치 않다.

몽골은 독자적이고 토착적인 개혁모형을 갖지 못해 늘 국제원조기구나 국제금융기구의 지원에 따른 반대급부로 준(準)강요적인 개혁을 단행해 왔다. 그러다 보니 개혁의 일상화와 형식화로 개혁에 따른 효과는 거의 없음에도, 정권마다 과잉적으로 개혁지향적 정부를 지향해 왔다. 몽골은 체제전환 이후 민주주의와 시장경제체제로 편입된 지가 30년 밖에 되지 않은 신생국이기에, 모든 것이 새로울 수 있고 새로운 것을 추구해 나가는 것이 당연하기는 하다. 정치권도 민주주의체제로 전환한 이상 국민의 지지를 획득하기 위해 새로운 개혁정책을 끊임없이 추구해 나가야 한다.

몰락한 사회주의 전통을 탈피하고 발전한 나라의 우수사례를 수입해야 하는 상황을 이해 못하는 바는 아니나, 정부개혁이라는 측면에서 보면 제도화 수준에 맞지도 않는 외국의 개혁모형을 사려없이 적용함에 따라 개혁의 무력화와 내성만을 키워왔을 뿐이다. 제도화와 수용 능력을 고려하지 않은 대중주의적(populism) 개혁이나 제도의 무분별한 도입은 개혁의 형식화와 행형화만을 초래할 뿐 국가발전에 도움이 되지 않는다. 몽골은 이렇게 평가와 현실이 상반되는 매우 흥미로운 국가다.

한편 몽골의 정부개혁 현상이 몽골에게만 한정된 것은 아니다. 한국과 몽골을 동일한 선상에서 비교하는 것이 무리이기는 하나, 공통점이 없는 것도 아니다. 한국도 늘 그런 것은 아니지만 개혁모형을 수입해 온 국가이고, 개혁효과도 그리 높지 않았던 사실에 비추어 볼 때, 몽골을 발전도상국으로 폄하할 일도 아니고 반면교사(反面教師) 한다면 개혁효과성을 높일 수 있으리라는 생각이다.

특히 선진국을 쫓아가기에 여념이 없었던 한국의 입장에서 'COVID-19' 사태는 선진국에 대한 환상을 깨는 좋은 기회였다. 허상일 수도 있는 선진국에 대한 막연한 동경보다 더 필요한 것은 다양한 국가 간의 비교론적 논의를 통한 방향과 해법을 찾는 것이 새로운 방법론일 수도 있다.

그럼에도 한국의 경우 영미권에 대한 연구물은 그나마 있는 편이나, 비교론적 관점에서 발전도상국의 정부개혁을 다룬 연구는 일천하다. 이제부터라도 영미권 중심의 학문적 편향성을 극복하고, 다양한 국가 간의 비교연구로 지평을 넓혀가야 할 필요성이 절실한 시점이다. 이런 점이 개혁지향적인 몽골의 정부개혁을 살펴보게 된 이유이다.

몽골은 이처럼 체제전환에 비교적 성공한 국가라는 외부평가와 달리 내부적으로는 대단히 낮은 체제 수준을 지닌 모순을 안고 있다. 그럼에도 몽골정치체는 끊임없이 외국모형을 모방한 개혁을 추구하고 있다. 상황이 이러함에도 몽골정부가 개혁지향성을 추구하는 이유는 무엇인지, 개혁을 추구하는 개혁체제의 모습들은 어떠했는지, 개혁을 추구하고자 한 내용들은 무엇이었는지, 그에 따른 개혁성과는 어느 정도인지, 끝으로 몽골정부가 지향해야 할 미래의 개혁방향은 무엇인지를 살펴보려는 것이 이 책의 출발 동기이다.

비록 이 책이 몽골의 정부개혁에 한정된 내용이기는 하지만, 대부분 발전도상국에서 진행되고 있는 개혁의 모습이 이와 크게 다르지 않을 것이라는 점에서, 이 책은 발전도상국의 개혁특성을 이해하는 데 도움이 될 것으로 생각한다. 또한 몽골의 입장에서는 다른 국가의 학자가 객관적인 시각으로 몽골의 정부개혁을 들여다 보았다는 측면에서, 스스로를 비교·성찰해 볼 수 있는 계기를 마련해 주었다는 데에 의미가 있을 것이다.

제 1 장

몽골: 어떤 나라인가?

제1장

몽골: 어떤 나라인가?

제1절 기나긴 여정의 역사

몽골은 12세기에 이르러서야 통일제국을 형성하기는 했지만, 예전부터 유목민족국가로서 오랜 역사를 갖고 있다. 몽골족의 기원에 관해서는 다양한 학설이 존재해 왔다. 예컨대, 흉노족의 후예설, 돌궐족의 후예설, 토번족설 및 동호선비족의 후예설 등 몽골족의 선조를 둘러싼 입장도 다양한 편이다.

중국학자들은 이에 대해 대체로 몽골족의 선조로 동호(東胡)계에 속하는 실위(室韋) 부족의 일파가 발전해 형성되었다는 입장을 취하고 있다. 근거로는 몽골족의 선조인 몽올실위(蒙兀室韋)가 거란 계통에 속하며, 언어 체계도 유사하고 복식이나 풍속이 선비족과 비슷하기 때문이라는 것이다. 학계에서도 거란족, 선비족, 실위족 및 몽골족 모두를 동호계에 속하는 민족으로 보고 있는 편이다.

건국과 관련해서도 다양한 관점과 견해가 존재하기는 하나, 국가 출발을 BC 20세기까지 소급할 정도로 오랜 역사를 지니고 있다. 몽골의 역사 구분은 다양한 기준과 학자에 따라 달라질 수 있지만 여기서는 여섯 단계로 구분하고자 한다.

첫째 단계는 BC 20세기부터 몽골제국 시대가 출범한 1205년까지를 북방 유목민족국가 시대로 간주할 수 있다. 둘째 단계는 1206년부터 북원으로 출발하던 1368년까지로 몽골제국 시대다. 셋째 단계는 1368년 북원과 만주지배 시기를 거쳐 청에 복속되기 전까지인 1636년까지다. 넷째 단계는 청의 지배 시대로 1911년까지다. 다섯째 단계는 1911년 몽골 독립과 함께 건국된 몽골인민공화국 시대로 1990년까지다. 여섯째 단계는 1990년 민주화와 함께 건국해 현재에 이른 몽골 시대가 그것이다(대외경제정책연구원, 1995; 강톨가 외, 2009; 외교부, 2016; Harris, 2020).

[그림 1-1] 몽골의 역사

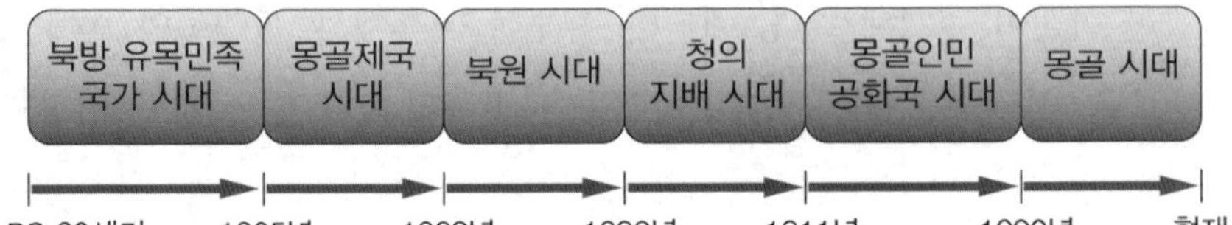

1. 유목민족국가 시대

북방 유목민족국가 시대는 대략 BC 20세기에서 AD 12세기경까지로 유목민족 간에 이합집산을 거친 미완성의 시기다. BC 20세기경 몽골초원과 카스피해 사이의 중앙아시아 지역에서 유목민 활동을 시작해 지금의 몽골고원에 건설되었던 유목민족국가는 몽골계, 투르크계, 퉁구스계로 나뉜다. 이들 유목민족국가는 정복과 멸망을 통한 이합집산을 거치면서 오늘날 몽골의 유목민족국가의 시원을 형성했다.[1]

북방 유목민족 가운데 투르크계는 몽골계보다 국가 형태를 먼저 갖추었다. 처음으로 등장한 유목민족국가는 흉노였다. 흉노는 BC 3세기 후반 몽골고원의 동부와 서부, 그리고 화북 지방에 유목 집단으로 등장했다.

당시 흉노제국의 중심지는 툴(Tuul)강 유역 산유이(Shanyui)였고, 전성기 때 영토는 서로는 터키, 동으로는 한반도, 남으로는 중국의 만리장성, 북으로는 바이칼호까지 확장되었다. 흉노는 황제로 불리는 선우휘하에 좌현왕·우현왕 칭호를 가진 왕들이 존재했다. 이들은 좌·우로 영지를 구분해 소유했고, 만기-천장-백장-십장으로 나누어진 십진법 단위의 군사조직체제인 십호제를 시행했다.

전성기를 거친 흉노는 분열 과정을 거치게 되는데, BC 54년경에 동흉노와 서흉노로 분열된 것이 그것이다. 분열된 흉노는 중국 북부에 거주하던 유목민인 오환의 공격으로 BC 48년에 다시 남·북 흉노로 분열된 후, 남흉노는 후한에 투항함으로써 멸망했다. 신앙적으로는 하늘을 숭배

1 유목민족들은 크게 선비, 유연, 거란, 몽골 등을 포함하는 몽골계, 흉노, 돌궐, 위구르 등을 포함하는 투르크계, 그리고 여진, 만주 등을 포함하는 퉁구스계로 나누어진다.

하는 샤머니즘적 세계관을 갖고 있었다.

1세기 말에 몽골계의 선비가 몽골 지역으로 세력을 확장해 가면서, 단석괴(檀石槐)가 후한에 멸망당한 북흉노인들을 통합해 156년에 선비국을 건국했다. 선비는 몽골계 가운데 가장 오래된 민족으로, 춘추 시대부터 내몽골의 동부 지역에 거주했던 동호민족의 계열로 흥안령산맥을 중심으로 거주했던 유목민족이었다. 이후 선비국은 단석괴가 사망하자 번성했던 탁발부와 모용부 부족은 북조에 흡수되고, 잔여 세력이 겨우 명맥을 유지하는 상태로 남게 되었다.

한편 몽골계의 유연은 4세기 초까지는 선비 탁발부에 복속되어 가축이나 담비가죽을 공물로 바치는 유목민족의 형태로 존재했었다. 402년에 이르러 유연이 강대해지면서 북위와 대립하게 되자 북위는 유연을 토벌하러 나서게 되고, 유연의 족장 사륜(社崙)은 몽골고원 북부로 도망해 명맥을 이어나갔다. 사륜이 죽고 나서 유연은 약 140년 동안 지속되다가 북위와 돌궐과의 연합 전투에서 패배함으로써 555년에 멸망하였다.

투르크계인 돌궐은 원래 유연에 예속되어 있었는데, 유연이 쇠락하자 552년에 토문(土門) 카간(Kagan)이 돌궐제국을 건국하였다. 돌궐은 제3대 무한(Mukan) 카간 때부터 전성기를 구가하기 시작했다. 무한 카간은 북중국 북주와 북제의 분열을 이용해 돌궐제국의 토대를 마련하면서, 이른바 동돌궐 카간국(돌궐 제1제국)을 건국했다.

특히 토문 카간의 동생 이스테미(Istemi)는 야브구(Yabgu)라는 칭호를 얻어 준가르(Jungar), 일리(伊犁)강, 추(Chu)강, 탈라스(Talas)강 등 영토를 물려받아 562년에 서돌궐 카간국을 건국했다. 당시 두 카간국을 합친 돌궐제국은 만주에서부터 카스피해 북쪽 연안에 이르는 광대한 영토를 소유한 투르크계 유목제국이었다.

그렇지만 돌궐은 581년경에 동돌궐(내외몽골 지역)·서돌궐(서투르크탄 지역) 카간제국으로 분열하게 되고, 당(唐)의 침공으로 동돌궐은 630년에, 서돌궐은 657년에 각각 멸망했다. 다만 쿠틀룩(Qutlugh) 카간의 돌궐 제2제국이 682년에 당의 지배에서 벗어나, 음산(陰山) 산맥을 중심으로 막남(漠南) 지역에 거점을 두고 부흥에 성공했지만, 통치 부족과 지속적 내부 분쟁으로 745년에 몰락하였다. 고대 투르크 비문에서 보듯이 돌궐은 북방 유목민족 중에서 최초로 독창적 문자를 사용해 돌궐의 역사를 기록하기도 했다.

몽골 서쪽 지역을 지배하던 돌궐 제1제국이 붕괴한 후 당이 대돌궐을 지배함에 따라, 몽골고원으로 진입하면서 새롭게 세력화한 유목민족이 투르크계의 위구르다. 쿠틀룩 빌게 카간이 745년에 건국한 위구르는 840년까지 만주와 중앙아시아에 이르는 광대한 영토를 지배했다. 위구르는 당(唐)과 '안사의 난(755~763년)' 때 난을 제압하는 데 기여하는 등 정치·문화면에서 밀접한 관계를 유지했다. 위구르는 카간의 직계 계승을 통한 정치적 안정을 도모하면서, 오르혼강 지역에 카라 발가순[Kara Balgasun, 오르두 발릭(Ordu Baliq)]을 건설해 시장경제를 번성시켰다.

그렇지만 위구르는 840년 키르기즈 초원의 유목민족에게 밀려 중앙아시아로 이동하였고, 13세기 무렵에는 몽골에 귀속해 반독립적 생활을 유지해 나갔다. 이후 위구르를 무너뜨린 키르기즈(Kirgiz)는 몽골계 사람들과 함께 몽골고원으로 진출했다. 위구르 역시 돌궐과 유사하게 위구르 문자를 창제해 여러 유적을 남겼으며, 종교적으로는 마니교를 신봉했으나 불교와 경교도 널리 받아들여졌다.

위구르가 멸망하고 몽골 지역에는 여러 부족이 남아 있었는데, 916년에 몽골계인 거란의 야율아보기(耶律阿保機)가 부족을 통합해 거란국을 건국했다. 이후 923년에는 흥안령산맥 동쪽에 거주했던 거란족이 몽골 지역과 알타이산맥 동부 지역을 점령하면서, 926년에 발해를 멸망시키고, 947년에는 국호를 요(遼)로 개칭하면서 세력을 확장해 나갔다. 그렇지만 금·송 연합군이 1125년에 거란국을 멸망시키면서, 칭기즈 칸(Chinggis Khan)이 1206년에 몽골제국을 탄생시키기 전까지 몽골 지역에서는 부족 간의 분열과 혼란이 지속되었다.

[그림 1-2] 유목민족국가의 유물

자료: 백제시대, 2018년 6월 8일자.

2. 몽골제국 시대

위구르가 840년에 멸망한 후 시작된 대규모 민족이동은 12세기 중반에 이르러 오논강 상류 할동산 인근에서 정착생활로 접어들게 된다. 그렇지만 칭기즈 칸 등장 이전까지 몽골 초원은 여러 부족국가 간에 끊임

없는 전쟁으로 혼란 그 자체였다. 부족 간에 혼란이 거듭되던 시기인 1189년에 칭기즈 칸은 몽골 부족의 '칸'으로 제1차 즉위를 하고, 1196년에는 금・케레이트와 연합군을 편성해 타타르 원정을 감행했다.

1203년과 1204년에는 나이만의 타양칸을 축출하고, 1205년부터 1226년 간 모두 다섯 차례의 서하 원정을 단행했다. 이 과정에서 1206년에는 칭기즈 칸(Chinggis Khan)으로 즉위하고 천호제 조직과 나이만을 정복했다. 특히 1211년에는 위구르와 카를룩을 복속시키고, 몽골어 표기에 위구르 문자를 채용하는 정책을 실시했다. 이후 1227년 서하 원정 도중 사망함으로써, 칭기즈 칸의 초기 통합과정은 종료되었다.

칭기즈 칸이 사망한 후 칭기즈 칸의 셋째 아들인 오고타이 칸(Ogotai Khan, 재위기간 1229~1241년)이 몽골제국의 2대 칸으로 등극했다. 오고타이 칸은 등극 후 5년째가 되던 1234년에 금을 정벌하고, 이듬해에 수도 카라코롬을 건설했다. 1240년부터는 바투(Batu)를 사령관으로 임명하여 대규모 서방원정을 재개해서, 실레지아 왕 헨리 2세를 처형하는 등 서역으로 광대한 영토를 확보했다.

몽골은 이 시기부터 초원지대를 통치하던 전통적 유목국가로서의 성격을 탈피하고, 정주를 통해 농경국가를 지배하는 세계 제국으로 변모하기 시작했다. 이후 뭉케 칸(Munkhe Khan, 재위기간 1251~1259년)은 바투의 적극적 지지로 대칸에 즉위해 운남과 티베트 지역을 평정하고, 1252년과 1254년에 걸쳐 두 차례의 고려 침공을 감행했다.

뭉케 칸이 1259년 남송 원정 도중에 장티푸스로 사망하자 쿠빌라이(Khubilai, 재위기간 1260~1294년)가 칸으로 등극했다. 1267년에 쿠빌라이 칸은 베이징에 카라코롬을 대신할 새로운 수도 건설을 명령해 1272년에

[그림 1-3] 몽골제국 칸 계보

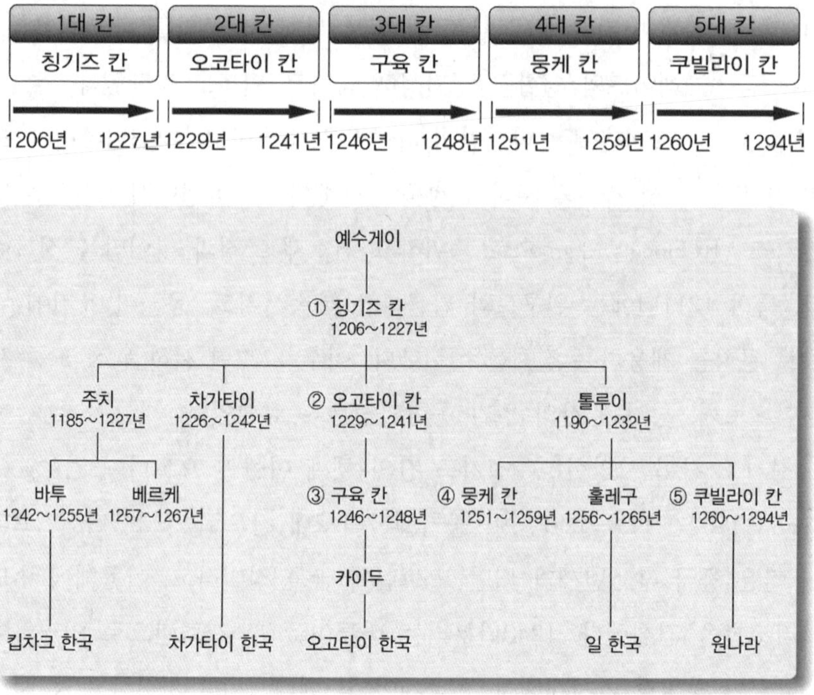

대도(大都, 베이징)를 완공했다. 대도와 상도(上都, 현재 내몽골 정람기)를 오가는 양도순행(兩都巡行)을 정례화하면서, 1271년에는 대원(大元)으로 국호를 선포했다.

쿠빌라이 칸은 1272년에 남송을 정벌한 여세를 몰아, 고려와 연합해 두 차례의 일본 정벌을 단행했으나 실패하기도 했다. 쿠빌라이 칸 사후 대칸위 계승권을 둘러싸고 왕실 내부가 심각한 분열과정을 거치면서, 1333년에 마지막 황제 토곤 테무르(Togun-temur)가 즉위했다. 하지만 라마승의 횡포로 재정파탄이 가중되고 자연재해마저 상황을 어렵게 하는 가운데, 주원장이 이끄는 명나라 군에 의해 대원은 몽골고원으로 패퇴하고 1368년에 쇠망하였다.

몽골제국은 칭기즈 칸이 즉위한 이래 비록 180년이라는 짧은 시기였지만, 몽골제국은 1260년 이후 제후국(uuls)의 연맹 형태로 칭기즈 칸의 후손이라는 연대감과 일체성을 유지하며 지속되었다. 몽골제국은 이 기간 동안 진정한 의미의 세계 제국과 세계사를 실현한 국가가 되었으며, 유럽과 아시아에 걸친 광활한 대제국을 건설했다.

특히 육상과 해상 교통로를 발달시키고, 인터넷보다 700년 앞서 국제 통신망을 건설함으로써, 동·서 간 및 경제·문화 교류를 촉진했다. 기독

[그림 1-4] 몽골제국의 전성 시대 영토

자료: 김호동(2016: 144).

교와 이슬람교의 동방 전파에 기여를 했으며, 지리학 · 천문학 · 역학 · 수학 · 지도제작법 등을 전래함으로써, 학문과 실생활에 혁명적 변화를 가져오는데도 기여했다.

3. 북원 시대

북원(北元) 시대는 열한 번째 황제 토곤 테무르(Togun-temur)가 1368년에 명나라의 침략으로 원(元) 시대를 마감하고, 대도를 떠나 상도로 피신해 명과 대치하다가 청에 복속되던 1636년까지의 시대를 일컫는다.[2] 1371년 몽골 본토로 퇴각한 토곤 테무르의 아들 아유시리다라는 스스로 빌릭투 칸이라 칭하면서, 잔여 세력들을 규합해 지배체제의 안정화를 도모했다.

하지만 북원은 정치적 분열과 내분으로 동몰골(6만호 몽골)과 서몽골(Oirat, 4만 호)로 분열되고, 동몽골이 남 · 북으로 다시 나뉘면서 세 개의 국가로 분열되었다. 이 가운데 몽골의 주요 민족인 할하족(族)은 몽골제국기에 형성된 몽골족 중 동몽골에 속하는데, 몽골제국이 소멸되고 15세기 무렵에는 세력이 크게 약화되어 할하강 유역에 주로 거주하였다. 이후 1688년에 청(淸)에 복속되면서, 거주지는 4부(部) 86기(旗)로 세분되어 외몽골로 불리게 되었다.

서몽골에 해당하는 오이라트(Oirat)는 15세기 말 무렵에 코카서스 산맥 북쪽에 정착하여, 몽골고원에서 막강한 영향력을 행사했지만 대칸 즉

2 '북원(北元)'이라는 칭호를 처음으로 사용한 나라는 고려였다.

위에는 역부족이었다. 그것은 칭기즈 칸의 직계만이 대칸에 오를 수 있다는 칭기즈 칸 통치 원칙이 여전히 작동하고 있었기 때문이었다. 오이라트의 에센 타이시가 칭기즈 칸의 통치 원칙을 어기고 대칸에 등극하였으나, 1455년에 에센 타이시가 사망하면서 오이라트는 급속히 와해되었다. 오이라트는 현재 러시아 칼미크 공화국을 형성하고 있는 지역이기도 하다.

한편 만두하이 여왕은 1466년 바트멍흐에게 다얀(Dayan)이라는 칭호를 수여하고 칸으로 추대했다. 다얀 칸(Dayan Khan)은 북원의 명맥을 이어나가는 과정에서 1491년에는 오이라트를 격퇴하기도 하였다. 명나라와의 관계에서는 영락제(永樂帝)가 몽골의 타타르족과 오이라트족을 정벌한 후, 1551년에 북원과 평화협정을 체결하고 마시(馬市)를 개설하는 등 양국 간에는 평화가 유지되었다.

4. 청의 지배 시대

1551년에 명(明)과 맺은 평화협정으로 비교적 평화적 상태를 유지해 오던 북원은 1636년 청(淸)의 침공으로 내몽골이 점령당한 이후부터는 유명무실하게 명맥만을 이어나가는 처지가 되었다. 게다가 1689년에는 청·러 간에 네르친스크 조약을 체결함에 몽골 북부 지역을 러시아에 할애당했는데, 그나마도 1717년부터는 몽골 전역이 청의 지배 하에 들어갔다. 1727년에는 청·러 간에 보오린 조약을 체결함으로써, 현재 몽·러 간의 국경선이 확정되었다.

청은 지배력을 강화하기 위해 몽골족을 만주족으로 귀순시키거나, 몽골 귀족에 대해서는 후한 대접을 하는 등 몽골족과 연맹을 맺기에 힘써 나갔고, 몽골기병을 8기로 편성해 청 군대로 편입시켜 군사력을 무력화하였다. 청은 이 밖에도 한족과 만주족을 몽골 지역으로 이주시키는 동화정책을 추진하는 등 몽골에 대한 지배력을 강화해 나갔다.

청이 지배력을 강화해 나가는 가운데 반청(反淸) 운동 또한 강력하게 전개되었다. 1755년 이후부터는 반청 · 반봉건 · 반식민지 운동이 가열차게 전개되기 시작했는데, 오이라트의 왕자인 아마르사나(Amarsanaa)를 중심으로 한 무장군중 반란이 대표적이었다. 특히 18세기 말에서 19세기 초에는 많은 지역에서 군중봉기가 일어났는데, 토그토토르 호순(Togtohtor Hoshuun) 왕자가 제첸 지방에서 일으킨 민중봉기는 대표적인 반봉건 · 반청운동이었다.

청은 이에 대한 보복으로 19세기 중엽부터 몽골 지역으로 한족 농민, 상인, 고리대금업자들의 집단이주를 본격화해 이를 봉쇄하고자 했다. 집단이주한 한족 상인과 고리대금업자들의 높은 이자로 몽골은 경제적 궁핍에 직면해야 했고, 한족 농민들이 농경지를 개간함에 따라 몽골인의 목초지는 황폐화되어 갔다.

청이 다양한 방식으로 지배력을 강화해 나가는 과정에서도, 반청운동의 열기는 오히려 더욱 거세어졌다. 대표적으로 내몽골의 오르도스(Ordos) 지방에서 일어난 두길란(Duguilan)의 난은 19세기 후반에 있었던 몽골 민중운동 가운데 규모가 가장 큰 것이었다. 민중봉기는 무장군인봉기로 이어져, 1900년 올리아스타이(Uliastai)에서 엔타이반(Enhtaivan)이 중심이 되어 2,000명의 몽골 군인이 봉기하였다.

이를 시작으로 1910년에는 몽골 라마 승려와 한족 상인 간에 싸움이 발단이 되어, 한족 상인들에게 저항하는 몽골 백성과 승려 등의 봉기로 이어졌다. 이에 청은 20세기에 들어서자 몽골의 전 분야에 대한 개혁의 일환으로 신정(新政)을 실시했다. 신정의 주된 목적은 변방 소수민족에 대한 이완된 통치 질서를 강화하는 것이었는데, 이에 대한 저항과 봉기 또한 격렬하게 전개되어 갔다.

5. 몽골인민공화국 시대

1755년부터 가속화하기 시작한 반청·반봉건·반식민지 운동은 1911년 8월에 청이 신해혁명으로 붕괴되면서, 몽골은 새로운 국면에 직면했다. 새로운 국면은 몽골 독립에 관한 문제로, 귀족·관리·승려들이 몽골 독립을 위한 비밀회의를 개최한 것이었다. 1911년 9월 다 라마 체렌치메드, 친왕(親王) 한드도르지, 내몽골 관리 하이산은 몽골 독립을 지원받기 위해 러시아를 방문했다.

러시아의 지원 아래 우르가(현재 울란바타르)에서 1911년 12월에 7인으로 구성된 전무임시결정청(全務臨視決定廳)이 '몽골 보그드왕국'을 선포하는 제1차 혁명을 단행했다. 몽골 라마불교의 8대 수장으로 티베트가 파견한 보그드는 잡잔담바(Javzandamba)를 왕으로 추대했다. 하지만 국제정세는 몽골의 의도와 달리 전개되고 있었다. 의도치 않던 첫 전개는 1912년 4월 러시아와 일본 간에 비밀로 맺어진 제3차 협정체결이었다.

체결 내용은 러시아가 외몽골을, 그리고 일본은 내몽골을 특수한 이해관계를 갖는 지역으로 상호 승인하고, 이를 위반하지 않기로 사전 합의를 한다는 것이었다. 그리하여 보그드 왕은 1912년 11월 러시아와 협약을 체결하면서 내몽골을 제외한 지역에 러시아의 관리를 인정함에 따라, 몽골은 완전한 독립 대신에 러시아의 자치주로 남아 존립하는 현실을 받아 들였다. 그렇지만 1913년에 러시아와 중국 간에 베이징 성명으로, 이번에는 몽골을 중화민국의 종주권 아래 있는 자치국으로 격하시키기로 합의가 체결되면서 몽골 독립은 갈수록 멀어져 갔다.

이후 1914년 8월부터 1915년 5월에 걸쳐 몽골의 독립 문제를 둘러싸고 몽골과 러시아 및 중국 간에 캬흐타 삼국조약이 체결되었다. 동 조약을 체결하는 과정에서 몽골은 몽골족의 통합과 독립을 요구한 반면, 중국은 몽골의 독립을 취소하고 내・외 몽골을 중국의 성으로 편입해 공대(共戴) 연호와 황제 칭호의 사용을 금지할 것을 주장했다. 러시아는 형식상 외몽골에 대한 중국의 종주권을 인정하는 입장을 취하면서, 1912년에 몽골과의 협정에서 획득한 자국의 정치・경제적 지위를 유지하기를 희망했다.

협정의 결과, 몽골은 할흐 네 개의 아이막(aimag, 道)과 홉드 변계 지역을 포함한 외몽골 자치를 인정할 수밖에 없게 되었다. 그러나 협정에도 불구하고 1919년 11월에 중화민국의 쉬수정(徐樹錚) 군대가 몽골에 침입해, 외몽골 자치를 무효화하는 각서를 징구함으로써 자치권마저 박탈당했다. 자치권마저 박탈당한 몽골은 1920년에 독립을 위한 비밀 혁명조직을 결성하기에 이른다.

11월 혁명의 영향을 받은 하급관료와 지식인들은 반중국・민족해방을 목표로 몽골인민당(Mongol Ardyn Nam)을 창당했다. 하지만 1920년 10

월 반혁명세력인 운게른 남작(Baron Ungern)이 지휘하는 백위군(白衛軍) 부대가 몽골을 침입해 수도 후레를 점령하고, 중화민국으로부터의 해방, 보그드 황제 추대를 통한 자치정부 건설, 대몽골 건설과 같은 유인책으로 몽골인들을 선동했다.

백위군이 침공함에 따라 수흐 바토르(Sukhe Baatar)를 총사령관으로 하는 인민의용군은 1921년 7월 소비에트 적군(赤軍)과 연합하여, 중국군과 운게른 남작의 백위군을 수도 후레에서 격퇴하고, 동년 7월 11일 보그드 황제를 명목상 군주로 추대해 임시정부인 인민입헌군주제를 수립해 제2차 혁명을 일으켰다.[3] 이에 러시아는 1921년 11월 몽골 인민정부를 유일한 합법정부로 승인하였고, 중국도 1924년 5월 구(舊)소련과 함께 외몽골의 자치를 인정하는 조약을 체결하였다.

그러나 몽골 내부에서 입헌군주제를 지지하는 전통·보수세력(보그드 황제 치하의 귀족과 라마승)과 공화제 수립을 지지하는 진보·개혁세력(혁명지도층) 간의 갈등이 야기되었는데, 보그드 황제가 1924년 5월에 서거하면서 갈등은 종식을 맞게 되었다. 그 후 동년 11월 26일에 '몽골인민공화국'을 선포하고, 제1차 국가대회의에서 헌법을 승인·공포함으로써, 몽골인민공화국은 구(舊)소련에 이어 세계에서 두 번째로 건국된 사회주의 국가로 수도 명칭을 후레에서 울란바타르로 개명했다.

몽골인민공화국은 사회주의정책을 지향하면서 극좌적 정책을 수행해 나갔으나 실효를 거두지는 못했다. 이에 1930년대부터는 점진적 사회주의정책으로 전환하면서 코민테른(Comintern)정책과 사회주의 노선을 강

3 몽골은 임시정부가 수립된 1921년 7월 11일을 혁명기념일로 하고 있으며, 매년 7월 11일에서 15일에 걸쳐 몽골 최대 축제인 '나담'을 개최하는 전통을 이어오고 있다.

[그림 1-5] 나담, 몽골의 전통축제

자료: 유네스코한국위원회(2020).

화했다. 이와 더불어 사유재산 몰수, 집단공동체 건설, 정치지도층과 승려에 대한 숙청을 통해 체제를 강화해 나갔다. 이 과정에서 일본이 1932년에 만주국 건설에 이어 1939년에 동몽골 지역을 침입하자, 몽골・소련연합군이 일본군을 격퇴하는 할흐강 전투가 있었다.

몽골인민혁명당은 1941년 제10차 당대회 결의를 통해 러시아 키릴문자를 공식 문자로 사용할 것을 선포했다. 제2차 세계대전이 종료되어 가던 1945년 2월에 개최된 얄타회담에서 강대국들은 외몽골의 독립을 인정했다. 그리고 이듬해 2월에 실시한 국민투표 결과 몽골국민의 독립의지가 확고함에 따라 중국도 몽골인민공화국의 독립을 인정했다.

그렇지만 중국은 다음 해에 내몽골을 중국의 자치구로 편입시킴으로써, 몽골영토에서 내몽골이 제외되는 상황을 맞이해야만 했다. 몽골을 둘러싼 국제적 상황과는 별개로 1959년 말에 이르러서는, 협동조합화의 완료로 사유재산제 기능이 완전 상실되었다. 1960년에는 이를 반영한 몽골인민공화국 「신헌법」이 승인되었다. 「신헌법」은 사회주의 실현과 공산주의 건설을 목표로 정하고, 사유재산을 부정하는 등 사회주의 건설이 완료되었음을 선포하는 의미였다.

외교적 측면에서 몽골인민공화국은 소련과는 우호협력 관계를 유지한 반면, 중국과는 비교적 냉전 관계를 유지했다. 국제연합(UN)에는 1961년에 가입했으며, 특히 영국과 1963년에 수교를 맺기 전까지는 철저한 고립주의정책을 추구해 나갔다. 그러다가 중국과는 1986년에야 영사조약을 체결하고 국가관계를 정상화하였고, 미국과는 1987년에 국교를 수립해 자유세계에도 문호를 개방하기 시작했다. 결국 1960년부터 몽골이 등장한 1990년까지는 몽골인민공화국이 사회주의 건설을 완료하는 과정의 시간이었으나, 한편으로는 일당독재체제에 따른 관료주의와 상명하복체제로 내부 이완과 쇠락이 초래된 시기이기도 했다.

6. 몽골의 등장

1980년대 후반에 접어들자 미국과 소련을 중심으로 한 양극체제(bi-polar system)의 붕괴조짐이 일기 시작했는데, 붕괴의 서막은 구(舊)소련으로부터 나왔다. 구소련에서 1985년에 체르넨코(Konstantin Chernenko)가 사망하자 당서기장에 선출된 고르바초프(Mikhail S. Gorbachyev)는 구소련을 개혁정책(Perestroika)과 개방정책(Glasnost)의 열풍 속으로 몰아넣기 시작했다.

폭풍같이 몰아친 개혁과 개방정책은 구소련뿐만 아니라 동유럽과 몽골을 포함한 구소련의 위성국에 심대한 영향을 미쳤다. 이어 1991년 7월에는 마르크스-레닌주의(Marxism and Leninism)를 포기하는 소련공산당 새 강령이 마련되었으며, 이후 옐친(Boris N. Yeltsin) 등이 주도한 소비에트 연방의 해체와 그로 인한 독립국 연합이 탄생하게 하는 동인이 되었다.

소비에트 연방의 위성국가였던 몽골인민공화국은 구소련의 개방정책에 직접적 영향을 받을 수밖에 없는 상황이 되어, 몽골인민공화국에서도 유사한 개방 움직임이 태동하기 시작했다. 1988년 12월에는 구소련의 개혁(Perestroika) 운동의 영향을 받아, 몽골인민공화국도 몽골판 페레스트로이카인 신칠렐(Shinechlelt)정책을 채택하면서 민주화 운동이 일기 시작했다.

1989년 12월 10일에는 몽골민주연맹의 결성을 알리는 공식적 선포가 있었다. 다음 해 2월 18일에는 인민혁명당(Mongolian People's Revolution Party)에 이어 몽골역사상 두 번째 정당인 민주당이 창당을 선언했다. 이런 가운데 봄이 되자 빈곤자들이 중심이 된 폭동이 일어나게 되고, 인민혁명당은 동년 3월 중앙위원회 제8차 총회를 개최하였다. 동 총회에서 인민혁명당은 공산당 일당독재를 선언한 「헌법」 제82조를 수정한 제3차 개정을 통해, 합법적인 다당제체제를 인정하고 자유 총선 실시의 보장과 민간기업의 합법화를 보장하였다.

다당제가 현실화되고 동년 7월 29일에 최초로 민주적 절차에 따른 자유선거가 실시되어, 몽골인민혁명당의 오치르바트(P. Ochirbat)를 몽골인민공화국 대통령으로 선출함으로써 새로운 개혁정부가 들어섰다(장재완 · 유민우, 2006: 11). 최초의 민주 총선에서 압승한 인민혁명당은 정치민주화와 시장경제로의 이행과 동시에, 마르크스-레닌주의의 포기를 선언하고 헌법 개정에 착수하기로 약속했다.

시장경제로의 전환을 위해 1991년에는 정부결정 제30호로 확정된 사유화 규정에 따라 사유재산이 인정되었고, 1992년 1월 13일 마침내 몽골의 새로운 「헌법」이 승인되면서, 이원집정부제 형태의 정부가 등장했다. 동 「헌법」은 아시아의 구(舊)사회주의 국가로는 최초로 사회주의 이념을 일소하고, 국명을 몽골인민공화국에서 '몽골(Mongolia)'로 바꾸는 것을 규정하였다.[4] 아울러 사회주의를 탈피한 중립 · 비동맹국가를 선포하였다.

1992년 총선 후에는 개혁파인 경제학자 출신의 자스라이(P. Jasrai) 총리와 오치르바트(P. Ochirbat) 대통령이 개혁과 개방정책을 적극적으로 추진하면서, 법률과 제도의 정비에 박차를 가해 나갔다. 이후 2000년 12월에 대통령의 권한을 축소한 헌법 개정과 2019년 11월에 총리에게 더 많은 권한을 부여한 두 차례의 헌법 개정을 통해, 의원내각제 성격이 강화된 현재 정부 형태를 유지해 오고 있다.

4 이때 규정한 대통령의 권한으로는 각종 법률안에 대한 거부권행사, 총리를 포함한 주요 각료임명권, 정부감독권, 외국과의 관계에서 국가를 대표한 행사, 외교사절의 파견 및 접견, 사면권과 영전 수여권, 국가총동원령 선포, 의회가 휴회 중인 때의 비상사태 선포권 등을 규정하였다.

제2절 몽골의 자화상

1. 지리와 환경 모습

몽골은 지리적으로 북아시아, 그리고 중국과 러시아 사이에 위치하고 있다. 면적은 1,564,116km^{2}으로 크기로만 보면 한반도의 약 일곱 배이며, 아시아에서는 여섯 번째, 전 세계에서는 스무 번째로 크다. 내륙 국가이기에 해안선은 없는 대신 중국과 러시아와 토지경계를 가지고 있는데 중국과는 4,630km, 러시아와는 3,452km를 맞대고 있다.

[그림 1-6] 몽골의 지정학적 위치

자료: m.blog.naver.com

기후는 사막성과 대륙성 기후가 교차하며, 지형은 광활한 반사막과 사막평원, 대초원, 고비사막, 그리고 일부 산악지형으로 구성되어 있다. 고도는 1,528m로 세계 순위 14위로 비교적 높은 지역에 위치하고 있다. 토지이용률은 농지의 경우 73%로 비교적 높은 편이며, 자연재해의 경우 폭풍과 가뭄 혹독한 겨울조건인 '주드(zud)'로 인한 피해가 크다.

환경문제는 일부 지역에서 제한된 천연담수 자원, 「환경법」이 무색한 화력발전소 등으로, 특히 울란바타르의 대기오염이 심각하다. 이에 더해 삼림벌채와 과도한 방목으로 토양침식이 증가하고 있으며, 사막화와 채광활동으로 수질오염이 심각하다. 그럼에도 「환경국제협약」에 서명은 했으나 비준은 하지 않고 있는 상태이다.

2. 인구와 사회 모습

몽골의 인구구조와 사회 측면과의 관계를 살펴보면 다음과 같다. 이와 함께 「2020 CIA World Factbook and Other Sources」와 각종 보고서 등에서 제시한 국제적 순위와의 비교를 통해 몽골의 모습을 추정해 보면 이러하다.[5]

〈표 1-1〉에서 보듯이 몽골 총인구는 체제전환이 시작된 1990년에 비해 30년 동안 50% 정도 증가한 320만 명을 넘어섰다. 몽골의 인구구조

5 「2020 CIA World Factbook and Other Sources」는 미 중앙정보부에서 발행하는 정보자료로서, 대략적인 국가 비교를 통해 각국이 처한 위치나 서열 정도를 파악하는 데 도움을 준다.

〈표 1-1〉 몽골의 인구학적 특성

	1990년	2000년	2010년	2019년
총인구(명)	2,184,145	2,401,231	2,719,896	3,225,167
인구증가율(연간, %)	2.0	0.9	1.7	0.99
인구밀도(km^{2}당)	1.4	1.5	1.8	2.0
평균수명(년)	60.3	63	67.4	70
출산율(출생/인구 천 명)	4.1	2.1	2.6	1.7
5세 미만 사망률(천 명당)	108.1	66	30.2	15.6
초등학교 등록(%)	101.5	99.0	125.7	104.0
중등학교 등록(%)	88.7	65	91.5	

자료: World Bank Data(2019), 2020 CIA World Factbook and Other Sources, National Statistics Office of Mongolia(2020)에 의거 재작성.

는 2020년 현재 항아리형 구조로서, 25~54세의 노동핵심 인구층이 인구의 거의 절반을 차지할 정도로 양호하고, 반면에 65세 이상 인구는 5% 정도로 적어 노인부양에 따른 부담이 적은 인구구조를 지니고 있다.

몽골을 구성하는 인종은 민족적으로 동일한 사회 및 민족 집단으로

〈표 1-2〉 몽골의 인구구조

연령구조	비율(%)	전 세계 순위
0~14세	26.96	84
15~24세	14.93	113
25~54세	45.29	25
55~64세	8.04	124
65세 이상	4.78	145

자료: 2020 CIA World Factbook and Other Sources, National Statistics Office of Mongolia (2020)에 의거 재작성.

[그림 1-7] 몽골의 인구구조 비교

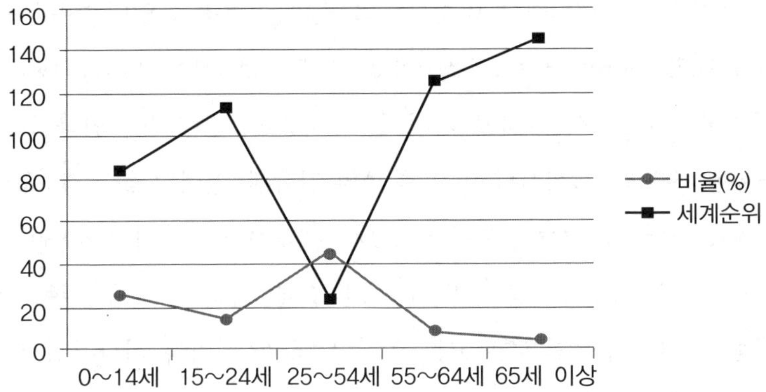

구성된 인구가 대다수로 동질적이다. 「2015년 인구 및 주택에 의한 인구조사」에 따르면, 카자흐스탄어를 사용하는 무슬림 소수민족이 3.9% 정도가 있기는 하나, 대다수는 몽골 서부의 바얀-울기(Bayan-Ulgii) 지방

[그림 1-8] 몽골의 인종분포

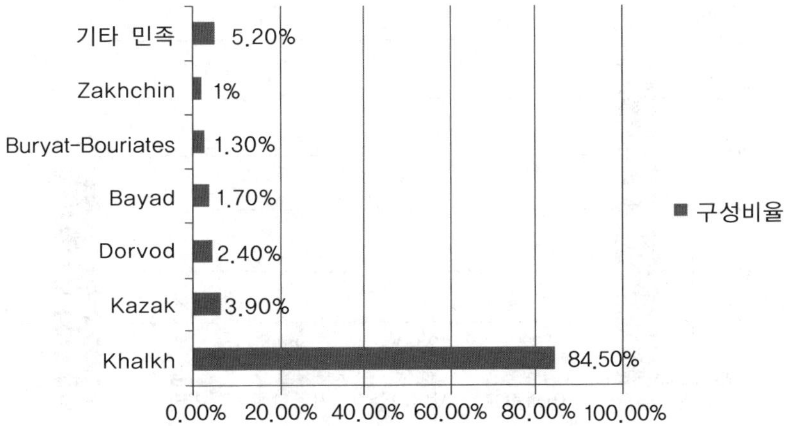

에 살고 있다. 몽골인인 카자흐스탄(Mongolian Kazakhs)은 의미 있는 문화적, 언어적, 정치적 소수 민족으로의 권리를 누리고 있다. 인구구성은 Khalkh 84.5%, Kazak 3.9%, Dorvod 2.4%, Bayad 1.7%, Buryat-Bouriates 1.3%, Zakhchin 1%, 그리고 기타 민족 5.2%로 구성되어 있다.

몽골은 1990년 체제전환 이후 종교의 자유를 인정해 불교 53%, 이슬람교 3%, 샤머니즘 2.9%, 기독교 2.2%, 기타 0.4%, 그리고 38%에 해당하는 비종교인으로 구성되어 있다. 일부 고위 관리들이 깊은 종교적 신념과 함께 전통 규범을 따르고는 있지만, 국가 정치와 의사결정 과정에 중대한 영향을 미치는 종교 단체는 없다. 다만 2016년에 몽골과 달라이라마(Dalai-Lama) 간의 깊은 종교적 유대관계가 외교적 도전에 직면하기도 했다. 2016년 11월 달라이라마가 몽골을 방문함에 따라 중국정부가 경제적 보복을 가하고, 이에 더해 달라이라마가 몽골을 다시 방문하지 않을 것을 외교부 장관에게 강력하게 요구한 것이 그것이다.

[그림 1-9] 몽골의 종교분포

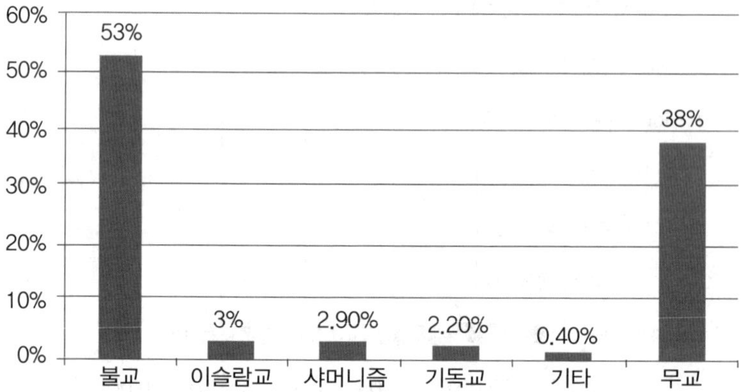

몽골의 인구증가율은 감소 추세로 1%미만 대에 머물러 있는데, 증가율은 세계에서 82위에 위치하고 있다. 인구감소에 주된 영향요인인 출산율도 급격하게 감소해 2019년 1.7명으로 세계 순위도 84위에 있다. 다만 사망률은 2020년 현재 0.63%로 전 세계에서 61위에 위치하고 있다. 이는 의사수 비율이 2020년 현재 인구 1,000명당 2.89명으로, 전 세계 41위에 위치해 있고, 의료비가 73위로 아주 낮지 않은 데 기인한다. 국민건강보험 적용 범위도 2007년 73%에서 2013년 98%로 증가했다. 이는 2010년 초 급속한 경제성장과 국가예산 확대로 기본 공공서비스의 품질과 전달 범위가 향상되었던 데서 기인한다.

이에 반해 몽골은 인구밀도가 낮아 국가 기반의 시설 유지와 건강관리, 보안 및 사법부의 서비스 제공, 특히 전체 인구의 25%를 차지하는 목축업 종사자들이 서비스를 받는 데 상당한 걸림돌이 되고 있다. 현실적으로 모든 몽골인들은 도(aimag)에서 실시하는 건강보험에 가입할 수 있으며, 의료비는 상대적으로 저렴하기는 하다. 하지만 양질의 의료서비스를 제공하기 위해 농촌보건시설이 개선되었지만, 지역주민들은 종종 도(aimag) 센터와 울란바타르에 위치한 전문적이고 양질의 의료서비스를 제공받기 위해 값비싼 여행을 할 수밖에 없는 실정이다.

사회복지프로그램은 주로 2012년에 제정된 「사회복지법」에 구체화되어 있다. 복지체제는 특별한 필요를 가진 시민들에게 사회연금, 수당 및 서비스를 제공하는 것에 기반을 두고 있다. 정부는 인구개발사회보호부(Ministry of Population Development and Social Protection: MPDSP)와 사회복지청(General Office of Social Welfare Services: GOSWS)을 통해 71개의 사회복지프로그램을 시행하고 있다.

사회복지프로그램 외에도 정부는 인간개발기금에서 자금을 지원하는 아동화폐프로그램(child money program)을 시행했다. 2015년에는 사회복지에 285억 투그릭(MNT)을 할당했으며, 아동화폐프로그램에는 추가로 2,460억 투그릭(MNT)을 지원했다. 「아시아개발은행(ADB) 보고서」에 따르면, 총 자금은 몽골 국민총생산(GDP)의 2.7%에 달하며, 다른 신흥경제국 국민총생산의 평균인 1.6%를 초과한다.

그렇지만 2016년 총선 이후 집권한 인민당 정부는 70세 이상을 위한 수당과 한 자녀 이상을 둔 어머니를 위한 지원프로그램과 같은 사회보호프로그램을 시작하면서, 가난한 가정을 구분해서 아동화폐프로그램(CMP)에 대한 지원을 줄였다. 「2015년 세계은행 보고서」에 따르면, 소득기준으로 몽골 인구의 상위 40%가 전체 복지 이전의 28%를 받고, 가난한 인구 중 40%가 몽골 복지지출의 56%를 차지하고 있다.

가난한 사람들을 대상으로 하는 유일한 프로그램으로인 식권지급계획(food stamp program)은 2013년부터 시행되었는데, 2015년에 144,000명의 수혜자에게 180억 투그릭(MNT)을 배포했다. 이 프로그램은 일일 칼로리 섭취량을 늘리기 위해 극도로 가난한 가정에 대해 기본 식품소비를 지원한다. 그러나 개인에게 분배되는 금액은 소비량의 9.8%에 불과하며, 이는 세계 평균보다 2~3배 적은 실정이다.

교육과 관련해 몽골은 2008년에 학제를 개편해 세 단계, 12년제를 채택했다. 유치원은 2~5세, 초등과 중등은 6~14세(초등은 1~5학년, 중등은 6~9학년)로, 고등학교는 15~17세(10~12학년)로 구성되었다. 원칙적으로 초등 및 중등학교는 무료이며 의무적이다. 다만 몽골 초·중·고등학교는 학교가 별도로 분리되어 있지 않고, 12학년까지 통합되어 있다. 사립의 경우, 고유명칭을 사용하나 그 외의 학교는 관할 구역에 따라 제1번 학교, 제2번 학교 같이 숫자로 명명한다.

「Mongolia Human Development Report 2016」에 따르면, 초등 교육은 99.1%, 중등 교육은 96.1%의 순 등록률을 보여주고 있다. 중·고등학교까지 여학생과 남학생의 비율은 거의 같다. 이에 따라 총 교육기간도 여성이 16년, 남성이 14년으로 평균 15년으로 나타나, 전 세계에서 7위에 위치할 정도로 높은 위치를 점하고 있다. 높은 교육기간으로 문맹률은 98.4%로 거의 모든 국민들이 문자 해독력이 있는 상태로, 역시 전 세계에서 17위라는 높은 위치에 있다.

〈표 1-3〉 몽골의 교육제도

구 분	유치원	초등교육	중등교육	고등교육	대학교육
연령	2~5세	6~10세	11~14세	15~17세	18세 이상
학년		1~5학년	6~9학년	10~12학년	대학교 기술학교 직업학교
기간	4년	8년(무료·의무교육)		3년	

정부는 교육비로 2014년 국민총생산(GDP)의 5.3%, 2015년에는 4.3%를 지출했다. 국민총생산 대비 교육비는 전 세계 순위 40위에 위치하고 있어 상대적으로 높기는 하지만, 교육 개혁의제에 자금을 지원하기에는 공적 자금이 충분하지는 않다. 이는 낮은 젊은 인구수, 혹독한 기후 및 학교 시설의 열악한 상태로 자본 지출, 유지 보수 및 난방비용에 많은 액수가 소비되고 있기 때문이다.

2018년 현재 몽골에는 1,500개 이상의 초등 및 중등학교가 있다. 대학은 214개로 168,000명의 학생이 등록되어 있다. 17개 공립, 74개 사립대학 및 4개 국제 대학이 있기는 하나, 이들 기관의 품질과 국제 경쟁력은 낮다. 농촌 중등학교는 자격을 갖춘 교사와 학습 자원이 부족하며, 대학 경쟁력은 노동시장에서 외면받고 있다. 이에 정부는 새로운 교육기준을 도입하고, 대학 인증시스템을 강화했으며, 평생교육 프로그램을 지원하고, 교사교육에 관한 특별 프로그램을 시행하고 있다.

유사한 맥락에서 「Global Competitiveness Index 2016-2017」에 따르면, 몽골은 교육·훈련과 관련하여 세계 59위를 차지했다. 이는 몽골정부가 최근 몇 년 동안 교육부문을 개선하기 위한 노력의 결과이긴 했지만, 아직도 낮은 교육 수준은 몽골의 주요 도전 과제이다. 연구 개발에 대한 지출도 불충분해 과학 연구의 발전을 저해하고 있는데, 연구개발(R&D)의 비중은 국민총생산의 0.17%에 불과하다.

끝으로, 사회환경면에서 수도보급률은 2015년 현재 66.4%로 전 세계 86위로 높지는 않다. 도시인구의 비율은 2019년 현재 전체 인구의 68.5%로 전 세계 순위 72위에 위치하고 있는데, 급속한 도시인구성장은 2010

〈표 1-4〉 몽골의 사회환경

	1990년	2000년	2010년	2019년
인터넷 사용률(%)	0.0	1.3	10.2	47.1
모바일 사용자(인구 백 명당)	0.0	6.4	92.3	133.2
도시인구성장률(%)	1.9	1.8	3.2	1.9

자료: World Bank Data(2019), 2020 CIA World Factbook and Other Sources, National Statistics Office of Mongolia(2020)에 의거 재작성.

[그림 1-10] 몽골의 사회환경 모습

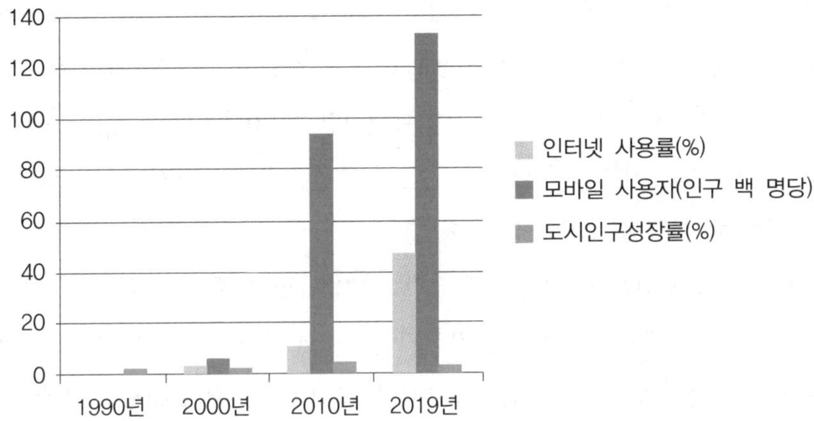

년을 기점으로 하향 추세에 있다. 인터넷 사용 비율은 2019년 현재 47.1%로 높은 수준은 아니다. 다만 전화와 모바일의 사용자는 인구 100명당 133대로 전 세계 순위 40위로 비교적 높은 편이다. 방송매체의 경우, 2005년 통과 된 법률에 따라 국영 라디오 및 TV 제공 업체들은 공공서비스 제공 업체로 전환되었다. 또한 2019년 현재 다채널 위성 및 케이블 TV 제공 업체를 포함해 68개의 라디오 및 160개의 TV 방송국이 운영되고 있다.

3. 경제와 외교 모습

체제전환이 시작되고 다음 해인 1991년에 몽골 국민총생산(GDP)의 1/3을 차지하던 구(舊)소련의 지원이 끊긴 이후, 몽골은 30년 동안 시장

개혁, 광범위한 민영화, 자연 재해로 인한 깊은 불황, 강력한 경제성장 등 다양한 경제환경을 극복해 나갔다. 경제 측면에서 초기에는 구소련의 위성국가를 탈피하고 코메콘(COMECON)을 탈퇴함에 따라 국민총생산(GDP) 성장률은 마이너스 성장을 기록했지만, 2010년 이후 부터는 5~6%의 성장률을 유지하고 있다. 이로 인해 국민총생산 성장률은 전 세계에서 27위로 비교적 고도성장을 이뤄왔다.

국민소득(GNI)은 2019년 현재 3,780달러로 전 세계에서 108위에 위치해 있다. 지니계수의 경우, 2017년 기준으로 34로 세계 순위 104위에 위치해 소득불균형이 크나, 빈곤층 인구는 2019년 현재 28.4%로 세계 순위 53위에 위치해 다소 나은 형편을 유지하고 있다.

〈표 1-5〉 몽골의 경제환경

	1990년	2000년	2010년	2019년
1인당 GNI(달러)	1,430	470	2,000	3,780
GDP 성장률(연간, %)	−3.2	1.1	6.4	5.1
빈곤 인구비율 (인구대비, %)			38.8	28.4
실업률(%)			9.9	6
외국인직접투자(달러)	11	54	1,691	1,952

자료: World Development Indicators database(2019), 2020 CIA World Factbook and Other Sources, National Statistics Office of Mongolia(2020)에 의거 재작성.

산업별 구성을 살펴보면 농업 12.1%, 산업 38.2%, 서비스업 49.7%로 구성되어 있다. 농업은 밀, 보리, 채소, 사료작물, 양, 염소, 소, 낙타, 말 등이 주요 산출물이다. 산업은 채광물(석탄, 구리, 몰리브덴, 형성, 텅스텐,

금), 기름, 동물성제품 가공물, 캐시미어 및 천연섬유제조 등이 주요 산출물을 구성하고 있다.

무역수지의 경우, 수출은 2019년 기준 76.1억 달러로 전 세계 순위 100위, 수입은 61.3억 달러로 121위에 위치하고 있다. 수출의 주요 대상국은 2018년 현재 중국이 93.3%를 영국은 2.5%를 차지하고 있으며, 주요 수출상품은 구리, 의류, 가출, 양모, 형성 등 비철금속과 석탄, 원유 등이 차지하고 있다. 수입의 주요 대상국은 중국 32.6%, 러시아 28.1%, 일본 8.4%, 미국 4.8%, 한국 4.6% 순으로 차지하고 있다. 수입상품으로는 주로 기계 및 장비, 자동차, 식품, 가전제품 산업소비재 등이 주를 이루고 있다.

몽골이 경제 문제와 더불어 국제 파트너십에 역점을 두는 이유는 강대국과 이웃해 내륙에 위치해 있기 때문이기도 하다. 몽골의 외교정책은 몽골이 에너지에 의존하는 러시아와 몽골의 주요 수입 및 수출 통로인 중국과의 균형 잡힌 관계를 중시한다. 몽골은 균형 잡힌 대외 관계가 국가 주권을 유지하고 발전을 보장하는 길이라고 생각한다. 따라서 몽골은 평화 유지에 대한 강한 의지를 유지하면서 개방적이고 비정렬된 정책을 추구 해왔기에, 다자주의는 몽골 외교정책의 중요한 기둥이다.

몽골의 두 큰 이웃의 영향력을 균형 잡기 위한 노력은 국제 및 지역 기구에서 적극적인 역할을 맡게 했다. 그리하여 몽골은 1961년 이래 국제연합 회원국으로서 정부 간 정책결정 과정에서 건설적인 역할을 담당해 왔다. 특히 2006년에 몽골은 '몽골의 국제 안보와 핵무기 자유 상태(U.N. General Assembly resolution on Mongolia's international security and nu-clear-weapon- free status, GA resolution 61/87)'에 관한 유엔 총회결의안을 통과시켰다. 이 행동으로 몽골은 국제적으로 인정된 핵무기 없는 지위를 가진 유일한 회원국이 되었다.

몽골은 아시아태평양경제협력체(APEC)와 동남아시아국가협회(ASEAN)와의 긴밀한 협력 외에도 2012년 11월 유럽안보협력기구(OSCE)에 가입했다. 몽골은 2016년에는 172개 국제연합 회원국의 표를 얻어 유엔 인권이사회의 위원으로 선출되어 2018년까지 봉사해 왔다. 또한 몽골은 2016년 7월 울란바타르에서 제11차 아시아유럽회의를 개최했으며, 지난 10여 년 동안 스위스 다보스에서 열린 세계경제포럼에 적극적으로 참여해 왔다. 몽골은 이처럼 성공적인 전환과 함께 다른 공산주의 국가들과의 관계를 바람직하게 유지해 온 것으로도 유명하다. 예컨대, 몽골은 북한이나 라오스와도 개방적이며 돈독한 관계를 유지하고 있다.

4. 정치와 행정 모습

몽골은 정체(polity)를 민주공화제로, 정부 형태로는 의원내각제적 성격이 강한 이원집정부제 형태를 취하고 있다. 몽골은 정부 형태로 초기에는 대통령중심제와 내각책임제의 중간 형태인 이원집정부제 형태를 유지했다. 그러나 2000년 12월 14일과 2019년 11월 14일 두 차례의 헌법 개정을 통해, 의회와 내각의 권한을 대폭 강화한 현재의 의원내각제적 형태를 띠고 있다.6

6 2000년 12월에 통과된 헌법 개정의 주요 내용은 첫째, 대통령의 국회 해산 제안권 박탈, 둘째, 국회의 권한을 강화한 국회의원의 각료 겸직 허용, 셋째, 대통령의 총리

대통령은 직선제로 선출하며, 외교와 국방을 담당하면서 국가의 상징으로서의 역할을 담당한다. 총리는 내각 수반으로서 의회 다수당의 당수가 총리직을 수행한다. 몽골의 정치체제는 형식적으로 입법·사법·행정의 3권이 분리되어 있기는 하나, 국가의 주요 기관이 긴밀히 연결되어 주요 기능이 3부에 혼재된 양태를 보이고 있다.

몽골에서 헌법상 국가 권력의 최고 기관인 국회(The State Great Hural)는 입법권을 가진 유일한 기관이다. 국회는 국내·외의 주요 정책을 심의·결정하는 권능과 함께, 직접선거로 선출되는 76명의 의원으로 구성되어 있고 임기는 4년이다. 국회 내에는 8개의 상임위원회가 설치되어 있으며, 의원은 통상 두 개의 상임위원회에 소속되어 있다. 상임위원회

[그림 1-11] 몽골의 정치체제 변화

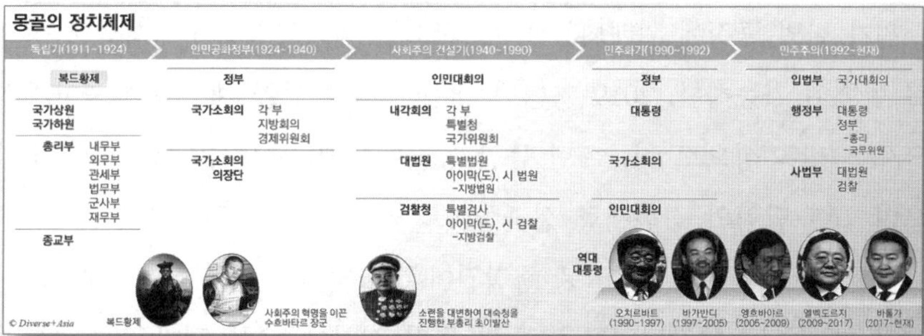

자료: SNUAC(다양성+Aisa), 2020년 9월(10호).

임면 동의권 제한의 사실상 박탈, 넷째, 사실상 대통령의 내각 구성에 대한 동의권 제한 박탈을 포함하고 있다. 2019년 11월에 통과된 헌법 개정의 주요 내용은 첫째, 대통령의 권한을 축소하고 임기를 6년 단임제로 했으며, 둘째, 총리의 권한을 강화했다. 셋째, 입법권과 집행권의 독립성을 강화하기 위해 내각에는 총리와 4명까지의 의원만이 참여하도록 했다.

는 12명 이하의 위원을 두어야 한다.

국회 소속기관으로는 감사원, 통계위원회, 공무원인사위원회, 금융조정위원회, 국가인권위원회, 중앙선거관리위원회, 부패방지청 등이 있다(The State Great Hural of Mongolia, parliament.mm). 정당과 관련해 의석을 8석 이상 보유하면 정당을 구성할 수 있다. 의회에서 38석 이상을 얻은 정당이나 연합은 다수로 간주된다(Government Service Council of Mongolia, 2008: 15).

몽골에서 대통령은 국가의 상징으로 외교와 국방을 관장하며, 국회에서 총리와 각료 임명 시 제한적 동의권을 행사할 수 있다. 헌법 제30조는 대통령을 국가 원수로, 국민의 단결을 구체화하는 역할을 규정하고 있다. 대통령은 국가안전보장이사회(The National Security Council) 의장 겸 군 최고 통수권자자이다. 대통령은 국회에 대해 책임을 지며 대통령의 행위가 헌법 규정에 위배되었을 때, 국회는 재적의원 2/3 이상의 찬성으로 탄핵이 가능하다. 2019년 헌법 개정에 따라 몽골 대통령은 출마자격으로 50세 이상으로 최근 5년 동안 몽골에서 거주한 시민으로 강화되었으며, 6년 단임의 직선제로 선출한다.

몽골에서 내각은 부처별로 행정권이 분산되어 있기는 하나, 내각회의에서 채택하는 내각결의문을 통해 특정 사안에 대한 권한을 소관부처 장관에게 부여하는 방식으로 정책결정을 한다. 내각회의는 매주 월요일 오전에 개최하고, 월・화요일은 국회 상임위원회, 목・금요일은 국회 본회의를 개최함으로써, 내각과 국회가 사실상 유기적으로 연결되어 있다.

2019년 개정 헌법에서 내각과 관련해 정부의 불안정성을 제거하고, 총리와 내각의 지위를 강화하는 개정이 있었다. 총리의 각료 임명권과 해임권에 대해 대통령이나 의회의 간섭을 배제했다. 내각에는 총리와 의원 겸직 각료를 4명 이하로만 임명할 수 있게 하여, 의회로부터 다소 독립된 내각을 운영할 수 있는 토대를 구축했다. 또한 총리의 직무안정성을 확보하기 위해 국회의원 1/4 이상이 총리의 사임을 공식적으로 제안할 경우, 정부는 3일 이내에 이를 논의하고 10일 이내에 결정해야 한다. 사임과 관련된 의회의 결의는 의원 과반수가 제안을 지지하는 경우, 총리가 승인한 것으로 간주되고, 총리가 사임하면 정부는 완전히 사임한다.

1992년 이래로 일곱 차례의 정부조직 개편으로 2020년 현재 내각은 모두 13부로 구성되어 있다. 자연환경관광부, 외무부, 재무부, 법무부, 식품농업경공업부, 국방부, 도시건설부, 교육문화과학스포츠부, 도로교통개발부, 광산중공업부, 노동사회복지부, 에너지부, 보건부 등이 있다. 이와 함께 국가재정과 예산에 대한 통제권을 독립적으로 행사하는 헌법기구로 국가감사기구를 설립했다.

몽골에서 사법부는 최고 법원으로 대법원(The Supreme Court)과 헌법재판소가 있다. 대법원은 대법원장과 24명의 재판관으로 구성되어 있으며, 대법원 산하의 민사 · 형사 · 행정재판실은 독립적으로 활동하고 있다. 헌법재판소는 위원장 및 8명으로 구성되어 있으며, 임기는 6년이다. 종속법원으로 지방법원(Aimag, Capital City Court), 지구법원(Soum, Inter-som, District Court), 행정법원이 있다. 2019년 개정 헌법에 따라 형사, 민사, 행정과 같은 전문법원을 설립할 수 있도록 했다.

대법원에는 법원협의회(The General Council of Courts)가 설치되어 있는데, 개정 헌법에서는 대통령이 사법부에 정치적 영향력을 행사하는 것을 금지하는 조항을 신설했다. 그리고 사법적 징계체제를 안정화하기 위해

[그림 1-12] 몽골의 정부조직도

자료: KOTRA(2020: 9).

헌법기구인 사법징계위원회를 신설하면서, 사법규율과 관련된 문제에서 법원협의회와 대통령의 역할을 삭제하는 외에도, 대통령이 주도하는 국가안정보장이사회가 이유를 언급하지 않고 판사를 유예하고 수석판사를 해임하는 권한을 무효화시켰다.

몽골에서 지방자치단체는 헌법 제4장에서 지방정부와 주지사의 권한, 기능, 위임 등을 규정하고 있다. 몽골 헌법에서 몽골영토는 행정상으로 수도 울란바타르시와 21개 도(道, aimag)로 구성되어 있다.

울란바타르시는 시정부와 시의회로 구성되어 있다. 시의회 의원은 45명으로 주민 선거를 통해 선출되며, 임기는 4년이다. 시장은 시의회의 간접선거를 통해 선출된 자를 총리가 임명하며 임기는 4년이다. 울란바타르시의 하부 조직은 9개의 구(區, duureg)와 하위 조직인 114개의 동(洞, khoroo)으로 구성되어 있다. 구의회는 인구수에 따라 21명에서 35명의 범위 내에서 의원수가 결정되며, 구청장과 동(khoroo)의 장은 울란바타르 시장과 구청장이 각기 임명한다.

도(aimag)는 울란바타르시와 동일하게 도정부와 도의회로 구성된다. 도의원은 인구수에 따라 25명에서 35명의 범위 내에서 의원수가 결정되며 주민 선거를 통해 선출한다. 도지사는 도의회의 간접선거를 통해 선출된 자를 총리가 임명하며, 임기는 4년이다. 도(aimag)의 하위 조직으로 329개의 군(郡, soum)과 1,559개의 읍(邑, bag)이 설치되어 있다. 군의회는 인구수에 따라 15명에서 25명 내외로 의원 수가 결정되며, 군수와 읍장은 도지사와 군수가 각기 임명한다.

지방의회(hural)와 주지사의 권한 및 기능은 「행정과 영토 단위 및 거버넌스에 관한 법률(Law on Administrative and Territorial Units and their Governance)」에 구체적으로 설정되어 있으며, 지방의회와 주지사의 권능과 기능을 구체화하는 법률은 150개가 넘는다(CIA World Factbook, 2020; 외교부, 2016).

제 2 장

몽골의 정부개혁에 영향을 끼친 이론

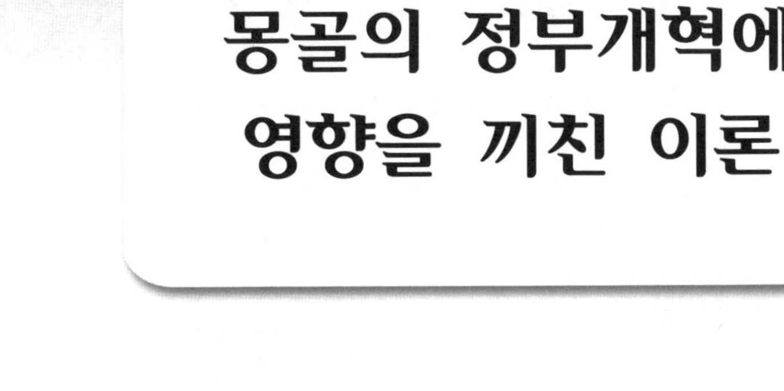

제2장

몽골의 정부개혁에 영향을 끼친 이론

몽골을 포함한 대부분의 발전도상국(developing country)은 다음과 같은 개혁사조나 모형(reform idea or model)에 기초해 정부개혁을 추진해 왔다.

첫째, 구조조정개혁모형(structural adjustment reform model)이다. 이 모형은 공공부문에서 조직, 인력, 재정의 축소를 통해 비용 절감을 추구하려는 개혁방식이다. 국제통화기금(IMF)이나 세계은행(WB)과 같은 국제금융기구가 원조나 구제금융을 제공하는 과정에서, 재정지출을 축소하고 행정효율성을 강화하고자 주로 활용해 왔다. 구조조정개혁모형은 효과가 가시적이어서 선호되는 개혁사조이긴 하다.

하지만 개혁방식의 급진성이나 현실을 도외시한 개혁에 따른 저항이 만만치 않고 개혁효과도 실제로는 크지 않다. 발전도상국에서 공공부문은 공적 고용의 주된 원천기구로 실업에 따른 충격을 흡수할 민간부문이 발달되어 있지 않아, 개혁에 따른 저항이 크고 성공을 거둔 개혁 집행도 거의 없는 실정이다. 특히 구조조정에 따른 개혁을 시행했다고 하더라도, 일정 시간이 경과한 후 정치환경과 경로의존성에 의해 원래대로 회복되는 경향이 크다.

둘째, 신공공관리모형(new public management model)이다. 1970년대 후반부터 시장모형에 기초한 경제적 접근방식의 형태로 등장한 신공공관리모형이 정부를 변화시키는 데 끼친 영향은 가히 혁명적이었다. 그 결과 신공공관리모형의 영향에 따라 전통적 행정문화와 정부구조는 기업식 관리주의로 대체되고 있다.

각국에 적용된 신공공관리모형은 형태도 획일적이지 않고 영향의 정도나 변동전략도 다양하다. 신공공관리모형은 정부개혁의 패러다임으로서 지닌 긍정적 요소와 영향력에도 불구하고, 이론적 근거가 취약하고 성과면에서 심각한 비판에 직면해 있다(Minogue et al., 1998: 김태룡, 1999: 4-7: Nolan, 2001: 185-196).

셋째, 후기신공공관리모형(post-new public management model)이다. 전통 행정에 지대한 영향을 끼친 신공공관리모형은 1990년대 후반부터 쇠퇴 징후가 나타나기 시작했는데, 이른바 시장 이데올로기(market ideology)의 퇴조가 그것이다. 동시에 신공공관리모형의 봉기와 함께 패권화를 기도하던 세력들에 대한 저항 운동이 일기 시작했다(Peters, 1996; Pollitt, 1996).

비판론자들이 제기한 비판의 요체는 이러했다. 신공공관리모형이 추구했던 관리주의와 시장화 독트린(market doctrine)의 결과로 정치적 통제력이 약화되고, 공공부문에서 민간공급자의 중요성이 지나치게 증대했으며, 서비스의 질이 저하되고, 사회적 불평등이 오히려 심화되었다는 데 모아지고 있다(Christensen & Laegeid, 2008: 20-21).

후기신공공공관리모형은 신공공관리모형이 노정했던 한계를 극복하고자 새로운 거버넌스를 모색하고 있다. 이에 따라 공공서비스의 성과를 환류시키고, 의사결정과정에서 시민들의 폭넓은 참여를 보장하고, 사회적 책임을 확대하고, 서비스 전달의 질을 향상시키기 위해 시민사회와 사적 부분과의 다양한 파트너십을 활성화할 수 있는 새로운 거버넌스를 창출하는 방향으로 개혁 초점이 이동하고 있다(UNDP, 2003: 3).

몽골의 정부개혁은 이 같은 개혁사조의 변화에 따라 진행되어 왔다. 여기서는 몽골의 정부개혁에 끼친 개혁사조의 영향력을 고려하여, 신공공관리모형과 후기신공공관리모형에 한정해 이론적 특징을 살펴보고자 한다. 구조조정개혁모형에 대한 논의를 생략하는 이유는 모형이 나름대로 이론적 배경이나 철학이 있다기보다는, 감축지향에 초점을 두고 비용을 절감하려는 개혁수단적 성격이 강하기 때문이다. 게다가 신공공관리모형에서 구조조정 방식을 수단으로 활용하는 경우가 빈번하기에, 독립된 개혁모형으로 보기에는 한계가 있다는 점도 고려했다.[1]

1 개혁모형과 관련된 이론구성은 김태룡(2000, 2003, 2017)에 의존해 수정 · 보완해 작성되었다.

제1절 신공공관리 개혁모형

1. 신공공관리모형이 등장하게 된 배경

진보주의 시대에 민주주의 제도의 책임성을 확보하기 위해 도입되었던 관료적 패러다임(bureaucratic paradigm)은 1970년대 후반부터 반정부(anti-government)·반관료주의(anti-bureaucracy)·반조세(anti-tax)로 특징지어지는 후기관료적 패러다임의 도전에 직면했다.[2] 이에 따라 행정에서 과연 이런 흐름이 기존 관료적 패러다임을 대체할 정도로 새로운 패러다임이 될 수 있겠는가의 문제와, 이의 효과성과 적실성을 둘러싼 논쟁이 중요한 이슈로 등장했다.

신자유주의에 기반을 두고 집권한 보수 정부와 학자들에 의해 제기된, 새로운 흐름은 취약한 이론화 수준에도 불구하고 변화를 향한 잠재력은 대단히 컸다. 영국을 중심으로 한 신관리주의(neo-managerialism)와 미국 중심의 기업가적 정부모형(entrepreneurial government model)으로 대별되는, 이 같은 흐름은 경쟁적 시장구조와 대중주의적 접근방식을 통해 행정의 근본 가치인 효율성과 대응성을 달성하고자 했다.

정부는 이에 따라 새로운 보상과 유인 체계를 창출해야 하고, 이를 추구하기 위해 시민과 관료들에게 새로운 권한을 부여해야만 하는 상황에

2 경제개발협력기구(OECD)는 신관리주의, 후기관료적 패러다임, 기업가적 정부모형 등과 같은 조류(潮流)를 묶어 신공공관리(new public management: NPM)라는 용어를 사용하고 있다. 이 장에서는 경제개발협력기구의 용례에 따라 신공공관리라는 통일된 용어를 사용하고자 한다.

놓이게 되었다. 또한 유인 체계를 강요하기 위해 서비스를 제공받는 사람에게 선택권을 부여해야만 했다. 그 결과 새로운 패러다임의 초점은 고객중심적 · 결과중심적 · 경쟁지향적 정부에 모아지고 있다(Kettl, 1994: 175-180).

한편 신공공관리모형의 확산과정에서 시장구조에 익숙한 실무자들이 이론 형성에 참여했고, 이를 개혁 과정으로 전환하는 데 필요한 지도자의 강력한 지지가 중요한 몫을 차지했다. 신공공관리모형(new public management model)의 등장 배경을 환경 측면과 이론 측면으로 나누어 살펴보면 이러했다.

1) 신공공관리모형의 형성에 영향을 끼친 환경

영국과 미국을 중심으로 신공공관리모형이 등장하게 된 환경적 배경을 살펴보면 이러했다.

첫째는 1970년대에 들어서자 유권자들은 선진국이 안고 있던 과중한 복지비용 부담과 공공부문의 비효율성으로 초래된 재정적자에 대해 개혁을 강력히 요구하기 시작했다. 다시 말해, 1970년대 초까지 번성했던 큰 정부(big government)의 부작용인 경제성장률 둔화, 경상수지 적자확대, 재정적자와 공공부문에서 누적채무 증대 등에 대한 개혁은 시대 요청이 되었다.

둘째는 민영화와 외부계약제의 도입에 따른 결과에서 보듯이, 공공부문의 생산성이 민간부문에 비해 성과가 저조하다. 게다가 정부가 모든 상황에 해결책을 제시할 수 없다는 정부개입의 효과성에 대한 의문과 환경에 적응할 수 있는 새로운 능력에 대한 요구가 제기되었다.

[그림 2-1] 과도한 복지, 임금상승이 빚어낸 영국병

자료: 오피니언뉴스, 2017년 11월 7일자.

셋째는 급격하게 전개된 세계화가 각국의 공통 관심사인 국가경쟁력을 강화해야 한다는 욕구를 자극했다. 정부생산성이 국가경쟁력에 미치는 영향이 지대하므로, 국가경쟁력 강화는 신공공관리모형의 도입을 각국에게 강요하는 상황을 조성했다.

이외에도 공공부문이 민간부문에 불필요한 부담을 주고 발전에 걸림돌이 된다는 우려, 전통적 처방으로는 정부가 안고 있는 경제·사회 문제를 해결할 수 없다는 정부 능력에 대한 기대 저하, 높은 대응성과 선택 여지의 확대, 행정서비스 질에 대한 시민의 요구 증대, 공공부문 내부직원의 변화 욕구 팽배, 정보기술의 발달 등도 모형을 선택하게 한 환경요인이었다(Hugh, 1994: 63-66; 김태룡·이병헌, 1999: 620-621).

2) 신공공관리모형의 형성에 영향을 끼친 이론

신공공관리모형의 형성에 영향을 끼친 주요 이론은 신관리주의(neo-managerialism)와 경제이론이다(Kaboolian, 1998: 190; Howard, 1999: 268; Terry, 1999: 274). 기업식 관리주의(business-type managerialism)를 공공 영역에 적용한 신관리주의는 신공공관리모형을 형성하는 데 핵심적 역할을 담당했으며, 신테일러주의(neo-Taylorism)와는 상호 교환적으로 사용하고 있다.

신공공관리모형에 영향을 끼친 경제이론은 이와 더불어 주로 신제도주의 경제학과 조직경제학을 포괄하는 미시경제학 영역이다. 이에는 공공선택이론(public choice theory)과 주인-대리인이론(principal-agent theory), 거래비용이론(transaction cost theory) 등이 포함된다. 이에 따라 신공공관리모형의 이론적 토대는 관리주의와 공공선택이론, 주인-대리인이론, 거래비용이론 등이 상호 혼합된 복잡한 양태를 띠고 있다(Self, 1993).

다양한 이론적 토대로 구성된 신공공관리모형은 국가에 따라 이론 발전과정에 다소 차이가 있다. 예컨대, 영국 중심의 신관리주의나 미국에서 발전된 기업가적 정부모형 간에 차이가 나는 것이 그것이다. 하지만 신공공관리모형에 바탕을 둔 개혁운동이 국가에 따라 폭과 깊이, 그리고 성공 여부에 차이가 있기는 하지만, 추구하는 목표와 사용하는 기술은 대저 유사하다. 비(非)대응적인 행정기구의 생산성과 능률성을 극대화하는데 운동의 초점을 두었다는 사실이다(Nagel, 1997).

2. 신공공관리모형이 지닌 내용과 특성

1) 신공공관리모형의 의미

행정학에서 새로운 영역을 구축한 신공공관리모형은 시장이론에 대한 기대가 풍만했던 1970~1980년대 영·미 정부개혁의 형태를 통해 등장했다. 1990년대 고어(A. Gore) 부통령이 국가성과평가위원회(National Performance Review) 보고서에 오스본(D. Osborne)과 게블러(T. Gaebler)의 정부재창조(reinventing government) 개념을 반영하면서, 신공공관리모형은 국제적 흐름으로 확산되었다.[3]

후드(C. Hood)가 정부혁신운동의 일환으로 신공공관리모형이란 용어를 처음으로 사용한 이래(Hood, 1991: 3), 경제개발협력기구(OECD)는 이를 국내·외적으로 진행되는 새로운 혁신으로 규정했다(OECD, 1995a, 1995b). 신공공관리모형은 이 밖에도 시장지향적 행정, 기업가적 정부, 공공관리, 관리주의, 정부혁신 등 다양한 명칭으로 사용되고 있다.[4]

명칭의 다양성에도 불구하고 신공공관리모형은 민간부문에 적용되는 관리기법을 행정부문에 도입하고자 하는 운동으로, 정부부문의 성과와 실적을 중시하고 관리자의 개인적 책임을 강조한다는 측면에서 지향점

---

3 보고서에서 강조된 4대 원칙은 첫째, 고객 우선주의, 둘째, 성과향상을 위한 권한부여, 셋째, 관료적 형식주의의 제거, 넷째, 기본적 기능으로 회귀(예컨대, 불필요한 조직제거, 기술훈련 투자 등을 통한 생산성 증대)였다.

4 신공공관리모형은 기업가적 정부(entrepreneurial government)(Osborne & Gaebler, 1992: 23), 공공관리(유훈, 1995: 20; 정철현, 1998: 147), 시장지향적 행정(market-based public administration)(Zyiyong & Rosenbloom, 1992: 535), 정부재창조운동(reinventing government movement)(Kamensky, 1996: 251), 신관리주의(Terry, 1998: 194), 관리주의(managerialism)(Pollitt, 1990) 등 다양한 명칭으로 사용되고 있다.

[그림 2-2] 관료제의 또 다른 이름: Red Tape

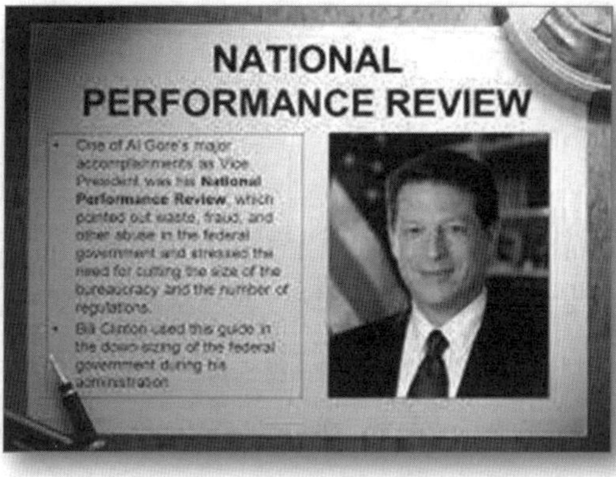

자료: slideplayer.com

에 대해서는 학자들 간에 대체적인 동의가 이루어졌다. 다시 말해, 신공공관리모형은 과거에 행해진 개혁과는 차원을 달리한다. 과거 개혁이 비용을 축소하는 데 초점을 맞추었다면, 신공공관리모형은 이론과 실제에서 구체적 프로그램을 가지고 작동한다는 데 차이가 있다. 신공공관리모형은 전통행정모형을 대체하고자 하기 때문에, 공공부문과 정부와 사회 간의 관계를 전환시키는 데 주된 목적이 있다(Hugh, 1994: 66-74).

공공 영역에서 개혁의 모습은 국가마다 정치·경제체제의 차이에 따라 다양하고, 정부개혁운동 또한 국가에 따라 폭과 깊이, 그리고 성공 여부가 다르기는 하다. 하지만 개혁운동의 공통점은 정부를 변화시키는 데 시장경제모형(economic market as a model)을 사용하고 있고, 추구 목표와 사용 기술이 유사해지고 있다(Nagel, 1997: 349-350).

2) 신공공관리모형의 유파

신공공관리모형은 행정환경의 변화에 대응해 정부성과를 향상시키고 관리효율성을 제고하려는 지향성을 추구한다. 다시 말해, 독점성, 권력성, 경직성, 그리고 획일성으로 요약되는 기계적 효율성에 집착하면서 규칙과 절차를 중시하는 통제 중심의 관료적 패러다임(bureaucratic paradigm)으로는 변화에 대응할 수 없다는 것이 신공공관리모형의 시각이다(김태룡, 2000: 2-3).

이는 바즐레이(Barzelay, 1992)가 제시한 후기관료적 패러다임(post-bureaucratic paradigm)과 유사한 맥락으로, 시민들이 인정하는 가치를 산출하는 결과지향적 행정, 질과 가치의 중시, 생산개념의 도입, 규범의 자발적 준수 확보, 조직의 목표지향성 회복, 자발적 행정책임 풍토 조성, 문제해결 중심의 행정을 지향하는 정부혁신모형이 필요하다는 입장이다. 그 결과 신공공관리모형이 추구하는 최종 지향점은 경쟁지향적 · 성과지향적 · 고객지향적인 시장모형을 행정에 도입하자는 것으로 요약된다.

신공공관리모형은 성격에도 불구하고, 시대별 · 국가별 · 지역별로 다양한 모습을 띠고 있어 공통된 모습을 특정하기란 쉽지 않다. 이런 맥락에서 시대별로 신공공관리모형이 어떤 모습으로 발전해 왔는가에 초점을 두는 경우, 발전 형태는 네 개 모형으로 구분해 볼 수 있다(Ferlie, 1996: 10-15).

첫째, 모형 I 은 효율추구형(efficiency drive)이다. 이 모형은 1980년대 초중반, 특히 영국 대처(M. Thatcher)정부 때의 지배적 경향이었다. 특징은 공공부문을 민간기업과 유사하게 보아 목표를 명확히 설정해 재정통제 및 회계감사를 강화하고, 계층제 통제를 강화하며, 고객대응성을 중시하는 입장이다.

둘째, 모형Ⅱ는 감축과 분권형(downsizing and decentralization)이다. 이 모형은 공공부문과 민간부문에서 공통으로 등장한 포스트포디즘(post-Fordism)적 특성, 예컨대 조직 감축, 유연성 증강, 계약 증가, 전략과 예산 책임성의 분산 등 조직발전(organization development)이론에서 기인한 것들이다. 따라서 공공부문 내의 자원배분 과정에서, 기존 시장중심적 사고로부터 보다 유연한 준(準)시장적 구조(quasi markets mechanism)로의 전환과 위탁계약을 통해, 조직 규모를 줄이고 제공하는 서비스 형태를 다양하게 바꾸려는 노력이 특징적이다.

셋째, 모형Ⅲ은 장점탐색형(in search excellence)이다. 이 모형은 공공서비스를 제공함에 인간 관계론을 응용해 모형Ⅰ이 지닌 지나친 합리적 접근을 거부하고, 조직원의 자기 발전과 참여를 중시해 가치, 문화, 상징 등과 같은 조직문화에 초점을 맞추는 형태이다.

모형Ⅲ은 다시 상의하달(top down) 형태와 하의상달(bottom up) 형태로 나누어진다. 상의하달 형태는 지식 개발과 학습에 중점을 둔다. 조직원을 단결하게 하는 데 접착제 구실을 하는 조직문화를 변혁시키고자 카리스마적 리더십의 역할을 강조한다. 이에 반해 하의상달 형태는 조직문화를 내발적(內發的)으로 변화시키는 데 중점을 둔다. 주로 협동훈련 프로그램의 실시와 의사소통 전략, 인적자원 관리, 광범한 분권화에 관심을 둔다.

넷째, 모형Ⅳ는 공공서비스지향형(public service orientation)이다. 이 모형은 공공서비스의 사명을 명확히 하고 민간부문의 질적 관리기법을 받아들여, 이를 공공부문의 상황에 맞도록 응용해 공공부문이 과거 병리에서 벗어나 재활성화 되도록 하는 데 초점을 두고 있다. 주요 관심사는 서비스의 질적 수준이며, 관리 과정에서 사용자의 관심이나 가치가 반영되도록 선거로 선출된 관료에게 힘을 실어주자는 것이 특색이다(Ferlie, 1996: 10-15).

시대별 구분에 이어 국가 간의 비교를 통한 신공공관리모형의 발전과 정유형을 살펴보면 이러하다.

첫째, 계약모형이다. 이 유형은 규칙에 의존한 전통 관료제의 지배로부터 탈피해, 조직운영의 새로운 핵심요소로 업적과 성과에 의한 지배를 강조한다는 데 있다. 스웨덴, 노르웨이, 핀란드 등이 이에 포함된다.

둘째, 소비자선택모형이다. 이 유형은 정부나 공기업 같은 공공부문이 제공하는 서비스로부터 탈피해, 시장이나 민간기업 또는 시민단체(NGO) 같은 경쟁적 제공자를 활용할 것을 강조하고 있다. 영국과 뉴질랜드가 이에 포함된다.

셋째, 시장중심모형이다. 이 유형은 순수 공공재를 제외한 거의 모든 부문에서, 시민과 시민단체가 함께 참여해 직접민주주의를 추구한다는 데 있다. 이에는 덴마크와 네덜란드가 포함된다(Naschold, 1996: 131-135).[5]

끝으로, 신공공관리모형의 성격을 지역별로 살펴보면, 영연방 중심의 신관리주의와 기업가적 정부모형으로 대표되는 미국 모형, 그리고 특히

5 국가 간 비교 외에도 부캐어트(Bouckaert, 2000)는 신공공관리이론의 유형을 노르웨이와 같은 현상유지형(maintainers), 스웨덴과 같은 현대화형(modernisers), 호주와 뉴질랜드 등의 시장형(marketisers), 그리고 최소국가형(minimal state) 등으로 구분하기도 했다.

<표 2-1> 국가별 신공공관리모형의 발전과정

모 형	내 용	국 가
계약모형	업적과 성과에 의한 지배 강조	스웨덴, 노르웨이, 핀란드
소비자선택모형	경쟁적 제공자의 활용 강조	영국, 뉴질랜드
시장중심모형	직접민주주의 추구	덴마크, 네덜란드

몽골의 개혁과정에 지대한 영향을 끼친 급진적 시장모형인 뉴질랜드 모형으로 나누어 볼 수 있는데, 유파가 지닌 내용을 살펴보면 이러하다.

(1) 미국 모형

듀브닉(M. J. Dubnick)은 1970년대 후반부터 관료적 패러다임에 대한 반발로 등장한 이론적 경향으로 최소정부론, 규제완화론, 정부재창조론 등을 들고 있다. 이 같은 경향은 <표 2-2>에서 보듯이 대체적으로 후기 관료적 패러다임의 범주에 포함된다(Dubnick, 1994: 259-260). 미국을 중심으로 발전된 후기관료적 패러다임은 정치 이념과 전략 차이에 따라 세 유파로 나뉜다.

첫째, 최소정부론(minimal state theory)은 정부 목적을 공공재의 공급으로만 한정해야 한다는 입장이다. 행정의 성격에 대해서는 부정적 입장을 견지했다. 예컨대, 행정의 속성에 대해서는 합리적이기는 하지만, 이기적으로 자신의 이익과 조직의 예산극대화를 추구하는 존재로 간주했다. 따라서 행정을 시장과 같은 경쟁적 조직으로 탈바꿈시켜야 하며, 접근방식으로 비용최소화 전략과 소비자중심적 관리방식으로 전환해야 할 것을 제시했다.

〈표 2-2〉 관료적 패러다임과 후기관료적 패러다임의 비교

성 격	관료적 패러다임	후기관료적 패러다임		
		최소정부론	규제완화론	정부재창조론
정부 목직	국가의사 집행	공공재 서비스 제공	공공문제 해결사	시민기대 부응
공무원	중립	합리적 이익극대화	공공성	기업가
업무 조직	엄격한 계층제	경쟁적 · 시장적 다원 조직	느슨한 계층제	느슨한 조직
관리 방법	엄정한 감독 표준운영절차	최소비용 고객지향적 관리	조정관리 균형과 탄력성	효율적 질관리

둘째, 규제완화론(deregulating government)은 민영화와 규제 완화를 무엇보다도 강조하는 입장이다.[6] 세 학파 중에서 가장 정교한 이론을 구축했다는 평가를 받으며, 정부의 주된 목적을 공공문제의 해결에 두었다. 선호하는 조직 형태로 느슨한 계층제를 제시했으며, 관리 정향으로는 중재자의 입장에서 통제와 유연성 간의 균형을 중시한다(DiIulio, 1994: 12-36; Dubnick, 1994: 249-287; Kettl, 1996: 175-197).

셋째, 최근에 등장한 정부재창조론(reinventing government model)은 이론 부족을 앞의 두 이론에 근거하고 있다는 약점에도 불구하고, 실무자의 경험을 중심으로 생동적인 개혁 방안을 제시한다는 데 장점이 있다. 오스본(D. Osborne)과 게블러(T. Gaebler)로 대표되는 신자유주의자와 신보수주의자들에 의해 주창된 기업가적 정부모형은 신관리주의와 유사하

6 규제완화학파의 내용은 1989년에 작성된 볼커(Volcker)보고서에 방향이 총체적으로 요약되어 있다.

게, 공공서비스 제공을 위해 강력한 시장접근법과 개인적 선택이라는 메커니즘에 의존하고 있다. 이 모형이 취하는 조직유형으로는 적합한 조직형태를 추구하며, 관리양태로는 조장적(助長的)인 것을 강조한다.

이상으로 미국에서 대두된 신공공관리모형은 내용면에서 차이를 보이기는 하나, 시간의 흐름에 따라 세 모형의 특성이 혼합되어 가는 양상이다.

[그림 2-3] 클린턴 정부와 정부재창조

자료: sito.org

(2) 영연방 모형

영연방 국가에서 주로 발전해 온 신관리주의는 신우파적 사고에 기초하면서, 시장적 개인주의(market individualism)가 내재된 기업모형을 공공부문의 핵심 가치로 이식시키거나 이와 일치시키려는 흐름이다(Self, 1993: 1-20; Mascarenhas, 1993: 320-321; Hood, 1995: 129). 1990년대 들어 한층 강화되기 시작한 영국의 신관리주의는 관점에 따라 다르기는 하지만, 정부의 기업화를 창의적 가치로 심화시켰다는 평가를 받기도 했다. 신관리주의는 공공사업의 원리와 고객 인지를 중시하고 조직관리의 목표인 경제성(economy), 효율성(efficiency), 효과성(effectiveness)이라는 3E를 달성하는 데 초점을 두었다.

신관리주의는 전통행정학의 기본가정인, 공공행정의 특수성과 절차 및 규칙의 중요성을 거부하는 입장이다. 대신, 도구적 활동인 관리가 공사조직 모두에 적용될 수 있다는 가정 하에, 사회 · 경제 문제들이 관리 개선으로 치유될 수 있다고 주장한다. 이런 점에서 신관리주의는 종래의 관료적 후견주의를 탈피하고 조직 개편, 분권화, 사기 진작, 보상 체계의 개선, 감량관리, 반응성 증대, 기업문화의 동태성 등을 추구하려는 관리 스타일이다.

영국을 포함한 영연방 국가에서 신관리주의적 행정개혁을 단행하게 된 공통요인으로 첫째, 경기 침체와 재정 압박으로 예산적자가 심각해졌고, 둘째, 큰 정부(big government)에 대한 신(新)우파(new right)의 불신과 국가 경계가 축소되어 가는 시대적 상황이 초래되었으며, 셋째, 행정에 새로운 압력을 초래한 유럽화 현상이 발생했고, 넷째, 비효율적인 정부 성과에 대한 국민 불만이 고조되고 있었으며, 다섯째, 세계적으로 신공공관리모형과 같은 경영관리 사조가 유행하게 되었고, 여섯째, 정보기술의 발달로 신공공관리적 개혁방식을 도입하는 데 유리한 환경이 조성되었기 때문이다(Wright, 1994: 104-108).

결론적으로, 영국의 강력한 정부개혁의 이론적 토대는 이 같은 신관리주의와 신제도주의 경제학에 뿌리를 두었다고 볼 수 있다(Hood, 1991: 5).[7]

(3) 뉴질랜드 모형

몽골의 정부개혁에 지대한 영향을 끼친 뉴질랜드 개혁모형은 미국이나 영연방과 유사하게 신공공관리모형에 뿌리를 두고 있다는 유사성이 있다. 다만 뉴질랜드 개혁모형이 이들과는 차별성이 있는데, 모형의 특성을 이해하기 위해서는 국가의 출발과정을 살펴볼 필요가 있다. 그것은 뉴질랜드 개혁모형의 속성이 이와 무관하지 않기 때문이다(김광주, 2005a: 97-113; 2005b: 107-130).

뉴질랜드는 1840년 영국 왕실과 마우리 족장 간에 와이탕이 조약(Treaty of Waitangi)을 체결한 후, 뉴질랜드 투자회사(New Zealand Company)를 통해 웰링턴 부근에 이주하면서 성립한 국가다.[8] 뉴질랜드는 와이탕

---

7 신제도주의 경제학의 관점에서 이루어진 정부개혁은 대체로 세 유형으로 나뉜다. 첫째는 책임운영기관화와 같이 관료제를 분해하는 유형, 둘째는 구매자와 공급자를 분리하거나 시장성 테스트 제도와 같은 경쟁과 시장기제를 도입하는 유형, 셋째는 행정서비스 품질을 향상시켜 고객에 대한 반응성을 높이는 유형이 그것이다.

8 와이탕이 조약(The Treaty of Waitangi)은 뉴질랜드 역사상 가장 중요한 문서이자, 식민 세력과 토착민 간에 맺어진 유례를 찾기 힘든 조약이다. 1840년 2월 6일 와이탕이에서 개최된 마오리 부족 연합회의에 참석한 부족장 중 26명이 3개 조항으로 구성된 조약을 체결함에 따라 통치권을 영국 여왕에게 이양하는 데 동의함으로써, 뉴질랜드는 공식적으로 영국의 식민지가 되는 데 중요한 시발점이 되었다. 와이탕이 조약의 3개 조항은 ① 마오리 부족장은 영국 여왕에게 주권을 이양한다. ② 부족장의 토지와 자원 소유권은 보장한다. 다만 모든 거래의 당사자는 영국 여왕이다. ③ 마오리 부족은 영국 시민과 같은 권리와 특혜를 받는다. 이처럼 조약문의 원칙과 의도는 매우 명확하다. 하지만 7개월 간의 서명 작업 끝에 영국정부가 공식적으로 뉴질랜드에 대한 주권을 행사하는 계기가 성립되었지만, 시간이 지나면서 문제가 발생

이 조약에서 보듯이 상업주의(commercialism)에 근거한 계약에 따라 만들어진 국가다. 뉴질랜드는 이처럼 초기부터 기업정신을 갖고 출발했으며, 상업주의적 토대는 정부개혁 과정에서 민영화나 기업화에 대한 이해를 형성하는 데 크게 기여했다. 뉴질랜드는 상업주의와 영국 왕실의 지원을 바탕으로, 중앙정부가 전면적이고 급진적인 정부개혁을 진행해 나갔다.

뉴질랜드가 추구한 정부개혁은 1984년 노동당 집권으로부터 시작되

[그림 2-4] 와이탕이 조약

자료: Christchurch City Libraries.

하기 시작했다. 이에 따라 와이탕이 조약이 담고 있던 초기의 의미는 퇴색했고, 1860년대에 결국 토지전쟁(Land War) 상황에까지 이르게 되었다. 와이탕이 조약이 뉴질랜드의 건국 문서라고 칭하지만, 마오리 부족에게 약속했던 많은 권리는 무시되었고, 19세기와 20세기에 걸쳐 상당한 양의 토지를 상실해야만 했다. 20세기에 들어서 뉴질랜드정부는 1975년에 와이탕이 조약을 살아 있는 문서로 존중하기 위해 와이탕이 법정을 설립했다. 와이탕이 법정은 마오리 부족이 제기하는 요구에 대해 판결을 통해 금전적 지불이나 토지의 형태로 보상을 해주기 시작했다. 1974년에는 '뉴질랜드 날(New Zealand Day)'로 공휴일이 지정되었고, 1976년에는 「와이탕이날 법(Waitangi Day Act)」이 통과되어 '와이탕이 날(Waitangi Day)'을 기념하고 있다.

어 20년 이상을 지속해 온 장기개혁이었다. 1984년 노동당의 집권으로 시작된 제1차 정부개혁은 1990년대 국민당이 재집권한 뒤에도 개혁의 기조는 유지되었다. 이후 1999년 노동당이 정권을 재탈환한 뒤 제2차 정부개혁이 추진되었다. 뉴질랜드가 정부개혁을 추진하게 된 배경과 과정은 이러했다.

첫째, 뉴질랜드 정부개혁의 배경에는 정치권력 구조의 변동이 있었다. 뉴질랜드가 1984년 정부개혁을 급진적으로 추진하게 된 배경에는 국민당에서 노동당으로의 권력이동이 있었다. 뉴질랜드 노동당의 집권은 단순한 내각 변동이 아니라, 보수적인 국민당의 장기집권에 대한 도전이었다.

노동당은 이전까지 정권을 창출할 만한 야당이 되지 못했으나, 연이은 경제정책에서 국민당의 실정에 따른 국민적 저항으로 노동당이 집권하면서 급진적 정부개혁을 추진하게 되었다.[9] 1984년 국민당의 멀둔(Robert Muldoon) 수상의 장기집권이 끝나고 랑이(David Lange) 수상의 노동당이 집권했을 때, 정부 부채는 1975년에 비해 7배나 증가해 심각한 경제위기에 직면해 있었다. 경제위기는 정치적으로 급진적 정부개혁을 가속화시키는 동인이 되었다.

둘째, 정부개혁의 기본원리로 신공공관리모형을 원용하였다. 뉴질랜드의 개혁모형은 공공선택이론, 대리인이론, 거래비용이론, 신공공관리

9 뉴질랜드 노동당은 아이러니하게도 사회민주주의 정당임에도 신자유주의를 받아들인 정당이 되었다. 그리고 로저노믹스(Rogernomics)를 만들어 시장지상주의정책을 전개했던 더글러스(Roger Douglas) 전 재무장관은 노동당을 탈당해 신자유주의정당인 '소비자 및 납세자 연합(ACT)'을 창당했다. 다만 노동당은 1999년에 재집권에 성공하면서 정통 사회민주주의로 복귀하려는 경향을 보이고 있다.

론 등이 혼합적으로 적용된 특이한 모형으로서, 정부기관 간의 거래와 계약관계 등 시장원리를 기본으로 정부효율성을 극대화하는 데 초점을 두었다. 뉴질랜드는 중앙정부의 주도 하에 중앙정부와 지방정부의 구별 없이 전체 정부기관을 동일하게 보고, 정책결정자와 정책집행기관 간의 계약을 통해 행정서비스를 제공하는 거래관계로 계약주의에 의한 수평적 분권화를 추진했다.

뉴질랜드는 특히 신제도주의 경제학에 기초한 더글러스(Roger Douglas)를 중심으로 로저노믹스(Rogernomics)라는 혁신적 이념기반을 구축하였다. 뉴질랜드 정부개혁의 지속성은 정부 내의 토착적 개혁세력들의 존재와 성숙한 정치문화에 기인했다.

셋째, 정부개혁의 추진이 지속되었다. 뉴질랜드 정부개혁은 관련 사항을 포괄적으로 법제화한 이후 20년 동안 지속적으로 이루어졌다. 정권교체에도 불구하고 정부개혁 관련 법제화가 포괄적 · 지속적으로 이루어졌다는 점은 뉴질랜드 특유의 정치문화를 반영한 것이다.

노동당 정부가 「공기업법」, 「공무원법」, 「공공재정법」 등 중요 법안을 통과시켰고, 이 법안들을 뒷받침하는 「재정책임법」이 차기 정부인 국민당 연립정부에 의해 통과되었다는 점은 중요한 시사점을 갖는다. 이는 국민당의 승리가 노동당의 내분에 의한 것이며, 정부개혁의 요구가 여전히 강함을 간파했기 때문이다. 따라서 국민당은 자신의 정강정책과는 다르지만 유연한 정치력을 발휘해 1994년 「재정책임법」을 통과시키면서, 국민들의 지지를 얻고 1999년까지 정권을 유지할 수 있었다.

그러나 국민당도 결국 당내 지지 세력의 이탈로 노동당의 클라크(Helen Clark) 정부에게 정부개혁의 주도권을 넘겨줄 수밖에 없었다. 클라크 노동당 연립정부는 당내 불만을 여과시키고, 노동당의 '제1차 정부개혁'의 경험을 토대로 '제2차 정부개혁'을 추진할 수 있게 되었다. '제2차 정부개혁'은 지난 정부의 노선을 완전히 뒤바꾸는 것이 아니라, 안정기에 접어든 정부개혁모형을 더욱 다듬어가는 작업이었다. 뉴질랜드 정부개혁이 개혁의 큰 틀을 깨지 않고 20년 동안 부분적으로 수정해가면서 지속하였다는 점은 아주 특이하다.

넷째, 뉴질랜드 정부개혁은 정부를 대신한 영국 왕실이 정부의 재정지원을 받아 공공서비스를 제공하는 방식이었다. 정부기구를 완전히 해외 투자 자본에게 이양하는 것이 아니라, 정부기능은 여전히 뉴질랜드 국가 안에서 관리된다는 특징이 있다. 특히 대리인이론에 따라 정부조직을 민영화해 다양한 준(準)자치 비정부조직(quasi-autonomous non-governmental organization)인 왕실독립기관(Crown Entity)을 운영하였다.

정부기능을 왕실 소유의 독립기구로 급진적으로 전환하는 것이 형식면에서 보면 급격한 정부개혁으로 보이지만, 내용면에서는 정부 역할을 왕실의 준자치 비정부조직이 대신하고 있다. 이런 개혁이 가능한 이유는 뉴질랜드가 영국 왕실에 대한 신뢰가 높기 때문에, 왕실독립기구가 정부기능을 수행하는 데 강한 거부감이 없었던 데 따른 것으로 보인다. 하지만 왕실 소유의 독립기구인 준자치 비정부조직이 정부기능을 이양받았다는 점에서, 뉴질랜드의 민영화가 완전한 민영화인가에 대한 논쟁의 여지는 있다.

이상에서 보듯이 뉴질랜드의 정부개혁은 정권 변화에도 불구하고 지속되고 있다. 1984년부터 시작된 '제1차 정부개혁'에 이어, '제2차 정부개혁(2000년~현재)'은 '제1차 정부개혁'에 대한 국민당의 평가와 노동당이 재집권한 이후의 평가에 토대했다. 국민당이 집권하던 1996년 재무부와 국가서비스위원회는 노동당에서 추진했던 개혁모형이 효율적이며, 투명성 있는 예산과 재정관리시스템을 갖고는 있으나, 거버넌스의 결함에 이르는 의도치 않은 결과를 초래했다는 의견을 제출했다. 산출에 초점을 두다 보니 체제가 전반적으로 약속한 수준에 못 미치는 서비스를 제공했다는 평가이다.

1999년 노동당이 재집권하면서 정부개혁모형에 집중된 자체 평가가 이루어졌다. 공공관리위원회(SSC) · 정부부문표준화위원회(SSSB) · 내각 자문그룹(MAG)의 평가가 대표적이다. 노동당 연합정부의 출범을 앞두고 공공관리위원회(SSC)는 공공서비스가 결과를 달성하는 가장 효과적인 방법에 관심을 더 둘 필요가 있다고 주장했다.

정부부문표준화위원회(SSSB)는 지난 15년 간 시행되어온 공공시스템의 문제점으로 리더십의 질적 저하, 연속적 계획과 경력개발에 대한 관심 부족, 훈련과 인력개발에 대한 무관심, 하위직 보수에 대한 전략 부재 등을 지적했다. 내각 자문그룹(MAG)은 세 개 핵심 내각부처(국무위원회 · 재무부 · 총리내각부)와 세 개 외부지명자(공공서비스협회 대표 포함)로 구성되었는데, 정부개혁모형은 다음 세 가지를 중시해야 한다고 강조했다. 그것은 ① 시민중심의 서비스 전달, ② 결과에 초점을 두고 협력을 강화할 것, ③ 사람과 문화를 중요시할 것이었다.

제1차 정부개혁모형에 대한 찬성과 반대 의견이 엇갈린 가운데, 노동당 정부는 최종적으로 제2차 정부개혁모형을 탄생시켰다. 이에 따라 '제2차 정부개혁(2000년~)' 기간에는 개혁 방향으로 결과에 초점을 두고, 시민과 지역사회를 중심으로, 조정능력의 향상 및 네트워크를 통한 작업,

사람 · 문화 · 리더십의 강화에 초점을 두었다.

결론적으로, 뉴질랜드가 추구한 정부개혁의 특징은 ① 체계적인 민영화 · 상업화 · 계약주의 등 폭넓은 정책수단의 활용, ② 단일 목적의 기관형성, ③ 결과에 책임지는 내각과 산출을 책임지는 최고행정가의 성과경영, ④ 인력자원 관리와 재정관리를 기관장에게 위임하는 것으로 요약할 수 있다(중앙일보, 2008년 1월 19일자).

3) 신공공관리모형의 특성

전통행정모형의 비적합성에 대한 반응으로 등장한 신공공관리모형은 전통적 관료제모형의 문제점을 완화시키는 동시에, 공공부문의 작동 방식에 큰 변화가 일고 있음을 의미했다. 후드(C. Hood)가 언급했듯이 신공공관리모형의 등장 배경은 후기산업사회와 포스트포디즘(post-Fordism)에 따른 사회적 조건 변화에 대한 대응양식이자, 뉴거버넌스(new governance) 신념을 구축해 정부를 효과적이고 반응적으로 만들려는 노력이었다(Hood, 1991).

신공공관리모형은 국가나 지역 또는 시대에 따라 차이가 있을 뿐만 아니라, 명칭이나 범위 또한 다양해 공통적 특징을 도출하기가 쉽지 않다. 그럼에도 신공공관리모형에는 경쟁원리의 도입, 일선기관에 권한위임, 성과관리 같은 공통적 구성요소를 담고 있는데, 모형의 특징을 살펴보면 이러하다.

첫째, 경쟁원리의 도입이다. 이를 위해 시장과 유사한 구조나 민간에서 발달한 관리기법의 도입을 강조하고 있다. 경쟁원리의 도입은 전통적 관료제모형과 가장 차별성이 있는 특징 요소이다.

둘째, 일선기관으로 권한위임이나 정부기능의 축소이다. 이는 신공공관리모형이 분권적 요소나 관료제 해체를 통한 생산성 향상에 초점을 두고 있다는 의미이다. 이와 함께 성과에 의한 관리는 경쟁원리의 도입과 맥락을 같이하는 특징 요소로서, 그간 관료제가 과도한 투입 위주의 통제 방식에 치중해 온 결과 성과주의를 소홀히 한 부문에 대한 반작용이다.

셋째, 성과 중시와 품질 향상을 강조하면서 행정서비스를 이용하는 고객 요구에 반응적인 소비자 중심주의를 지향하고 있다. 다소 맥락은 다르지만 관료제가 지나친 규칙과 통제 위주로 운영되어 온 결과, 시민인 고객의 요구에 대한 반응성에 심각한 문제가 있어, 시민 권력을 강화해야 할 필요성을 제기했다.

신공공관리모형과 전통행정모형과의 특징적 차이 비교는 〈표 2-3〉과 같다. 신공공관리모형은 전통행정모형과 달리 경제이론에 기초한 경제인을 추구한다. 전통행정모형이 유권자에게 주로 초점을 맞추는 반면, 신공공관리모형은 고객이라는 기업적 시각에 의존한다. 신공공관리모형은 정부 역할로 정치적으로 결정한 목표에 따른 정책입안이나 집행기능이 아닌 시장의 힘을 이용한 촉매자로서 방향잡기를 강조하며, 정책목표의 달성을 위한 기제도 정부기구만이 아닌 다양한 유인체제의 중요성을 강조한다.

책임과 재량의 문제도 신공공관리모형은 정치지도자에게 책임을 지는 것이 아니라, 고객에게 얼마나 바람직한 결과를 창출했는가에 의해 결되어야 하며, 이를 위해 폭넓은 재량과 분권화된 조직이 주어져야 한다는 입장이다. 특히 바람직한 결과를 창출하기 위한 동기유발도 기업가적 정신에서 발현되어야 한다는 입장이다.

〈표 2-3〉 신공공관리모형과 전통행정모형과의 비교

관 점 / 유 파	전통행정모형	신공공관리모형
이론과 인식 토대	• 초기의 사회과학	• 경제이론 • 실증적 사회과학에 기초한 정교한 토의
합리성모형과 행태모형	• 개괄적 합리성 • 행정인	• 기술적 · 경제적 합리성 • 경제인 또는 자기 이익에 기초한 의사결정자
공익에 대한 입장	• 법률로 표현된 정치적 결정	• 개인들의 총이익
관료의 반응 대상	• 고객과 유권자	• 고객
정부 역할	• 노젓기(정치적으로 결정된 단일 목표에 초점을 맞춘 정책의 입안과 집행)	• 방향잡기(시장의 힘을 활용한 촉매자)
정책목표의 달성기제	• 기존의 정부기구를 통한 프로그램	• 개인 및 비영리기구를 활용해 정책 목표를 달성할 기제와 유인체제를 창출
책임에 대한 접근 양식	• 계층제적 - 행정인은 민주적으로 선출된 정치지도자에 반응	• 시장지향적 - 개인 이익의 총화는 시민 또는 고객집단에 바람직한 결과 창출
행정재량	• 관료에게 제한된 재량만을 허용	• 기업적 목적을 달성하기 위해 넓은 재량 허용
기대하는 조직구조	• 조직 내에 상명하복으로 움직이는 관료조직과 고객에 대한 규제와 통제	• 기본적 통제를 수행하는 분권화된 공조직
관료의 동기유발	• 임금과 편익 • 공무원 보호	• 기업가 정신 • 정부 규모를 축소하려는 이데올로기적 욕구

결론적으로, 신공공관리모형은 전통행정모형이 효율적으로 작동하지 않았다는 전제 하에, 전통행정모형이 추구해 왔던 기본가정에 도전을 했다는 데 있다. 이에 따라 신공공관리모형은 정형화된 행정가보다는 경제학자나 관리훈련을 받은 사람을 선호하며, 민간부문으로부터 관리기법을 도입하고, 비용 감소를 위해 공·사 부문의 경계를 무너뜨리고, 필요치 않은 체제 내부의 작업 조건을 변화시킴으로써 정부생산성을 높이고자 하는 데 특징이 있다.

3. 신공공관리모형의 적실성

1) 신공공관리모형에 대한 비판

서구 문화에 기반을 두고 발달해 온 신공공관리모형은 긍정요소와 기여에도 불구하고, 모형에 대한 적실성과 효과성을 둘러싼 논쟁 또한 치열하게 전개되었다(Frederickson, 1997: 88; Sundquist, 1995: 398-399). 신공공관리모형에 대한 적극적 수용론에서부터 비판적 수용론에 이르기까지 스펙트럼은 광범위한데, 모형의 적실성이라는 관점에서 내용을 살펴보면 이러하다.

(1) 정치철학적 적실성

신공공관리모형이 주장하는 시장모형이 과연 정치철학적 관점에서 볼 때, 민주주의 가치와 양립할 수 있느냐의 문제이다(Williamson, 1990; Bellon & Frederick, 1992; Moe, 1994; Rosenbloom, 1994; Ingraham & Romzek,

1994; 김태룡, 2000a, 2000b). 이는 민주적 가치를 실현해야 할 행정체제가 기업에서 활용하는 방식을 도입할 경우, 문제를 해결하는 것이 아니라 오히려 문제를 야기할 뿐만 아니라 행정이 추구하는 가치와의 양립 가능성도 없다는 비판이다.

다시 말해, 행정이 기업관리방식을 지나치게 선호할 경우 정치로부터 분리될 수 있다는 위험성이다. 또한 환경이 다른 행정체제에 기업가적 경영방식을 강요하게 되면, 전통적으로 행정이 소중하게 고려해 온 형평성이나 정직성 등과 같은 공직 가치관에 부정적 영향을 미칠 수 있다는 우려이다.

정부관과 관련해서도 이 모형은 정부를 기업의 재구조화나 재창조 등으로부터 차용한 기법과 개념을 통해 향상시킬 수 있는 서비스 제공자로 인식하고 있다. 그 결과 공익을 수행해야 하는 관료의 충성심과 책임성은 약화되고, 국가의 탈정치화의 가속은 정치적 통합마저 위태롭게 할 수 있다는 비판이다.

비판론자들은 계속해서 신공공관리모형이 주창하는 것처럼 정부를 단순한 서비스 제공자로만 인식하게 된다면, 시민의 집합 선택을 요구하는 중요한 국가과제는 정부 역할에서 배제될 가능성이 높다는 데 모아지고 있다. 따라서 집단이나 계층 또는 지역의 이해관계와 결부된 정책결정을 내려야 하는 경우, 이 모형은 별다른 해답을 제공할 수 없다는 한계를 노정한다.

특히 민주주의 국가를 전제로 한 계약형 시스템의 책임성(accountability) 확보도 중요한데, 이는 신공공관리모형을 둘러싼 가장 근본적 논쟁이기도 하다. 그것은 아무리 능률적 정부라도 공적 책임을 다하지 않는다면,

정부로서 기능한다고 볼 수가 없기 때문이다. 따라서 지나친 기업형 정부의 추구는 도구적 합리성을 증가시킬 수는 있으나, 잘못하면 본질적 합리성을 저해하는 결과를 초래할지도 모른다(이종범, 1995: 33).

끝으로, 신관리주의 특징 중 분권화가 의도하지 않았던 문제를 발생시킨다는 문제이다. 기능 분담으로 인해 분권화가 이루어질수록, 정치지도자는 더 많은 통제를 갈망하면서 중앙집권적 방향으로 개입을 강화하는 이른바 신관리주의의 역설(paradox)이 발생할 개연성이 크다는 지적이다(Maor, 1999: 5-6).

(2) 신자유주의 이데올로기의 적실성

정치 이데올로기적 관점에서 모형에 가해지고 있는 논쟁은 모형이 기초하고 있는 신자유주의(neo-liberalism)에 대한 입장이다. 일반적으로 신자유주의는 사회주의와 케인즈주의적(Keynesianism) 정부의 개입정책에 반대하면서, 국가 개입이 없는 자유시장이 국부 증대와 사회적 후생을 극대화한다는 19세기 고전적 자유주의로 복귀하려는 경제적 이데올로기를 의미한다.

신자유주의는 자발적 질서나 시장의 본성적 강점 등을 통해, 시장관계에서 누리는 개인의 경제적 자유가 모든 사회적 · 정치적 자유의 토대를 구축한다는 신념에 기반한다. 또한 시장기제는 자기수정적이며 자기충족적 기제에 의해 그 자체로서 균형을 유지해 나갈 수 있다는 신념에 기초한다. 따라서 신자유주의자는 시장 확대와 경제 논리를 언제나 바람직한 것으로 간주하는 반면, 정부 확대와 정치 논의는 비생산적인 것으로 금기시한다.

[그림 2-5] 신자유주의 모습

자료: anahtoerworld.kr

신자유주의 접근은 이에 더해 변동을 유도하는 가장 강력한 수단으로, 예산과 인력 삭감이라는 늪 속으로 관료기구를 밀어 넣어 관료들 스스로가 창조적 활용 수단과 경쟁력을 갖추게 해야 한다는 시각이다. 신자유주의자의 입장에서 볼 때, 정부목적은 공공재와 용역의 공급이라는 면에 한정되어야만 한다. 그리하여 정부는 경쟁적이며 시장지향적 구조로 전환해야 하며, 관리 접근방법으로는 비용극소화와 소비자 중심의 관리방식을 채택해야 한다는 입장이다(Dubnik, 1994: 249-260; Kettl, 1994: 175-177).

그렇지만 신자유주의 정치철학은 옹호론에도 불구하고 반대론도 만만치 않다. 비판의 요체는 국가경쟁력 강화를 위해 특정 계층의 권리가 유보되고, 권위주의적 통치 행태가 합리화되는 상황은 용납될 수 없다는 데 있다. 신자유주의에서 추구하는 경쟁력 강화란 극단적으로 기업의 경쟁력 강화가, 종국적으로 국민 생활을 개선시켜 준다는 전제 하에서만 존재 의미를 갖는다. 경쟁지향적 시장에 대한 절대적 신봉이 정치적 민주화를 포함한 모든 문제를 해결해 줄 수 있는지는 고려해 볼 필요가 있다는 입장이다.

한편 신자유주의 이데올로기가 갖는 근본 한계에 관한 문제이다. 19세기 자유방임주의는 시장실패(market failure)를 가져왔고, 이를 시정하기 위한 대안으로 정부개입이 강화되었다. 정부개입의 강화는 다시 국가의 경제위기를 가져와 정부실패(government failure)를 초래하게 되었는데, 이의 대안으로 등장한 것이 신자유주의이다. 그런데 신자유주의는 최근 다시금 시장실패를 가져오는 원인으로 작동하고 있는데, 이른바 신(新)시장실패(neo-market failure)가 그것이다.

신시장실패에서도 빈부 격차, 환경오염, 경제위기, 노동문제, 경제공황과 같은 구(舊)시장실패와 유사한 현상이 발생하기는 한다. 다만 신시장실패가 구시장실패와 근본적 차이를 보이는 부분은 세계화의 영향을 받고 있다는 데 있다. 세계화라는 환경 조건 하에서 신시장실패는 구시장실패와 사회문제가 국가 내부에서도 일어나지만, 동시에 세계적 차원에서도 동시다발적으로 발생하고 있어 빈곤의 세계화가 가속화되고 있다.

게다가 신자유주의적 이데올로기라는 것이 복지국가를 경험한 나라들이 자본을 재축적하려는 필요에서 나온 것으로, 정치적 의미에서 보면 시장의존적 신보수주의 성격을 띠고 있다. 그럼에도 상황이 그렇지 않은 국가의 정부개혁에 신자유주의적 개혁을 적용 가능한 것으로 제안하는 경우가 많다.

이런 제안은 대부분 국가가 시장기제에 맡길 수 있을 만큼 국민의 선택 여지가 충분히 마련되어 있다는 것인지, 혹은 시장논리에 따라 조화와 발전이 가능할 수 있을 정도로 사회 정의의 구축이 이루어졌다는 것인지에 대한 논의가 생략된 채, 신자유주의에 대한 낙관론에만 근거하고 있는 듯하다.

신자유주의 이데올로기에 대한 낙관적 시각과 함께 생각해 보아야 할 것이, 이러한 이데올로기에 기초한 신공공관리론적 정부개혁이 현실적으로 효과가 있는 것처럼 여겨지고 있다는 문제다. 최소정부론에서 기업가적 패러다임에 이르기까지 미국정부에서 이루어진 개혁에 신자유주의 영향이 의도한 효과를 거두었는가와 더불어, 발전도상국의 환경에도 적합한 이데올로기로 보아야 하느냐의 문제가 그것이다. 예컨대, 신자유주의의 주창자였던 레이건(Ronald Wilson Reagon) 정부에서 빈부의 차가 가장 크게 발생했다는 점을 고려한다면, 신자유주의에 바탕을 둔 기업가적 패러다임은 심각한 문제를 야기할 수도 있다.

[그림 2-6] 시대별 정치사상의 흐름

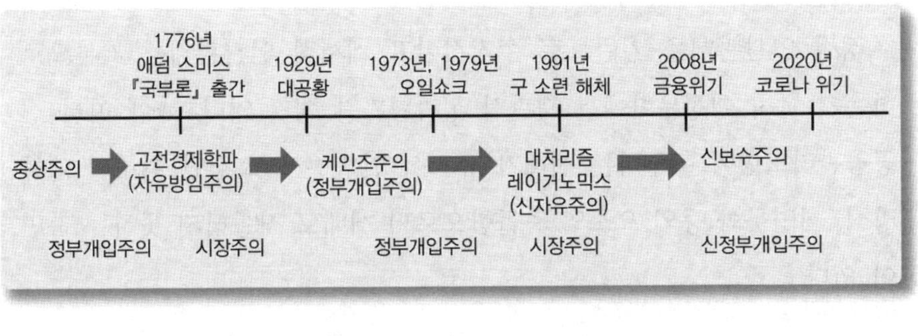

결국 각국은 신자유주의 영향에 따라 강력한 세계자본주의의 구조적 함의에 의해, 근본적으로 한계를 지닐 수밖에 없는 기형적 형태의 민주주의를 맞게 될 가능성이 높아졌다. 신자유주의적 개혁으로 인한 정치적 결과로서, 사회적 약자를 포함한 하층 계급은 정치경제적으로 철저히 배제되는 형태를 띤 특수한 민주주의에 노출되어 있다.

(3) 문화적 · 정향성에 대한 적실성

서구 유럽에서 개발된 관리기법이 다른 문화권에 적용 가능한지에 대해서는, 문화중립적(culture-free) 입장과 문화귀속적(culture-bound) 입장 간에 차이가 있기는 하다(Negandhi, 1975; Hofstede, 1980; 김병섭 · 박광국, 1999: 241-242).

하지만 발전도상국에게 작은 정부론에 기초한 신공공관리모형의 적용은 문화적으로 많은 문제를 낳고 있다. 개인주의 문화가 발달한 서구에서 제시된 방안이, 집단주의 문화가 발달한 발전도상국에 그대로 적용될 수 있을지에 관한 의문이 그것이다. 다시 말해, 개인주의 국가에서는 개인별 성과평가가 가능하고 장려되지만, 집단주의 문화에서는 이것이 부정되고 오히려 집단 속에서의 개인이 강조된다는 데 있다(김병섭, 1996: 24-25).

정적 인관관계를 기반으로 수직적이고 계서적 인간관계를 기본으로 하는 유교적 행정문화에서 객관적 성과평가란 쉽지 않다. 그에 따라 신공공관리모형이 추구하는 선례가 유교식 민주주의, 소집단 위주의 행동방식, 체면문화 등의 요소와 충돌함으로써 제대로 작동하지 못하는 측면이 있다.

정치문화적 관점에서도 대부분 발전도상국은 민주화의 역사도, 행정통제도, 민주주의의 공고화도 취약하다. 그래서 발전도상국은 무엇보다도 국민의 기본적 권리를 보장할 수 있도록 권력기구에 대한 통제와 중립성을 강화하는 방향으로 개혁이 진행되어야 하는데, 효율성과 작은 정부지향만을 추구하는 정치문화는 문제가 아닐 수 없다.

기업가적 정부는 기본적으로 능률성을 중요한 가치로 전제하고 있다. 그러나 시민사회의 기본구조가 약한 경우 능률 논리에 따른 정부 행동은 국민의 권리를 침해하거나, 정당한 절차를 어길 가능성이 높을 수밖에 없고, 민주성원리는 심각히 훼손될 가능성이 많다(이종범, 1994: 22-45). 결국 기업형 정부가 추구하는 능률 추구, 경쟁개념 도입, 결과중심의 평가, 사명중심의 조직운영 등의 목표는 민주주의의 기본원리인 정당한 절차나 국민의 기본권리 보장 등과 상충할 가능성이 높다는 데 문제의 심각성이 있다.

신공공관리모형이 추구하는 정향성이나 접근양식에 대한 적실성과 관련해서도 논쟁이 끊이지 않고 있다(Schachter, 1995; 김병섭, 1996; Frederickson, 1997; Cohn, 1997; Balfour, 1997; 박천오, 1997; 김태룡, 2000). 비판의 요체는 정부조직의 특성을 고려하지 않은 채, 검증되지 않거나 행정환경에 적합하지 않은 기법을 단순히 기업경영 기법이 행정의 그것보다 우월할 것이라는 기대 속에 적용한 결과, 공무원의 사기 저하와 공직 이탈 같은 부작용만 발생했다는 것이 그것이다.

부시(George W. Bush) 행정부에서 예산감독관을 지낸 다먼(R. Darman)은 이런 관점에서 최근에 대두된 신신주의(新新主義, neoneoism)를 일시적 운동에 불과한 것으로 평가하면서, 이보다는 정부가 좀 더 폭넓은 가치 추구에 치중할 것을 권고했다. 예컨대, 정부는 형평성, 대표성, 그리고 반응성과 같은 가치 추구를 위해 봉사해야 하며, 헌법은 경쟁이 아니고 공공부문을 위한 범주라는 점을 강조했다.

결론적으로, 문제는 정부와 기업 간의 차별성이 그것인데, 이 차별성을 무시하고 기업과 정부를 동일시하는 개혁 전략은 한계가 있을 수밖에 없다. 따라서 정부가 무엇이든지 잘할 수 있다는 가정에 따라, 정부가 오직 조정적 내지 기업가적이어야 한다고 가정한다면 이는 대단히 잘못된 것이다(Wilson, 1994: 39).

2) 신공공관리모형의 적용가능성

신공공관리모형은 정치철학적 배경이나 이데올로기, 문화적 환경, 정향성, 접근양식의 적실성 등을 둘러싼 논란으로 대단히 부정적 평가에 처해 있다. 이미 신관리주의의 출범지인 영국에서는 1994년에 『행정(*Public Administration*)』에서 신공공관리모형의 문제점이 조명되기 시작한 이래, 『미국행정학보(*Public Administration Review*)』에서도 1998년부터 이 문제를 특집으로 다루면서 논쟁이 가속화되었다. 이에 더해 발전도상국에 적용된 신공공관리모형의 이식도 거의 실패했다는 결론에 도달했다(McCourt, 1998: 172-187; Common, 1998: 59-76).

결국 중립적이지도 못한 채 일련의 신념이나 선호를 포함한 이데올로기로 구성된 신공공관리모형은 발전도상국을 포함한 후진국을 어떻게 발전시켜야 하며, 체제 능력을 어떻게 배양해야 할 것인가와 같은 문제보다는, 선진국의 관심 대상인 비용 절감이나 세금 감소 등에 주로 초점을 맞추어 온 모형에 불과했다는 비판에 직면해 있다(Minogue, 1998: 17-37).

그러나 신공공관리모형에 가해지고 있는 비판에도 불구하고, 이 패러다임이 정부의 개혁모형으로 확산되고 있는 이면에는 다음과 같은 것이 자리하고 있다. 그것은 모형을 지지하는 열정이 바로 정부가 해결하지 못한 것에 대한 진짜 문제의 표현일 수도 있다는 점이고, 시민이 정부의 소유주임에도 불구하고 시민들도 역시 고객처럼 대접을 받기를 원한다는 사실이다.

결론적으로, 지난 40여 년 간에 걸쳐 신공공관리모형이 강하게 확산된 이유는 기업가적 사고를 부각시키게 만든 행정환경의 변화에 행정이 적절하게 대응하지 못했다는 반증이기도 하다. 현재의 반정부적(反政府的)인 분위기가 주어진 상황이라면, 신공공관리모형은 약점과 과장에도 불구하고 실용 노선을 추구하는 정부에서 확산될 가능성이 크다. 그것은 고객서비스를 향상시킴으로써, 정부에 대한 인식과 문제해결을 위한 환경을 창출하는 데 어느 정도의 진보는 이루어 낼 수 있기 때문이다(Kettl, 1994: 181; 김태룡, 1999: 14).

제2절 후기신공공관리 개혁모형

1970년대 후반부터 반정부 · 반관료주의 · 반조세(反租稅)의 기치 아래 등장한 신공공관리모형은 심각한 변동에 직면했다(Frederickson & Johnston, 1999: 1-9). 이른바 시장 이데올로기(market ideology)의 쇠퇴가 그것이다. 동시에 시장모형이라는 경제적 접근을 통해 신공공관리모형의 패권화를 기도하던 세력들에 저항이 일기 시작했는데, 후기신공공관리모형(post-new public management model)이 그것이다(Peters, 1996; Pollitt, 1996).10

다만 후기신공공관리모형은 다양한 학자들이 참여해 방향을 모색하고 있지만, 신공공관리모형이 추구했던 시장 이데올로기처럼 강력하고 통일된 방향을 구축하고 있지는 않은 듯하다. 그런 가운데 신공공서비스모형(new public service model)이 후기신공공관리모형의 방향을 주도하는 입장에 서 있다. 여기서는 후기신공공관리모형 가운데 대표적 모형으로 신공공서비스모형을 중심으로 모형의 대강을 살펴보면 이러하다.

1. 신공공서비스모형이 등장하게 된 배경

신공공관리모형에 가해지는 변동의 핵심은 정부효율성과 대응성을 제고하는 데, 정부 소유주인 시민이 배제되어 왔다는 데 놓여 있다. 또한 정부라는 배를 두고 관료들이 방향잡기와 노 젓기 중 어디에 치중해야 하는가와 같은 문제에만 관심을 가져온 결과, 오히려 관료의 권력만을 강화시켜 왔다는 데 있다.

10 저항의 내용은 예컨대, 정부기능의 관점에서는 첫째, 정부의 정치 · 행정역량 강화를 통해 재규제와 정치적 통제를 강화하고, 둘째, 정통 행정이 강조했던 민주성과 형평성 같은 행정 가치를 동시에 고려하고, 셋째, 민간화나 민영화에 대한 신중한 접근을 통해 민간과 공공부문 간의 적절한 동반 관계를 모색해야 한다. 조직구조의 관점에서는 첫째, 관료제모형과 탈관료제모형 간에 조화를 모색해야 하고, 둘째, 분권화와 집권화 간의 균형 잡힌 조직구조를 모색해야 하고, 셋째, 분절화의 축소와 총체적 정부가 중심이 되는 조직개편이 추구되어야 한다. 관리기법의 관점에서는 자율성과 책임성 간의 균형이 이루어져야 하고, 동시에 공공 책임성에 초점이 놓여져야 한다. 끝으로, 행정을 둘러싼 환경적 · 역사적 · 문화적 요소에 세심한 고려가 요구된다(Christensen & Laegeid, 2008: 20-21; JUN, 2009: 163).

새로운 패러다임은 신공공관리모형이 주력해 왔던 관료중심의 권력 배분적 시각이 아닌, 정부 소유주인 시민의 관점에서 재출발해야 한다는 입장이다. 그리하여 관료에게 집중되었던 권한을 소유주인 시민에게 위임하고, 소유주인 시민을 위해 봉사하며, 시민중심의 공직제도를 구축하도록 하는 데 초점을 두어야 한다는 신공공서비스모형(new public service model)이 등장했다(Leftwich, 1993; Minogue, Polidano, & Hulme ed., 1998; McKevit, 1998; Denhardt & Denhardt, 2000; Rhodes, 2000).

1) 신공공서비스모형의 형성에 영향을 끼친 시대 상황

반응성과 효율성을 제고할 목적으로 비용 절감과 세금 감소 같은 관리수단에 의존했던 신공공관리모형은 선진국에서도 개혁효과가 별로 없었으며, 발전도상국의 경우는 심각한 부작용만을 초래했다. 이제 신공공관리모형은 과학적관리론의 부활을 넘어서, 과연 국가능력을 제고할 새로운 거버넌스가 될 수 있겠느냐는 위기에 직면했다.

비록 신공공관리모형이 거버넌스로서의 위상을 가지고 있다고 하더라도, 효용을 극대화하려면 제한된 기관이나 지역에 적용을 해 본 후에, 그 결과를 확산시키는 유기적 접근을 시도했어야 했다는 것이다. 그럼에도 지나치게 포괄적이고 급진적 접근을 시도한 결과, 오히려 국가 능력만을 감소시켰다는 데 비판의 초점이 모아지고 있다(Minogue et al., 1998; Tendlerm, 1997).

신공공서비스모형은 신공공관리모형의 잘못된 시각과 처방에 대한 반작용과 함께, 국가에 가해지고 있는 새로운 변화에 대한 응전(response)으로 등장했다. 특히 이 중에서 국가에 가해지고 있는 새로운 변화를 살펴보면 이러하다.

첫째, 수십 년 동안 진행되어 온 민영화나 정부 축소 같은 시장지향적 논의에서 벗어나, 정부가 보다 중요한 정책결정을 해야 하는 상황에 놓이게 되었다. 그간 정부는 안보문제에서 복지정책에 이르기까지 재화와 용역을 전달하는 데, 영리조직과 비영리조직에 상당 부분을 의존해 왔다. 그런데 이들 조직이 대체로 지방정부와 밀접하게 연결되어 있어, 지방정부 역할이 종래와 비교할 수 없을 정도로 중요해졌다. 이에 따라 중앙정부와 지방정부 간의 역할 변화에 따른 새로운 권한배분이 요구되고 있다.

둘째, 공공서비스를 직접 전달한다는 가정 하에 만들어진 계층적 관료제가 시민단체들을 경유하면서 전달되는 서비스 증가에 어떻게 대응할 수 있느냐는 문제다. 이와 함께 전통적 관료제 하에서는 제대로 작동하던 예산통제과정이 시민단체로부터 정보를 수집하거나, 그들을 동기부여하는 데는 효과적이지 못하다는 사실이다. 이에 따라 기능적 전문화와 과정 통제에 기반을 두고 운영되어 오던 정부기구는 지역에 기반을 둔 문제가 발생할 때마다 조정상의 어려움을 겪어 왔는데, 이를 어떻게 조정할 것인가의 문제가 심각하게 대두하기 시작했다(Pollit et al., 1998; Kettl, 2000: 488).

한편 앞서 언급한 중앙정부와 지방정부를 둘러싼 이양(devolution)문제와 함께, 새로운 의제로 등장한 세계화(globalization) 개념이 전통적 관료제 구조는 물론이고, 국가의 기능과 역할에 지대한 영향을 끼치고 있다. 그리하여 이에 대응할 새로운 거버넌스의 구축 필요성이 제기되고 있다(Kettl, 2000: 490-495).

첫째, 적응문제로 세계화와 이양이라는 도전에 적합하게 전통적인 수직적 체계를 새로운 수평적 체계와 통합해야 할 필요성이다.

둘째, 변화된 환경 속에서 효과적으로 국정 관리를 할 수 있도록 정부 능력을 제고하는 일이다. 정부의 서비스체제는 서비스를 직접 전달한다는 가정 하에 구성되어 있어, 계약에 의존하는 전문관리자 집단을 개발하고 보상해야 하는 상황에서는 취약하다(Hesselbein ed., 1997: 139-145).

셋째, 이양과 관련된 역할 배분의 문제로 중앙정부와 지방정부가 해야 할 일을 명료하게 분류할 필요가 있다. 세계화 추세와 함께 지방정부와 더불어 정책집행에 참여하는 시민단체(NGO)의 중요성은 날로 확대되고 있다. 이에 이양과 관련해 중앙정부가 해야 할 새로운 역할 정립이 요구되고 있다.

세계화와 이양이라는 새로운 변화에 직면해, 신공공서비스모형은 국가 능력을 제고하는 데 초점을 두게 되었다. 이를 위해 신공공관리모형이 강조해 왔던 구매자-공급자모형 대신, 신공공서비스모형은 다원주의적 서비스 공급모형에 입각해 개인과 지역공동체에 기초한 책임성을 강화해야 한다는 입장이다. 또한 변화에 적합한 대응 능력을 제고하기 위해 중앙정부, 지방정부, 그리고 시민단체 간의 관계를 역동적으로 구축해야 한다는 시각이다.

요약컨대, 신공공관리모형이 사회, 문화, 가치체계를 배제시키는 데 치중해 왔다면, 신공공서비스모형은 이들 요소를 포함해 체제 능력의 제고와 변화에 따른 대응의 실현성이나 방향을 결정하는 데 있어, 경제적 관점이 아닌 정치적 맥락이 중심 역할을 해야 함을 강조하고 있다(Tendler, 1997; Turner, 1998: 249-259; Christoplos, 1998: 260-277).

[그림 2-7] 세계화로 인한 연결고리

자료: inquiriesjournal.com

2) 신공공서비스모형의 형성에 영향을 끼친 이론

신공공서비스모형은 최근 정치사회이론에서 중요한 영역을 차지하는 민주시민이론, 지역공동체와 시민사회모형, 조직인본주의와 담론이론, 그리고 포스트모더니즘에 이론 토대를 두고 있다(Denhardt, 2000: 552-553).

첫째, 민주시민이론(democratic citizenship theory)은 대의민주정치가 지닌 문제로부터 출발했다. 공공선택론자들이 주장하는 바와 같이 대의민주주의 정치는 투표제도에 기반하고 있다. 그런데 시민 개개인의 이익을 극대화하려는 전략에서 출발한 공공선택론적 가정에 문제를 제기하면서 등장한 것이 민주시민이론이다.

민주시민이론은 새로운 대안으로 단순히 개인 이익의 극대화라는 근시안적 시각을 버리고, 사익보다는 공익 관점에서 전체 거버넌스를 위해 시민참여가 이루어져야 한다는 입장이다. 이를 위해 공공문제에 대한 장기적 시각의 소유와 함께, 지역사회에 소속감을 갖는 민주적 시민성이 요구되는 시점이라는 것이다.

둘째, 신공공서비스모형은 새로운 지역공동체 개념과 이에 따른 시민사회모형에 바탕을 두고 있다. 지나친 다원화에 따른 원자사회(atomic society)에 대한 대안으로, 이를 통합하고 종합할 새로운 모형으로 지역공동체모형이 요구된다.

새로운 모형으로 공동체주의는 단순히 분쟁을 해결하기 위한 절차로서 민주주의가 아닌, 인간의 삶에 영향을 미치는 중요한 의사결정과정으로서 민주주의가 구축되어야 함을 강조한다. 아울러 시민이 의사결정과정에 적극적으로 참여해야 하는데, 이런 측면에서 지방정부가 지역공동체를 유지하고 형성하는 데 중요한 역할을 담당해야 한다(Coombes, 1998: 424-425).

셋째, 조직인본주의(organizational humanism)는 전통조직이론이 주로 상의하달식의 계층적 관료제 조직을 통해 조직구성원의 객관화와 비인간화 및 통제중심의 조직운영을 강조한 반면, 인간행태에 대해서는 제한된 견해를 가졌다고 비판한다. 그래서 조직인본주의는 공공서비스가 객관적 효율성에 의해서만 평가될 성질의 것이 아니라, 관료의 도덕적·자율적 판단에 따른 사회적 형평과 대응성 간의 상호작용이 커다란 의미를 가질 수 있다는 짐을 강조한다.

신공공서비스모형은 이런 측면에서 신행정학(new public administration)이 강조했던 행정의 사회적 평형성과 대응성을 강조하면서, 관료는 사회적 형평성과 시민 안녕에 미치는 공공서비스의 영향을 측정할 수 있는 기준과 수단을 개발해야 한다고 주장한다(오석홍, 2005: 816-817).

[그림 2-8] 시민사회와 민주시민정신의 토대

자료: givingcompass.org

넷째, 행정 영역에서 두 대안이 정통 행정학을 대체하려는 경향이 있어 왔다. 신제도주의와 공동체주의가 그것인데, 폭스와 밀러(Fox & Miller, 1995: 73-128)는 여기에 제3의 대안으로 담론이론(discourse theory)을 제시했다. 폭스에 따르면, 헌정주의와 공동체주의는 행정을 정당화하는 데만 관심이 있기 때문에 적절하지 못하다는 입장이다.

공동체주의자들의 경우는 특히 주권에 대한 소유자로 입법부가 아니라 시민 자신이라는 측면만을 정당화하는 데 관심을 두고 있기 때문에 문제가 있다는 입장이다. 그래서 포스트모더니즘적(post-modernism) 조건을 고려할 때, 이런 흐름만으로는 공동체 이상이 실현될 가능성이 희박해 담론이론이 필요하다는 입장이다.

2. 신공공서비스모형이 지닌 내용과 특성

1) 신공공서비스모형의 개념

신공공서비스모형은 정부로 하여금 기업가를 닮으라며 지나치게 능률성 이념을 강조해 온 신공공관리적 사조에 반작용으로 등장한 패러다임이다. 그래서 신공공서비스모형은 정통 대의민주주의 이론이 강조해 왔던 통제모형의 한계를 지적하면서, 공동체이론과 담론이론에 기초한 시민민주주의 이론에 토대를 두고 있다. 이에 따라 신공공서비스모형은 민주성과 형평성에 기초해, 정부 소유주인 시민의 권리를 회복시키고 지역공동체 의식을 복원하는 데 초점을 둔 개혁모형이다. 다시 말해, 신공공서비스모형은 시민사회가 중심이 되어, 민주적 공동체를 구축하고자 하는 시대적 사조의 반영물이다.

신공공서비스모형은 행정서비스의 위상과 가치를 제고하기 위해, 관료와 시민이 공동으로 참여해 민주 방식에 따라 정부를 운영해야 한다는 입장이다. 이에 신공공서비스모형은 관료와 시민에게 새로운 역할을 부여하고 있다. 정부를 운영하는 과정에서 관료에게 요구하는 역할은 이러하다.

관료는 민주적 원칙에 입각해서 공공서비스를 제공해야 하며, 공익, 거버넌스 과정, 민주적 시민의식 확대와 같은 민주적 이상을 실현하는 데도 관심을 기울여야 한다. 관료는 이를 위해 시대 도전의 복잡성을 인식하고 시민을 존중하면서, 정책개발과 집행에 필요한 새로운 기술을 배워야 한다. 특히 관료의 태도와 관련해서는 말하기보다는 듣기를, 조정보다는 봉사에 무게를 두어야 한다. 한편 시민은 거버넌스 과정에 적극적으로 참여함으로써, 관료와 시민 간의 상호 협력과 호혜적 입장에서 공공문제를 정의하고 찾아내는 데 공동 노력을 기울여야 한다.

결론적으로, 신공공서비스모형에서 강조하는 행정의 추구 정신은 공익을 증진시키고 시민에게 봉사하는 데 있는 것이기에, 행정이 얼마나 효율적으로 수행되었느냐가 아니라 시민의 삶의 질을 향상시키는 데 어떤 기여를 했느냐가 더욱 중요하다는 견해이다(오석홍, 2005: 816-817).

2) 신공공서비스모형의 구성내용

신공공서비스모형이 추구하는 방향은 기존 행정 패러다임이나 신공공관리모형과는 차별적이다. 신공공서비스모형을 구성하고 있는 내용들을 통해 차별성을 살펴보면 이러하다(Denhardt, 2000: 553-557).

(1) 행정 역할에 대한 차별성

신공공서비스모형은 행정 역할에 대해 신공공관리모형이 주장하는 것처럼 방향잡기에 두지 말고, 서비스를 제공하는 데 초점을 두어야 함을 강조한다. 과거에는 정부 역할이 방향을 잡는 데 있었지만, 미래 사회는 매우 복잡해서 그런 역할이 적합하지도 않을 뿐만 아니라 불가능하기 때문이다. 이에 따라 정부와 관료의 역할도 바뀌어야 한다는 것이 신공공서비스모형의 주장이다.

① 정책에 대한 시각

신공공서비스모형에서는 정부가 내린 의사결정과정의 결과가 정책이라고 생각하는 것이 의미가 없을 수도 있다는 주장이다. 예컨대, 사회와 정치 영역에서 방향을 제시해 주는 정책과 사업계획이란 것이, 실제로는 다양한 여론과 이익의 혼합물인 동시에 집단과 조직의 상호작용 결과로 나타난 것이기에 그렇다는 것이다.

신공공서비스모형은 또한 집단과 이익 간의 복잡한 상호작용의 결과, 예측할 수 없는 방식으로 정책이 나타날 수도 있다는 점을 강조한다. 그렇기 때문에 정부는 사회를 움직이는 과정에서 중요한 역할을 담당하는 하나의 행위자에 불과하므로, 정부가 정책에 대한 책임을 전적으로 감내할 필요가 없다는 입장이다.

② 관료 역할에 대한 시각

신공공서비스모형에서 강조하는 관료 역할은 과거 같이 시민을 통제하고, 사회를 새로운 방향으로 이끌어 가는 데 있는 것이 아니라는 시각이다. 대신에 시민들이 공동 이해관계를 표명할 수 있고, 그에 따라 충족할 수 있도록 돕는 데 있다.

신공공서비스모형에서 강조하는 행정 역할은 규제나 법령을 통해 공중의 행위를 제한하거나 혹은 규칙과 인센티브 등을 만드는 데 있는 것이 아니라, 지역사회가 직면한 문제를 해결하기 위해 의사일정을 마련하고, 관련 당사자를 한 자리에 모아 해결방안을 촉진하고 협상과 중재를 모색하는 데 있다. 행정은 이러한 역할을 담당하기 위해 새로운 도구로서 관리통제와 같은 기법이 아닌, 중재와 협상 또는 갈등 해결에 필요한 기술 등이 요구된다.

(2) 공익에 대한 차별성

① 공익에 대한 시각

신공공서비스모형에서는 행정이 추구해야 할 공익에 대한 시각으로,

공익을 행정의 부산물이 아닌 목적으로 보아야 한다는 시각이다. 공익에 대한 시각을 행정 목적으로 설정하기 위해, 관료는 모든 사람이 공유할 수 있는 공익 개념을 구축해야 할 의무가 있다. 신공공서비스모형에서 보는 공익이란 공공선택론자들이 주장하는 것처럼 개인의 이익을 단순히 합산해 놓은 것이 아니라, 대화와 담론을 통해 얻은 결과물인 공유가치(shared value)로 보고 있다.

신공공서비스모형은 이런 관점에서 사회가 추구해야 할 목표나 비전을 설정하는 과정이 단순히 선출된 정치 지도자나 임명직 관료에게만 주어져서는 안 되고, 폭넓은 공적 담론과 논의를 통해 이루어져야 함을 강조하고 있다.

② 공익과 관련한 정부와 관료 역할

신공공서비스모형은 공동체에 대한 광범위한 비전만이 미래를 인도하는 이념이 될 것이라는 측면에서, 정부 역할은 사회가 나가야 할 방향에 관해 진실한 담론이 가능할 수 있도록 분위기를 조성하는 데 있다. 또한 정부의 촉진 역할에 더해, 정부는 해결 방안이 정의와 공정성이라는 규범에 일치되도록 도덕적 의무도 부담해야 함을 강조했다.

예컨대, 정부는 공적 문제의 해결을 위해 노력하기도 하지만, 이런 해결 방안이 본질과 과정이라는 측면에서 공익과 일치하도록 책임도 부담해야 하기 때문이다. 정부 역할은 공익의 해결 방안과 형성과정이 정의나 공정성 또는 형평성 같은, 민주적 규범과 일치한다는 점을 보증해야 하는 데까지 이르러야 한다는 것을 의미한다.

결론적으로, 관료는 시민들이 담론을 통해 공유가치(shared values)를 표명할 수 있게, 그리고 공익에 대한 집단적 의미로 발전시킬 수 있도록 활동 장을 만드는 역할에 치중해야 한다. 관료 역할은 상이한 주장을 단순히 타협시키는 데 있는 것이 아니라, 시민으로 하여금 서로가 상대방의 이익을 이해하게 하고, 또한 지역공동체와 사회적 이익에 대한 장기적이고도 폭넓은 감각을 받아들이게 하는 데 있다.

(3) 전략적 사고와 민주적 행동에 대한 차별성

① 비전 실현에 대한 정부 역할

신공공서비스모형이 강조하는 행정 역할로 전략적 사고와 민주적 행동에 관한 문제이다. 합의된 비전(vision)을 실현하기 위해서는 그에 따른 역할과 책임을 설정하고, 공유된 목적을 향해 움직일 구체적 행동 단계를 개발해야 한다. 비전의 실현 과정에서 중요한 것은 단순히 비전을 만든 연후에 집행에 대한 책임을 관료에게만 맡기지 말고, 사업계획이 진행되는 과정에 관련 당사자를 모두 참여시켜야 한다.

정부 역할은 이 과정에서 시민교육과 관련된 프로그램에 시민을 참여시키거나, 지도자를 폭넓게 배양시켜 시민의 자긍심과 책임감을 고양시키는 일이다. 그래서 모든 당사자가 지역공동체를 위해 참여하고 협동하는 기회를 함께 만들어 나감으로써, 시민의 자긍심과 책임감이 참여 의지로 발전하기를 기대할 수 있다(Coombes, 1998: 424).

② 비전 실현에 대한 정치지도자 역할

분위기를 고양하기 위해 정치지도자에게 요구되는 역할은 시민의 책임을 강화하고, 지역공동체의 결속을 다지며, 관련된 집단과 개인을 지원하는 일이다. 정부가 지원 역할을 담당하는 것은 정부가 지역공동체를 직접 창출할 수는 없기에, 정부나 정치지도자는 책임 있는 시민 행동에 필요한 토대를 마련해야 할 의무가 있기 때문이다. 그런데 조장적 또는 지원 역할이 성공하기 위해서는 정부가 시민 요구를 충족시키기 위해 존재한다는 인식을 부여해야 한다. 이를 위해 정부가 항상 공개되어 있음은 물론, 항상 접근 가능하다는 사실을 시민에게 인식시켜야 한다(Heller et al., 1998: 242-248).

(4) 시민과 정부에 대한 차별성

① 시민에 대한 시각

신공공서비스모형은 시민을 고객으로 대하지 말고 봉사하는 입장에서 출발해야 한다는 입장이다. 관료는 단지 고객이라는 손님의 요구에 반응해야 하는 것이 아니라, 시민에게 신뢰와 협동 관계를 구축하는 데 초점을 두어야 한다. 이런 점에서 신공공서비스모형은 정부와 시민과의 관계가 기업과 고객과의 관계와는 다르다는 점을 대단히 강조한다. 그것은 정부가 시민에게 직접 서비스를 공급받는 고객보다 더 많은 봉사를 해야 하기 때문이다.

정부는 적극적으로 서비스를 요구하지는 않지만 이를 필요로 할 것이라고 생각되는 사람이나, 미래 세대의 서비스 수혜자와 심지어는 원치 않는 사람에게까지도 서비스를 제공해야 한다. 정부는 이처럼 법적 의미를 넘어선 시민에게까지 서비스를 제공해야 한다. 다만 신공공서비스모형의 입장에서 볼 때, 정부가 공공서비스의 질을 개선하고 고객에게 제공하는 것보다 더 많은 봉사를 해야 하는 것이 중요하기는 하다. 그렇지만 이기적이거나 단기 고객의 이해관계까지, 정부가 미리 나서서 배타적으로 반응하는 것은 좋지 않다는 입장이다.

결론적으로, 신공공서비스모형에서 강조하는 정부 모습은 고객 입장이 아닌, 시민의 욕구와 이해관계에 반응해야 하는 실체여야 한다. 신공공서비스모형에서 강조하는 덕목은 그래서 더 많은 사람이 지역공동체의 시민으로서 책임을 다할 것을 요구하고 있고, 정부 또한 시민 요구에 민감해야 할 것을 요구한다(Coombes, 1998: 424).

② 정부 책임

신공공서비스모형은 정부 책임으로 신공공관리모형이 강조했던 이윤 추구 이상의 범주를 요구한다. 정부가 수행해야 할 책임의 범주로는 단순히 이윤 추구를 달성하는 데 있는 것이 아니라, 헌법, 법률, 공동체 가치, 정치 규범, 전문직업적 기준, 시민의 이해 등에 이르기까지 매우 광범위하다.

신공공서비스모형에서 규정하는 정부 책임을 둘러싼 성격 또한 대단히 복잡하다. 예컨대, 관료는 상충되거나 중첩된 규범 속에서 가치 혼동에 휘말리는 경우가 많다. 신공공서비스모형은 이런 경우에 관료가 상황을 있는 그대로 받아들이면서, 시민과 공익에 어떻게 봉사할 수 있고 또한 어떻게 봉사해야 하는지를 심각하게 고려해야 한다는 입장이다.

그런데 이러한 상황에서 제일 중요한 것은 관료가 정책결정을 독자적으로 하지 말라는 것이다. 대신에 문제해결을 대화나 중재 또는 권한을 위임받은 시민의 광범위한 관여를 통해 풀어나갈 필요가 있다는 측면에서, 관료의 협상 능력이 중요함을 강조하고 있다. 결국 여러 상충적 변수를 시민에게 알림으로써, 현실이 담론과정의 일부가 되도록 하는 것이 관료 역할이다. 이렇게 하는 것만이 현실적 해결을 가능하게 하고, 시민 정신과 책임성을 구축하는 첩경으로 보고 있다.

(5) 인간과 가치에 대한 차별성

① 인간에 대한 시각

신공공서비스모형을 구성하고 있는 내용에서 시민과 함께 강조되는 것이 인간에 대한 새로운 시각이다. 신공공서비스모형은 사람보다 생산성을 중시하는 신공공관리모형의 시각을 비판하면서, 사람에게 가장 높은 가치와 우선순위를 부여하기를 권고한다. 기본적으로 조직은 인간을 존경하는 가운데, 협동과정과 공유된 리더십을 통해 운영될 때만이 성공할 수 있다. 신공공서비스모형도 신공공관리모형이 강조하는 생산성 개선이라든가 업무과정 재설계 또는 성과 측정 등과 같은 요소가 관리 체계를 설계하는 데 중요한 도구라는 점을 부인하지는 않는다.

그럼에도 관리 체계에서 중요한 것은 사람을 통한 관리가 무엇보다 중요하다는 시각이다. 조직에서 개인에 대한 가치와 이해관계에 충분한 관심과 주의를 기울이지 않는다면, 인간 행위를 통제하려는 합리적 시도는 실패할 것이라고 예견하고 있다(Everaert, 1997: 275-286). 다시 말해, 정부조직에서 관료가 존경심을 가지고 시민을 대하게 하려면, 정부조직을 관리하는 사람들이 존경심을 가지고 관료들을 대해야 한다.

전통행정에서 강조하듯이 관료는 관료조직의 안전만을 원하는 것도 아니고, 그렇다고 신공공관리론자들이 언급하듯이 시장에의 참여자도 아니다. 관료는 오히려 안정된 봉급 이외의 요소, 예컨대 동기부여나 보상과 같은 심리적 요소를 중히 여기는 사람들이라는 점에서 다른 사람과 구별되기를 원한다(Denhardt, 1993; Vinzant, 1998).

공유된 리더십이라는 개념은 이런 측면에서 공무원과 시민이 공공서비스에 대한 동기와 가치를 확인하고, 이에 입각해서 행동할 수 있는 기회를 제공하는 데 중요하다(Walsh, 1997: 295-302). 신공공서비스모형에서 강조하는 공유된 리더십은 조직과 사회가 추구하는 목적이나 가치 또는 이념에 초점을 두고 있는데, 이는 상호 간의 존경과 수용, 그리고 지원으로 특징지어진다. 사람을 통해 사람과 함께 행해지는 리더십은 참여자를 변화시키고, 상위 가치로 이전하는 데 중요한 역할을 한다(Burns, 1978).

결국 신공공서비스모형이 추구하는 인간에 대한 핵심 개념은 생산성 중심의 관리 체계가 효율성 제고라는 결과를 가져올 수는 있지만, 시민정신에 충실하면서 책임 있게 일에 몰두하는 관료와 시민을 양성하는 작업은 실패할 것이라는 데 있다.

② 가치에 대한 시각

신공공서비스모형은 기업가적 정신보다 시민정신(citizenship)과 공공서비스가 지니는 가치가 상위 개념임을 강조한다. 신공공서비스모형은 관료가 기업가처럼 생각하고 행동하기를 기대한 결과, 오히려 추구해야 할 목표를 축소시키는 어리석음을 범하지 말아야 한다고 주장한다.

신공공서비스모형은 관료의 책임으로 공공자금의 관리자로서, 공공조직의 유지자로서, 시민정신과 민주적 담론의 촉발자로서, 공동체가 성립하게 하는 촉매자로서, 그리고 일선 업무의 지도자로서의 역할을 수행함으로써 시민에게 봉사하는 것이라고 규정하고 있다(Terry, 1995; Denhardt

& Gray, 1998; Vinzant & Crothers, 1998). 신공공서비스모형은 이 같은 가치 문제와 관련해 관료가 당면하는 도전과 책임의 형태에 의미 있는 시사점을 제공하고 있다.

첫째, 관료는 사업이 요구하는 내용과 자원 이상의 것을 이해하고 관리해야 한다. 만일 과거와 같이 협소한 시각을 탈피하지 못한다면, 행정기관의 이해와 상충 관계에 있는 시민들에게 별 도움이 안 된다는 것이다. 항상 그런 것은 아니지만 시민들이 당면하는 문제는 다면적이거나 유동적이어서, 행정기관의 업무 영역과 쉽게 일치하지 않는다. 따라서 관료가 시민에게 봉사하기 위해서는, 행정기관의 업무과정에 지역공동체를 연계시켜야 한다는 입장이다.

둘째, 관료가 감당해야 하는 위험 부담은 기업가가 지는 위험 부담과 차원이 다르다는 사실이다. 신공공서비스모형에서 강조하는 관료의 위험 부담과 기회는 시민과 함께 지는 공동 책임의 틀 안에 존재한다. 그래서 신공공서비스모형이 추구하는 담론과 시민 개입이 항상 이루어지는 조건, 즉 기회와 잠재적 위험 부담이 인지되었을 때 고려해야 할 중요한 요소는 이러하다. 그 기준으로 기회가 왔을 때 관료가 취할 위험한 행동에 따른 편익이 신뢰나 협동, 그리고 공동 책임감에 대한 비용을 능가할 수 있을 때다.

3) 신공공서비스모형의 내용 특성

신공공서비스모형이 지니고 있는 내용 특성은 세 측면으로 나누어 살펴볼 수 있다.

(1) 이론 특성

신공공서비스모형은 관료의 권한과 통제를 중시했던 전통행정이론이나 관리를 기업과 같이할 것을 주장했던 신공공관리모형과는 달리, 민주주의 이론에 입각한 공동체이론과 담론이론에 기초하고 있다. 신공공서비스모형은 패러다임으로서 인식론적 기반을 실증주의, 해석학, 비판이론, 그리고 포스트모더니즘을 포괄하는 다양한 지식 체계에 두면서, 민주주의 정신을 새롭게 부활시키고자 하는 데 특성이 있다. 신공공서비스모형은 민주주의 정신을 부활시키기 위해, 공익의 형성 과정에서 담론의 중요성을 소생시켰다. 특히 담론의 실천장으로 공동체정신에 기초한 시민정신의 정립을 제안했다는 데 의미가 있다.

(2) 정부 역할과 시민관에 대한 특성

신공공서비스모형은 정부 역할관으로 공익을 실천하기 위해, 정부가 해야 할 역할이나 책임은 관료가 노 젓기를 해야 하는가, 아니면 방향 제시를 해야 하는가와 같은 수준에서 벗어나, 시민에 대한 봉사의 주체임을 강조한다. 봉사 개념은 신공공관리모형에서 운위되던 고객에 대한 직접적 서비스가 아닌, 공유된 가치관을 창출하고 시민과 지역공동체들 간에 이익을 중재하고 협상하는 데 기여해야 한다는 의미를 함축하고 있다. 신공공서비스모형이 제시한 정부 역할로서 봉사 개념이 지니는 의의는 이 개념이 사회의 역동성을 적실성 있게 반영한다는 데 있다.

(3) 정책과 관료관에 대한 특성

신공공서비스모형은 정책목표를 달성하는 데 중요한 역할을 담당해 온 하향적 집행기구도, 이제는 전통행정이론이나 신공공관리모형에서

〈표 2-4〉 신공공관리모형과 신공공서비스모형의 비교

유파 관점	신공공관리모형	신공공서비스모형
이론과 인식의 토대	• 경제이론 • 실증적 사회과학에 기초한 정교한 토의	• 민주주의 이론 • 실증주의 · 해석학 · 비판이론 · 포스트모더니즘을 포괄하는 다양한 접근
합리성모형과 행태모형	• 기술적 · 경제적 합리성 • 경제인 또는 자기 이익에 기초한 의사결정자	• 전략적 합리성 • 정치적 · 경제적 · 조직적 합리성에 대한 다원적 검증
공익 관점	• 개인들의 총이익	• 공유 가치에 대한 담론의 결과
관료의 반응 대상	• 고객	• 시민
정부 역할	• 방향잡기(시장의 힘을 활용한 촉매자)	• 봉사(시민과 지역공동체 내의 이익을 협상하고 중재, 공유 가치의 창출)
정책목표의 달성기제	• 개인 및 비영리기구를 활용해 정책 목표를 달성할 기제와 유인체제를 창출	• 동의된 욕구를 충족시키기 위한 공공기관, 비영리기관, 개인의 연합체 구축
책임에 대한 접근 양식	• 시장지향적 - 개인 이익의 총화는 시민 또는 고객집단에게 바람직한 결과 창출	• 다면적 - 공무원은 법, 지역공동체 가치, 정치 규범, 전문적 기준 및 시민의 이익에 참여
행정 재량	• 기업적 목적을 달성하기 위해 넓은 재량 허용	• 재량이 필요하지만 제약과 책임이 수반
기대하는 조직구조	• 기본적 통제를 수행하는 분권화된 공조직	• 조직 내 · 외적으로 공유된 리더십을 갖는 협동적 구조
관료의 동기유발	• 기업가 정신 • 정부 규모를 축소하려는 이데올로기적 욕구	• 공공서비스 • 사회에 기여하려는 욕구

자료: Denhardt & Denhardt(2000: 554)에서 재구성.

강조하던 개인의 동기부여를 통한 인센티브제도 등과 같은 수단이 아닌 조직 간의 연합을 통해 목표를 달성해야 함을 강조했다. 아울러 관료의 동기유발에 대한 원천도 단순한 수입이나 기업가정신이 아닌, 공공서비스 제고에 둠으로써 사회 기여에 초점을 두었다는 데 특색이 있다.

책임성 문제에 관해서도 미시적 의미에서 계층적 책임을 강조한 전통행정이론이나 시장지향적 측면에서 이윤 추구에 초점을 둔 신공공관리모형에 반해, 신공공서비스모형은 책임의 다면성을 강조함으로써 책임소재가 무한대임을 강조했다. 권한과 책임을 행사하는 조직구조에 대해서도 민주주의 정신에 입각한 협력적 구조를 강조했다.

이상과 같이 신공공서비스모형의 특성은 다른 모형에 비해 규범적 모형에 속한다. 신공공서비스모형은 다른 모형들이 강조해 온 효율성이나 생산성 같은 가치에 밀려, 소홀히 다루어져 왔던 민주적 시민정신이나 공익가치들을 부활하고자 했다는 측면에서 민주주의에 토대를 둔 규범적 모형이다. 결론적으로, 신공공서비스모형은 관료에게 집중되었던 권한을 시민에게 되돌려주고, 공익이나 시민 간의 담론을 통합하는 기능에 관료 역할이 맞추어져야 함을 강조했다는 데서 의의를 찾을 수 있다.

3. 신공공서비스모형의 적실성

1) 신공공서비스모형에 대한 비판

신공공서비스모형은 급증하는 시민참여의 확대, 공익의 다원성에 대한 논의, 민주적 거버넌스가 활발하게 논의되고 있는 상황에서, 행정 역할을 규범적으로 제시하고 있다는 점에서 의의가 있다. 특히 행정이 장기적 민주주의의 실현에 기여해야 하는 역할자로서, 관료 의무와 시민의식의 발휘가 공동체사회의 발전에 핵심적 성패요인으로 작용하고 있음을 지적했다. 이런 점에서 신공공서비스모형은 참여행정과 민주행정의 실현에 의미 있는 기여를 할 것이다.

그러나 신공공서비스모형이 지향하고자 하는 행정의 규범적 특성과 가치가 지나치게 강조됨으로써, 행정에서 요구되는 전문성이나 효율성 같은 실천적이거나 수단가치의 유지를 위한 상호 관계의 재정립에 대해서는 논의가 부족하다. 바로 이 점이 신공공서비스모형에 가해지고 있는 비판의 요체이다.

오늘날 우리 사회가 지식기반사회·정보화사회·무한경쟁 시대를 맞고 있는 시점에서, 행정은 국민 의사에 기초한 공익을 실현하는 과정인 동시에 다양한 정보, 시민참여, 다방향성의 의사전달 체계를 적극적으로 활용해 공익을 효율적이고 효과적으로 실현해야 하는 전문성도 동시에 요구되기 때문이다(오석홍 외, 2005: 826).

2) 신공공서비스모형의 적용가능성

정부조직이 시대 요구에 따라 만들어지고 그에 따른 다양한 가치가 추구되었지만, 특정한 패러다임이 지배적인 지위를 누리는 동안에도 다른 패러다임이 전적으로 무시되었던 것은 아니었다. 한 패러다임이 특정한 시기에 우월적 지위를 향유하는 동안, 다른 패러다임도 크지는 않지만 의미 있는 역할을 담당해 왔다.

유사한 맥락에서 1970년대 말부터 신공공관리모형이 전 세계를 풍미하면서 정부 영역에서 우세한 가치로 자리잡아 왔지만, 그렇다고 해서 민주시민의 지위나 공익에 대한 관심이 완전히 시들어버린 것은 아니었고 나름대로 보조 역할을 수행해 왔다. 이러한 사실은 신공공서비스모형의 적실성을 논의하는 데 대단히 중요한 시사를 한다.

그것은 행정이 추구해야 할 가치로서 효율성이나 생산성 못지않게, 우선순위를 놓아야 하는 가치가 존재한다는 사실이다. 다시 말해, 행정가치로서 효율성보다는 민주주의 가치인 시민정신이나 공동체의식과 같은 덕목이 우선되어야 하며, 급격하게 이루어지고 있는 사회의 다양성을 조화롭게 수용해야 하는 행정문화나 제도가 정착되어야 한다.

정부가 추구해야 할 공유된 가치관의 부재와 행정에 대한 높은 불신, 정치지도자 중심의 일방적 대중주의나 선동주의에 의해 목표를 강요받는 현실 정치에서, 신공공서비스모형은 시민과 정부와 사회의 모든 집단이 공동 목표나 가치를 어떻게 도출해야 하는가에 대한 새로운 지평을 여는 데 도움이 될 수 있다. 또한 공유가치를 도출하기 위한 정부의 협력적 구조나 이를 집행하는 관료가 지녀야 할 무한대의 책임성을 강조하는, 신공공서비스모형의 구성 내용은 소극적 행정책임마저 회피하려는 행정문화를 지닌 국가에 중요한 시금석이 될 것이다.

특히 정부 역할로 봉사에 대한 새로운 의미는 그동안 권력지향적이고 시민에 대한 반응에 익숙하지 않던 전통적 관료모형에 새로운 역할 설정을 요구한다는 점에서 중요성이 있다. 향후 많은 논의와 내용이 새로운 패러다임에 추가되겠지만, 현재는 모든 역량을 결집해 시민정신에 기초한 담론과 공익을 기반으로 시민들에게 민주적 공공서비스를 제공해 나가야 할 필요가 있다(김태룡 · 윤영진, 2002: 224-238).

제3장

몽골의 개혁환경과 개혁과정

제3장

몽골의 개혁환경과 개혁과정

몽골정부의 개혁과정을 논의하는데는 여러 장애가 놓여 있다. 이 가운데 현실적 장애는 개혁 초기인 1990년부터 약 20여 년 간 진행된 개혁 관련 자료들이 축적되어 있지 않다는 데 있다. 이는 1990년 중반부터 일어나기 시작한 개혁 열풍 속에서, 몽골정부가 개혁의 가속화에는 관심이 집중되었지만 이에 대한 기록이나 평가에는 소홀하였던 데서 기인한다(Hausman, 2009: 1-3). 그 결과 몽골정부의 개혁과정에 대한 설명은 많은 부분에서 2차 자료들을 활용해야만 하는 한계가 있다.

다음으로 직면하는 장애는 몽골정부가 진행한 개혁과정을 시기별로 어떻게 구분할 것인가에 대한 논란이다. 개혁 단계를 세 단계로 구분하는 데는 대체적으로 동의가 이루어지고 있으나, 단계별로는 시기구분의 차이를 보이고 있는 것이 그것이다. 시기구분의 차이가 발생하는 이유로는 개혁의 추동자로 국제기구의 참여가 시작된 시점으로 보느냐, 또는 개혁의 주된 근거였던 패러다임의 변화를 어느 시기로 보느냐에 따라 달라진다. 하지만 몽골정부에서 표명한 개혁 단계의 구분보다는(Government Service Council of Mongolia, 2008),[1] 학자들이나 국제기구에서 행해진 시기구분이 보다 타당성이 있는 것으로 판단되어 이의 분류방식을 따르고자 한다(Hausman, 2009; Badarch, 2013).

몽골정부의 개혁과정은 세 단계를 거쳐 왔다. 첫째 단계는 1990년부터 1996년까지로 한국이나 독일 및 일본 등 대륙법체제를 지닌 국가의 사례를 받아들인 시기다. 둘째 단계는 1997년부터 2011년에 걸쳐 신공공관리모형에 기초한 뉴질랜드 개혁모형에 의존해 개혁이 추진되던 시기다. 셋째 단계는 2012년부터 현재에 이르기까지로 후기신공공관리모형에 입각해 시민지향적 거버넌스(citizen-oriented governance) 개혁을 추진하는 시기다.

[그림 3-1] 몽골정부의 개혁과정

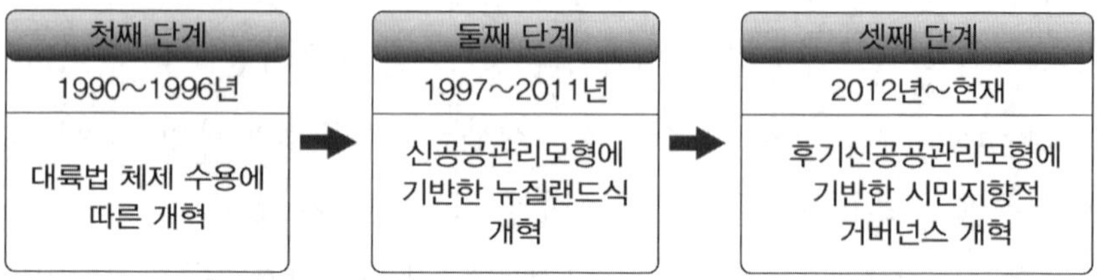

1 Government Service Council of Mongolia(2008)는 몽골에서 이루어진 공공부문 개혁 단계를 첫째 단계는 1990~1993년, 둘째 단계는 1993~2000년, 셋째 단계는 2000년부터 현재까지로 구분하고 있다. 이 같은 구분에 대해 가해지는 비판의 요체는 개혁 단계를 정의하는 기초적 개념이 무엇인가가 명확하지 않다는 데 모아지고 있다.

제1절 초기 개혁환경과 개혁과정

1. 개혁체제를 둘러싼 환경

1) 개혁체제를 둘러싼 정치환경

몽골정부의 초기 개혁과정을 이해하기 위해 살펴볼 개혁환경은 이러했다. 러시아와 중국 사이에 위치한 몽골은 20세기 대부분을 구(舊)소련과 동맹관계를 유지해 왔다. 몽골은 구소련의 일원은 아니었지만 구소련과 가장 가까웠으며, 가난한 소비에트 위성 국가였다. 당시에 몽골은 구소련으로부터 국민소득의 거의 3분의 1에 가까운 지원을 받고 있었으며, 그에 따라 구소련의 자문위원들이 몽골 노동력의 7.7%를 차지할 정도였다(Line Brogger et al., 2004).

이런 상황에서 1985년 구소련이 개방정책(Glasnost)을 채택하자 몽골에서도 개방 움직임이 태동하기 시작했다. 1986년에 몽골인민혁명당은 전당대회에서 구소련의 개혁정책(Perestroika)과 개방정책을 적극 지지하면서, 당의 체질개선 문제를 본격적으로 논의하기 시작했다. 그 결과 1988년 2월에는 구소련의 개혁정책의 영향에 따라, 몽골도 몽골판 개혁운동인 신칠렐(Shinechlelt)정책을 채택하기에 이른다. 이후 몽골국민의 민주화 요구가 확대되면서 야당이 탄생하는 등 민주화 진전은 급속하게 진행되었다.

〈표 3-1〉 초기 개혁시기 집권당과 정당 변화

	'90년 총선 · 대선	'92년 총선	'93년 대선	'96년 총선
집권당	인민혁명당	인민혁명당		민주연합
대통령	오치르바트 (P. Ochirbat)		오치르바트 (P. Ochirbat)	
내각 총리	뱜바수렝 (D. Byambasuren)	자스라이 (P. Jasrai)		엥흐사이한 (M. Enkhsaikhan) 엘벡도르지 (Ts. Elbegdorj) 나란차츠랄트 (J. Narantsatsralt) 아마르자르갈 (R. Amarjargal)
비고	인민혁명당에서 탈당해 몽골쇄신당 창당	민족민주당, 사회민주당, 녹색당의 민주연맹 결성	오치르바트(인민혁명당 탈당 후 민주연합 후보로 당선)	민족민주당, 사회민주당, 녹색당, 종교민주당이 민주연합 결성

1990년 2월 18일에는 인민혁명당(Mongolian People's Revolution Party: MPRP)에 이어 몽골역사상 두 번째 정당인 민주당이 창당을 선언했다.[2]

2 몽골이 독립하기 전인 1921년 몽골혁명의 아버지로 불리는 수흐 바토르(D. Sukhe Bator)와 초이발산(H. Choibalsan)은 비밀조직을 결합해 몽골인민당을 결성했다. 1924년 8월 당명을 몽골인민혁명당으로 개칭한 수흐 바타르와 초이발산은 헌법(구 헌법 제82조)에 보장된 일당독재체제를 유지하기 시작했다. 민주집중제를 원칙으로 설립된 인민혁명당은 5년마다 개최되는 전당대회에 최고의 권한을 부여해, 중앙위원회 위원과 중앙기율검사위원회 위원을 선출하게 하였다. 또한 당 중앙위원회는 정치국원, 당 중앙위원회 총서기 등을 선출하게 되는데, 중앙위원회 총회는 전당대회의 중간 시기마다 개최된다. 인민혁명당은 1995년 현재 약 9만 1,000명 정도의 당원을 보유하고 있다. 당이 발행하고 있는 기관지로는 우넨(Unen: 진리)지와 정치이론(Namyn Am'dral)지, 경제문제(Ddiin Zasgiin Asuudal)지 등이 있다(대외경제정책연구원, 1995: 148-149).

최초로 야당 등록을 한 민주당은 대규모 집회를 통해 시장경제체제 도입을 주장하였다. 당시 민주당은 강령에서 중립적 민주주의 국가의 건설과 구소련 의존의 경제체제를 탈피하고, 국유제를 폐지하는 대신 사유제를 인정하는 시장경제체제의 도입을 주장했다. 이에 민족진보당, 사회민주당 등 야당들도 동참하기 시작했다.

봄이 되자 빈곤자들의 거센 폭동에 직면한 인민혁명당은 동년 3월 중앙위원회 제8차 총회를 개최하여 공산당 일당독재를 선언한 「헌법」 제82조를 수정한 제3차 개정을 통해, 합법적인 다당제체제를 인정하고 자유총선 실시 보장과 민간기업 합법화를 포함한 사유재산권을 보장하였다. 이에 따라 다당제가 현실화되고, 동년 7월 29일 최초로 민주 절차에 따른 자유선거가 중·대선거구제로 실시되었다.

[그림 3-2] 1990년, 몽골혁명

자료: en.wikipedia.org

동선거에서 몽골인민혁명당 출신의 오치르바트(P. Ochirbat)를 몽골인민공화국 대통령으로 밤바수렝(D. Byambasuren)을 총리로 각각 선출함으로써 새로운 개혁정부가 들어섰다. 몽골인민혁명당은 민주화 이후 실시된 첫 총선에서 61.7%라는 압승을 거두었고, 이어서 몽골민주당(24.3%), 몽골민족진보당(5.9%), 몽골사회민주당(5.5%), 몽골자유노동당(1.2%), 몽골통일당(1.2%)의 순으로 나타났다.

인민혁명당이 첫 총선에서 압승을 거둔 이유는 러시아와의 정치연계파와 폴란드식 급진개혁파 간의 갈등 속에서, 몽골정부가 가격, 금융, 무역 등의 분야에서 부분적 규제완화와 개방정책을 수행하는 중도적 개혁입장을 취했기 때문이다. 이에 더해 민주화를 평화적으로 수용하면서 자연스러운 개혁·개방을 추구했고, 인민혁명당의 주도로 만들어진 선거법 또한 유리하게 작동해 압승할 수 있었다(장재완·유민우, 2006: 11).[3]

선거가 끝난지 얼마 되지 않은 1991년 2월에 인민혁명당 내부에서 보수와 개혁 세력 간의 갈등이 일어나, 보수파가 대거 물러나고 개혁파가 당권을 잡게 되었다. 그러나 다시 보수와 개혁 세력 간의 분쟁이 일어나면서, 결국 인민혁명당의 개혁파들이 몽골쇄신당을 창당해 나감으로써 분당이라는 상황을 맞게 되었다. 그렇지만 여당과 야당 사이에서 중도파 역할을 자처한 몽골쇄신당은 1992년 총선에서 단 1석도 얻지 못해, 양극화된 정치구도에서 완전히 소외되었다(송병구, 2012: 462).

3 인민혁명당의 지지기반인 지방의 경우 인구 2,000명당 한 명의 국회의원을 선출하도록 한 반면, 야당인 민주세력이 강세인 수도 울란바타르의 경우는 인구 10,000명에 한 명의 국회의원을 선출하게 되어 있었다. 당시 몽골 전체 인구의 25%가 수도 울란바타르에 거주하고 있음에도 지역구 의석수는 전체 의석수의 10% 정도밖에 되지 않는 불공정한 선거법이었다.

민주 총선에서 최초로 압승한 인민혁명당은 오치르바트 대통령을 위원장으로 하는 '헌법기초위원회'를 설치해 여야 간에 논의를 거쳐, 정치 민주화와 시장경제로의 이행과 동시에 마르크스-레닌주의 포기를 선언하고 새 헌법개정에 착수하기로 약속했다. 시장경제로의 전환을 위해 1991년에는 정부결정 제30호로 「사유화규정」을 확정함으로써 사유재산이 인정되었다. 1992년 1월 13일에는 마침내 몽골의 새로운 「헌법」이 승인되고 이원집정부제 형태의 정부가 등장하였다. 동 「헌법」은 대인민회회의를 통과함으로써 확정되었고, 전문과 6장 70조로 구성되었다.

신헌법의 주요 내용은 국명을 '몽골인민공화국'에서 '몽골(Mongolia)'로 변경하고, 삼권분립을 기초로 대통령 직선제와 국회 단원제 및 사유재산권을 인정하는 자유시장경제체제로의 전환을 규정하였다. 특히 아시아 사회주의 국가 중 최초로 '사회주의 국가건설' 문구를 삭제하고, 인도적 시민사회의 발전을 최대 목표로 규정하면서, 몽골정부의 허가 없는 외국군의 주둔이나 영토 통과금지를 규정함으로써 중립주의와 비동맹주의 노선을 채택했다.

신헌법에 따라 1992년 6월 28일에 치러진 총선에서도 집권당인 인민혁명당은 56.9%의 득표율을 획득해, 총 76석의 의석 중 71석을 차지하는 완벽한 승리를 거두었다. 인민혁명당은 개혁파 경제학자 출신의 자스라이(P. Jasrai)를 총리로 선출했다. 선거과정 역시 1990년 선거양상과 유사하게 전개되었다. 다만 이전 총선의 쟁점이 민주화에 있었던 데 반해, 1992년 총선은 경제문제였다는 점에서 차이가 있었다.

총선과정에서 야당은 경제문제와 경제위기가 집권 여당의 책임이었다고 주장했지만, 방송과 언론을 장악한 여당은 매스컴을 이용해 당시 최대 관심사였던 금융스캔들의 중심에 야당의 주무장관과 정치인들이 있었음을 집중 공략했던 것이 주효했다. 총선 이후 오치르바트 대통령과 자스라이 총리는 개혁과 개방정책을 적극적으로 추진하면서 법률과 제도 정비에 박차를 가해 나갔다. 다음 해 1993년 3월에는 「대통령선거법」을 제정·공포해, 대통령에 대한 최초의 직접선거가 실시되었다.

제정된 「대통령선거법」에 따르면, 대통령선거는 두 단계로 구분된다. 의회 내에 의석을 가진 정당은 대통령후보자를 추천할 수 있고, 후보자는 선거에서 과반수를 획득해야 한다. 선거에서 과반수를 획득한 후보자는 의회에서 대통령으로 확정되나, 과반수를 획득한 후보자가 없을 경우에는 다수 득표자 2인에 대해 결선투표로 선출한다. 대통령의 임기는 4년으로 연임이 가능하다. 특히 신헌법이 제정되기 전까지는 의회 의장이 겸직하는 부통령직을 두었으나, 신헌법에서는 부통령직을 두지 않았다. 대통령이 유고 시에는 의회 의장이 직무대행을 맡는 것으로 되었다.

대통령선거에서 집권당인 인민혁명당은 현직 대통령인 오치르바트 대신 투데브(L. Tudev)를 후보로 선출했다. 원래 인민혁명당 내부에서 대통령 후보 의사를 밝힌 사람은 오치르바트 대통령, 소의회 의장이자 당 기관지인 우넨(Unen)지의 강경파 논설위원 출신인 투데프 등 모두 5명이었다. 4월 10일 전당대회에서 투표결과 루데프 후보가 전체 173표 중 117표를 얻어 압승했다.

전당대회에서 오치르바트가 패배한 주된 이유는 의회에서 초대 대통령으로 선출된 이후, 여당보다는 오히려 야당세력과 밀착해 정치민주화와 국유재산의 사유화 같은 급격한 경제정책을 추진했던 데서 기인한다. 이는 인민혁명당 당내 보수 세력을 자극하는 요인이 되었고, 대통령후보

경선에서 투데프 후보에게 현격한 차이로 패배하는 결과를 초래했다.

인민혁명당 전당대회 결과 대통령 후보에서 탈락한 오치르바트는 인민혁명당을 탈당했다. 오치르바트는 이후 재야세력인 민주연합의 단일후보로 출마해 연임에 성공하고, 야당은 대통령선거에서 승리함으로써 정권의 한 축을 차지하게 되었다. 몽골이 1990년 공산당 일당 독재를 포기하고 시장경제로의 이행을 표방한 이후, 처음으로 실시된 대통령 선거는 경제개혁의 가속화를 표방하며 연합야당의 지원을 받은 오치르바트 당시 대통령과 공산당에 뿌리를 두고 의회의장을 역임한 집권 여당후보 투데프 간의 정책노선 대결이었다.

오치르바트 후보는 1990년 이후 실시해 온 가격자유화나 사유재산제 같은 시장경제 이행의 지속적 실시를 주장했다. 반면에 집권당의 투데프 후보는 급격한 시장경제 이행에 따른 경제 붕괴와 범죄증가 등의 부작용을 집중 공격하며 식량배급제 부활, 의무교육 확대 같은 공산주의 시절의 사회복지정책을 공약으로 내세웠다. 6월 6일 실시된 몽골 대통령 선거에서 야당 단일후보인 오치르바트 후보는 58.3%를 획득해 38.1%를 획득하는 데 그친 인민혁명당 투데프 후보를 20% 차이로 물리치는 압승을 거두었다.

오치르바트 대통령의 승리는 시장경제로의 이행에 따른 인플레이션, 외채누적, 통화팽창, 생필품 부족, 범죄증가 등 여러 부작용에도 불구하고, 몽골국민이 강력한 경제개혁을 선택한 것으로 해석할 수 있다. 게다가 대통령선거가 집권여당에 정치적 참패를 안김으로써 여당이 의회를 장악하고 있다고는 하나, 장기적 관점에서 몽골정치 판도에 세력변화가 불가피할 것을 예고한 서막이었다.

결국 최초로 실시된 대통령 선거가 갖는 의미는 야당이 대통령을, 여당이 의회를 분점해, 균형 있는 정치세력을 형성했다는 데 있다. 또한 대통령을 중심으로 한 야당 세력이 강해진 결과, 시민사회 활동을 촉진하는 계기가 조성되었다(대외경제정책연구원, 1995: 149-151; 송병구, 2012: 463).

1994년에 들어서자 인민혁명당이 장악한 의회와 오치르바트 대통령을 비롯한 야당과 정치적 대립이 격화하기 시작했다. 인민혁명당 발의로 의회를 통과한 점진적 개혁의 성격을 지닌 세제나 사회제도 관련 법안에 대해 대통령이 거부권(veto)을 자주 행사했으며, 역으로 대통령 제안을 의회가 부결시키는 사례가 빈번하게 발생했다.

몽골 전통문자의 공용화 문제를 둘러싼 대립은 대단히 첨예화했다. 1991년부터 제기된 전통 몽골문자의 공용화 문제는 당초 1994년에 완결지으려고 했으나, 의회는 준비부족을 이유로 키릴문자(Cyrillic Alphabets)

[그림 3-3] 몽골의 전통문자

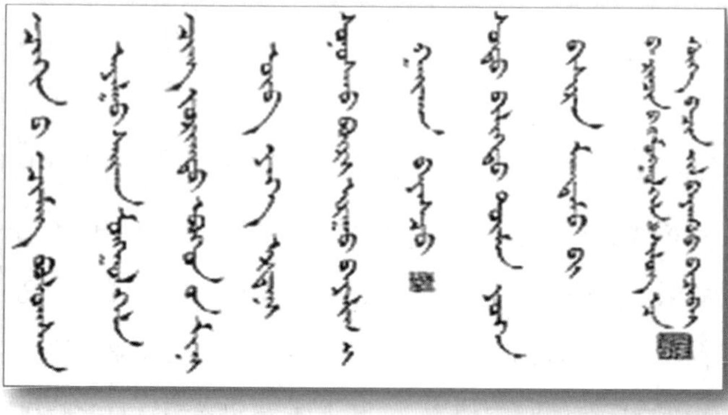

자료: khariles.tistory.com

를 계속해서 사용할 것을 7월에 결의하였다. 이에 대통령은 거부권을 발동해 재심의를 촉구했고, 의회가 재심의를 거부하자 대통령은 11월에 헌법재판소에 이를 제소하기도 하였다.

한편 자스라이(P. Jasrai) 총리를 포함한 인민혁명당 소속의 정부 관리들이 부정축재 혐의를 받게 되자, 의회 내에 조사위원회가 4월에 설치되었다. 권력을 이용한 부정축재와 부정부패가 신문지상에 연일 보도되면서, 야당은 총리를 포함한 내각 총사퇴를 요구하였다.[4] 이어 정부와 의회의 부패에 항의하는 단식농성이 발생하면서, 시위를 계기로 반정부운동과 언론 자유를 요구하는 운동이 전국적으로 확산되었다.

인민혁명당 정부는 이에 선거법 개정과 언론 자유에 관한 법을 제정하고, 부패방지를 위한 조치를 취할 것을 야당과 시민사회에 약속했다. 이처럼 야당이 승리한 대통령선거로 몽골 시민사회는 발언권과 영향력을 확대시켰고, 차기 총선에 상당한 영향력을 미치게 되었다(정재완, 1995: 149-153; 송병구, 2012: 462-464; 김태룡, 2020: 5-6).

2) 개혁체제를 둘러싼 경제환경

몽골의 개혁정책(Shinechlelt)에 따른 체제전환과정에서, 민주화라는 정치적 전환과정과는 달리 경제적 전환과정은 매우 혹독했다. 그 이유는 전환과정에 있던 다른 아시아 국가와 달리, 몽골은 시장경제에 대해 충

4 내각 임기는 4년으로 되어 있다. 하지만 임기 종료 전이라도 총리는 대통령에게 사직을 신청할 수 있다. 신청서를 접수한 대통령은 15일 이내에 내각신임이나 불신임 결의를 해야 한다. 재임 각료의 반수 이상이 동시에 사퇴할 경우에는 내각과 함께 총리도 총사퇴해야 한다. 또한 의회의 의원 1/4 이상이 내각불신임을 공식으로 제의했을 때에는, 의회에서 이에 대한 심사와 결의가 이루어진다.

격요법(shock therapy) 내지는 빅뱅(big bang)식의 전환과정을 추구했기 때문이다. 특히 빅뱅식의 전환과정에서 엄격한 안정화 정책과 함께 급격한 자유화, 규제완화, 그리고 대규모 민영화가 수반되었다(Marshall, 2004: 2).

몽골이 체제전환을 시도하기 이전인 1985년에 소련이 개방정책(Glasnost)을 채택하자, 몽골정부도 경제관리 부문의 개선과 중앙정부의 통제를 축소하는 내용의 개방정책을 제시했다. 몽골정부는 개방정책 초기에는 주로 공공부문의 자금조달 기능을 강화하고, 외국과 교역을 증진시키기 위한 조치들을 취하였다. 1987년에는 개혁정책(Perestroika)의 영향을 받아 몽골도 새로운 '경제조정정책(Oorchlon Shinechiel)'을 채택하였다. 이에 따라 국영기업에 자율권을 부여하고, 기업의 투자재원을 조성하기 위해 조세를 감면하였다.

또한 '제8차 5개년계획(1989~1990년)'을 수립해 투자 규모를 소규모 프로젝트 위주로 전환함으로써, 국민총생산(GDP)의 18%를 넘나드는 재정적자를 축소하고자 하였다. 1988년에 들어서는 중앙정부에서 지방정부로 예산운용권을 이관시키는 분권화를 확대·추진하였고, 국가할당 생산량을 초과한 농산물에 대해 시장출하를 허용하였다. 특히 「국영기업법(Law on State Enterprises)」을 제정해, 기업에게 자율권과 융통성을 부여함으로써, 국영기업 간의 거래에서도 가격협상을 가능케 하였다.

몽골의 경제개혁은 동유럽의 민주화 열기가 가열되면서 더욱 가속화되었다. 1989년에는 국영기업의 가격결정권과 경영자율권을 생산과 유통부문으로까지 확대했으며, 국내의 경화 부족현상을 타개하기 위해 가격유인 제도를 도입해 경화 거래지역으로 수출을 확대하였다. 대외무역의 독점권을 폐지해 개인과 민간기업에도 대외무역을 허용하기 시작했다. 이에 더해 개인의 가축소유제한을 완화해 가구당 25두까지 소유하는 것을 허용하고, 1960년 이후 통제되어 왔던 일부 관리소매물가를 인상하였다.

완만한 경제개혁을 추진하던 가운데 맞게 된, 1989년 11월 '베를린장벽 붕괴 사건'은 몽골정부에게 급진적 경제개혁과 민주화를 가속화시키는 계기가 되었다. 1990년에 들어서자 중앙통제 경제체제에서 시장지향 경제체제로의 전환이 야기되었다. 이에 대한 첫 포효는 1989년에 결성된 민주연합으로부터 나왔다. 1990년 1월 14일 민주연합은 시장경제체제의 도입을 요구하였고, 최초로 야당등록을 한 민주당은 2월부터 대규모 집회를 통해 시장경제체제 도입을 주장하기 시작했다.

민주당은 강령에다가 중립적 민주주의 국가의 건설과 소련에 의존하는 경제체제를 탈피하고, 국유제를 폐지, 사유화를 인정하는 등 시장경제체제의 도입 필요성을 담았다. 이에 더해 당시 집권당이었던 인민혁명당도 헌법 개정을 통해 사유재산권을 인정하는 등 시장경제체제로의 전환에는 모두가 동조하는 모습이었다.

집권당인 인민혁명당은 1990년 3월 헌법 개정에 따라 시장경제체제로의 이행을 위한 민간경제 부문의 확대, 공업단지의 분산, 경화 거래지역과의 교역확대, 간접적 경제관리제도의 도입과 기존제도의 강화를 목적으로 하는 '3개년계획'을 설정했다. 이를 위해 '관세국', '조세국', 「외국인투자법」 등이 설립되거나 제정되었다. 하지만 이 같은 계획안에서 보듯이 몽골의 초기 경제개혁 과정은 완전한 시장경제체제라고 보기에는 무리가 있었다. 그것은 정부가 여전히 대외무역, 외환, 물가 영역에서 통제력을 행사하였고, 자원분배 측면에서도 정부의 직접적 관여가 있었기 때문이다(장재완 · 유민우, 2006: 12).

한편 몽골정부는 시장경제로의 이행과정에서 민영화프로그램을 강력히 추진했다. 이에 1991년에는 「민영화법(Privatization Law)」을 제정하고, 동법에 근거해 설립된 몽골 '자산민영화정부위원회'가 국가자산의 57%를 구성하는 국영공장과 기업 2,600개 가운데, 2,200개를 경매나 주식발행 등을 통해 민간기업으로 전환할 계획을 발표했다(중앙일보, 1991년 6월 8일자).

민영화 추진과정을 보면 국유재산 민영화의 제1단계가 완성된 1994년 현재 국유재산의 80%를 민영화했고, 무역이나 대중음식 및 기타 서비스의 경우는 100%, 축산 분야는 95% 이상을 민영화했다(한국경제신문, 1996년 7월 2일자). 다만 민영화과정에서 적절치 못한 통화정책과 비체계적인 민영화프로그램 때문에, 지방정부들이 저평가된 가격으로 자산을 매각하는 사례가 많았다. 민영화과정이 안고 있는 문제점에도 불구하고, 몽골정부는 세계 최초로 바우처(voucher) 방식으로 민영화를 완결하고, 경제조직에 대한 민영화도 적극적으로 추진했다.

금융제도 개혁과 관련해 유일한 은행인 몽골국가은행(State Bank of Mongolia)이 중앙은행과 상업은행의 기능을 동시에 수행하고, 국가의 모든 통화를 관리해 왔으나, 1990년 「은행조직법」, 1991년 「중앙은행법」, 1992년 「파산법」 등의 금융개혁 조치로 금융부문에 많은 개혁이 이루어졌다.

몽골국가은행을 우선 증권과 통화관리 등을 조절하는 중앙은행과 대민 · 대기업 서비스를 전담하는 상업은행으로 분리해 독립시켰다. 이에 따라 각종 독립채산제를 기본으로 하는 은행과 정부와 국영농업협동조합이 공동출자한 각종 상업은행이 설립되었다. 그 결과 1995년 현재 13개 상업은행이 영업활동 중에 있다(대외경제정책연구원, 1995: 189-190).

경제개혁과 관련해 특기할 만한 국제기구와의 관계로, 이후에 몽골의 모든 영역에 영향을 끼치게 된 국제통화기금(IMF)과 아시아개발은행(ADB)에 가입한 것도 이 해의 일이었다. 대외적으로는 일본과 미국으로부터 최혜국(most favored nation) 대우를 부여받았고, 1백여 개의 기업에게 직접수출권과 공정무역거래를 허가하였다. 외국기업의 광물 및 에너지 분야에 대한 투자를 촉진시키기 위해 「석유법(Petroleum Law)」을 제정했으며, 석유채굴과 시설복구사업에의 참여를 허용하였다.

첫 총선이 끝난 1992년에는 시장경제체제로의 이행을 가속화하기 위해 경제개혁파인 자스라이(P. Jasrai)를 새 총리로 임명하면서, 공공서비스(대중교통과 공동주택임대 등) 요금과 밀가루와 빵, 보드카를 제외한 모든 물품 가격을 자유화하고 대외무역 물품도 자유를 허용하였다. 1993년에는 경제재건을 위해 1996년까지 국내총생산을 19% 증가시키는 내용을 담은 '신경제4개년계획'을 수립했다. 이에 민간경제 부문도 시장경제화에 동참시키고자 간볼트(D. Ganbold) 부총리를 중심으로 은행과 민간기업이 참여하는 '중앙아시아개발기금'도 설립했다.

민간기업의 활성화를 지원하기 위한 상공회의소와 민간은행의 영업 활성화를 지원할 몽골은행연합도 설립되었으며, 「외국인투자법」이 시행되고, 「토지법」과 각종 「세법」이 정비되었다. 특히 이 해에는 경제안정화와 구조조정을 추진하기 위해 국제통화기금(IMF)과 합의 하에 1993년부터 3년에 걸쳐 재정과 금융시스템의 효율화, 대외무역 결제시스템의 정비, 공업과 농목축업부문 구조개혁, 거시경제관리 효율화 등을 위해 몽골정부와 3,400만 달러를 지원하는 '대기성 차관협정(Standby Agreement)'을 합의해 실시에 들어갔다.

1994년에 들어서는 아시아개발은행(ADB)과 연계하여 주요 경제 하부구조, 특히 법제도적 측면의 기반강화에 주력하고자 '확대구조조정투자(EASF)'를 체결했다. 이외에도 세금, 은행 및 투자 부문을 강화하고, 현대화하는 새로운 법률이 제정되었으며 증권거래소가 등장했다(Government Service Council of Mongolia, 2008: 5-7).

아시아개발은행은 1994년부터 1997년에 걸쳐 몽골의 통신과 전략 등 인프라 정비와 농·목축업의 생산성 향상 등에 초점을 둔 11개 프로젝트에 차관을 3억 달러 제공하기로 했다. 또한 몽골의 사회복지, 농·목축업 발전, 경제시스템 정비 등 26개 프로젝트에도 1,250만 달러의 무상원조 자금을 지원키로 했다. 몽골정부는 그 외에도 주택민영화와 관련된 준비작업과 함께 빈곤층을 감소시키기 위한 기본계획을 마련했다. 계획에 따라 최저 생활기준을 1인당 도시 4,200투그릭, 지방 3,700투그릭으로 인상하였고, 공무원 등 급여소득자의 급여도 25%를, 그리고 연금은 30%를 인상하였다.

이상에서 보듯이 몽골이 체제전환 초기에 직면했던 구소련의 붕괴는 몽골경제를 수십 년 동안 유지해 오는 과정에서 지대한 역할을 했던 보조금의 중단을 의미했다. 몽골이 체제전환을 진행하는 가운데, 1991년 1월 1일을 기해 구소련으로부터 대외여신이 중단되었다. 이어 코메콘(COMECON)이 연이어 붕괴됨에 따라, 대외무역이 급감하고 경제환경은 급격히 악화되기 시작했다.[5] 당시 몽골은 [그림 3-4]에서 보듯이 소련을 포함한 코메콘(COMECON)으로부터 국민총생산(GDP)의 30%에 해당

[그림 3-4] 코메콘(COMECON)의 대 몽골 원조내역

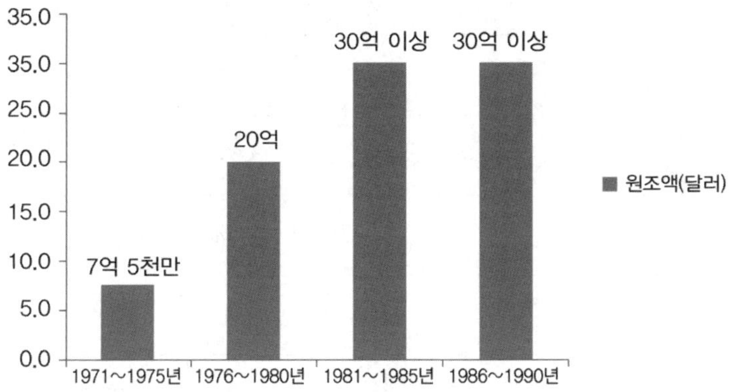

자료: 대륙경제정보센터(1992).

하는 원조를 받고 있었다.

그러나 구소련으로부터 원조가 중단되고 경제구조의 재구조화가 끝난 후, 몽골경제는 체제전환 4년 동안 국내 총생산이 4분의 1로 떨어지는

---

5 코메콘(Council for Mutual Economic Assistance: COMECON)은 1947년 미국이 마셜 플랜을 제안했을 때 동유럽 국가들이 동요함에 따라, 이에 대항하기 위해 1949년 1월 소비에트연방의 주도 아래 불가리아, 헝가리, 폴란드, 루마니아, 체코 등 6개국이 참가한 가운데 공산주의 국가의 경제협력기구로서 출범하였다. 이어 한 달 뒤에는 알바니아가 가맹했고, 1950년 동독, 1962년 몽골, 1972년 쿠바, 1978년 베트남이 가입했다. 다만 1962년에 알바니아가 탈퇴하면서 가맹국은 10개국이 되었다. 1960년대 이후 코메콘은 유럽경제공동체(EEC)의 급속한 발전에 대항하기 위해 기존 경제체제협력으로부터 경제통합으로 활동 형태를 전환했다. 그러나 1989년 동유럽에서 일기 시작한 민주화운동으로 코메콘체제는 해체과정에 돌입하게 되었다. 1990년 1월 불가리아의 소피아에서 개최된 코메콘 10개국 지도자회의는 중앙경제계획을 시장중심의 무역제도로 전환할 것을 결정하였다. 그리고 1991년 6월 제46차 총회에서는 모든 조약과 문서를 취소시키고 '기구해체의정서'에 모든 국가들이 정식 서명함으로써 해체되었다. 이 과정에서 몽골은 구소련과 코메콘 참가국들의 원조 하에 경공업, 식품공업 위주의 '5개년경제개발계획'을 추진해 왔다.

〈표 3-2〉 초기 개혁과정기 경제지표

	1981~1990년	1991년	1992년	1993년	1994년
GDP 성장률(%) (1986년 기준)	5.6	-9.9	-7.6	-1.3	2.1
1인당 GDP 성장률(%)		-12.2	-9.8	-3.6	
무역수지 (백만 달러)		-155	-44	-33	102.6
경상수지 (백만 달러)		-118.9	-34.4	31.1	26.3
외채 (백만 달러)		190	374	386.4	477.6
물가상승률(%)		208.6	321.1	183.0	66.3
예산적자 (GDP 대비: %)	1989년: -16.8 1990년: -13.5	-9.7	-12.7	-14.6	-19.7

자료: 아시아개발은행(1993, 1994)과 몽골통계청(1994) 자료에 의거 재작성.

붕괴직전의 상황에 내몰렸다. 특히 1990년 이전까지 몽골 대외무역의 97%는 코메콘과 이루어졌으나, 1991년 코메콘 해체와 이들 국가의 체제 전환에 따른 경제기반 붕괴로 몽골의 대외무역은 급감했다.

1990년 15억 8,470만 달러이던 몽골의 대외무역은 이듬해인 1991년 7억 890만 달러로 전년 대비 55.3%나 감소하였다. 몽골의 대외무역 감소세는 1994년까지 지속되었다. 이의 결과 1991년부터 1993년까지 실업률은 평균 10퍼센트에 달하였고, 연간 인플레이션율은 1992년에 326%나 폭등했다. 이로 인해 1992년 예산 부족은 국민총생산(GDP)의 17%를 차지할 정도였다. 경제위기로 수십 개의 산업 시설이 폐쇄되고, 수출 또한 감소해 국제 원조를 대체할 때까지 어려움은 지속되었다.

몽골은 위기에서 벗어나기 위해 미국과 일본으로부터 긴급자금을 지원받았고, 1993년 7월에는 국제통화기금(IMF)과 '대기성 차관협정(Standby Agreement)'을 체결하였다.6 1994년에는 다양한 국제 원조와 전문가들이 제공한 경제 및 통화 정책 덕분에 회복의 길로 들어서면서, 재정부문의 안정을 도모하고 경제구조 개혁을 수행해 나가는 데 상당한 진전이 있었다. 1990년 이후 4년 연속 총생산이 감소하였지만, 민간투자와 교역에

[그림 3-5] 초기 개혁과정기 주요 경제지표 비교

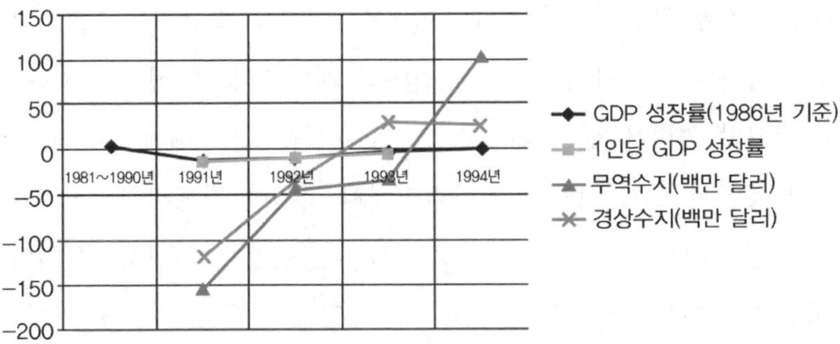

6 몽골이 시장경제로 전환하는 과정에서 가장 많은 원조와 차관을 제공한 국가는 구소련과 일본이었다. 일본과 몽골이 외교관계를 수립한 것은 1972년이었으나, 1977년 3월 제2차 세계대전의 피해를 보상함과 동시에 경제협력협정을 체결하면서 양국의 교역이 증가하기 시작했다. 이후 몽골에 민주화 바람이 불기 시작한 1990년 2월, 당시 소도놈(D. Sodnom) 총리가 일본을 방문해 일왕을 만나고 가이후 총리와 정상회담을 가졌다. 일・몽무역협정이 체결된 것도 이때이다. 1991년 이후 일본은 국제통화기금, 아시아개발은행 등 국제기구와 함께 '몽골지원국회의'를 매년 동경에서 개최하고 있다. 이에 따라 일본은 1991년 이후 몽골에 최대 지원국으로 부상했다. 1994년 지원국회의의 경우, 총 지원금 2억 1,000만 달러 중 일본이 1/3을 차지하는 65억 엔을 부담하였다. 1994년 현재 기타 지원을 합한 일본의 대몽골 지원은 102억 엔으로, 몽골 인구로 환산할 경우, 1인당 50달러에 해당하는 규모이다(대외경제정책연구원, 1995: 166-167).

힘입어 국내총생산(GDP)이 연간 4%에 달하는 회복세로 접어들게 되었다. 아울러 가격, 교역 및 환율자율화의 결과로 물가인상률도 전년보다 대폭 낮아지고 국제수지도 흑자로 전환되었다. 이 과정에서 국제통화기금이나 국제기구와의 협정은 몽골의 체제전환을 가속화시키는 촉매제가 되었다.

결국 전환과정을 겪은 대부분 국가들과 같이 몽골이 초기 전환과정에서 고통스런 변혁적 불황(transformational recession)을 겪기는 했지만, 그래도 경제조정 과정이 다른 전환 국가들에 비해 비교적 순조로 왔고, 생산손실 측면에서도 비용이 적게 들었다는 평가를 받고 있다. 그것은 몽골이 조정정책의 조기채택과 시장지향적 개혁을 통해 성장을 가속화하는데 핵심적 역할을 했기 때문으로 보여진다(Cheng, 2003: 15-16).

한편 몽골이 초기 경제적 전환과정에서 맞이한 경제위기를 극복하는데, 중요한 역할을 담당했던 국제기구들은 몽골정부에 경제자유화와 함께 행정분권화와 공공부문의 구조개혁 도입을 강력히 요구했다. 따라서 1990년대 초기 개혁의 우선순위는 당연히 경제개혁프로그램일 수밖에 없었다. 예산과 재정자원의 희소성은 재정분권화를 필요로 했고, 공공조직들은 비용을 줄이는 동시에 운영비용을 감내하기 위해 스스로가 기금을 조성해야만 했다.

공공조직들은 예산 밖에서 다양한 보조적 세입이나 수입을 찾기 위해, 외부보조금에 응모하거나 사적 기관에 정부 건물을 임대하는 등의 노력을 기울였다. 그렇지만 통제와 보상기제가 연결되지 않은 기금증가 정책들은 공무원 사기와 서비스 기준을 약화시키고, 공공서비스 전달의 질을 낮추는 결과를 초래했다. 이것이 행정 부족과 마찬가지로 재정 부족에 의해 야기된 압력이었다.

개혁체제의 추동을 담당해야 할 공공부문이 겪는 이런 문제는 지극히 당연한 것이었다. 민주혁명에 의해 1924년부터 몽골을 지배해 왔던 소비에트 위성체제를 타도한 데 따른 정치와 사회경제적 변화에도 불구하고, 1996년까지만 해도 대부분 공무원들은 수십 년 간 지속되어 온 사회주의체제 모델에 익숙해 있었다. 그렇기에 이들 공무원은 새로운 정치와 경제 영역에서 개혁목표를 달성하는 데 적합하지 않았다(Schaefer, 2018).[7]

초기 전환 단계에서 당중심의 중앙집중식 시스템을 대체할 공공 행정 메커니즘의 부족은 정부 지도력을 약화시킨 반면, 시장경제정책과 기획기제(planning mechanisms)는 이전 시스템을 대체하지 못했다. 중앙계획체제를 폐지하는 것은 분명히 시장경제의 진화를 향한 필수 단계이지만, 생산과 유통을 담당했던 기존 기관을 쉽게 전환시킬 수 없다면 전환 과정은 어려울 수밖에 없었다(Rana, 1995: 1168).

결과적으로, 체제전환 초기에 공공부문을 둘러싼 환경은 집권당인 인민혁명당이 중심이 되어 정책과 계획을 수립하고, 자산과 자원을 집권적으로 분배하면서 모든 조직활동을 감시하고 통제하였다. 그 결과 정책과 계획을 만드는 과정에서 정당은 행정과 유리되었고, 정책개발과 기획 통제의 영역에서 행정능력은 취약했다. 특히 집행부서 인력들의 지식이나 기술 부족은 새로운 전이환경을 운영할 능력이 부족한 것이 큰 장애였

7 질적 측면은 제외하고도 양적 측면에서 1990년 선거 당시 몽골정부는 250만 명의 인구 중 80만 명의 사람들을 정부에 고용했다. 그러나 소비에트가 몰락하면서 몽골정부가 추진한 급속한 민영화로 시장경제로의 전환이 이루어지면서 공공 고용은 급속히 줄어들었다. 그 결과 1995년에 이르러서는 정부로부터 급여를 받는 사람의 수는 20만 명에 불과하게 되었다.

다. 이런 상황으로 공공부문을 개혁하고 몽골의 맥락 속에서 적합한 방법을 찾는다는 것은 초기 정부에게는 처음부터 도전적 이슈였다(Badarch, 2013: 93-94).

2. 개혁과정과 산출

몽골정부가 개혁을 시도해야 할 대상은 체제전환에 직면한 몽골의 전부라고 해도 과언이 아니었다. 이에 따라 개혁체제가 설정한 개혁목표는 몽골의 국가 구조를 위한 새로운 체제를 구축하는 데 있었다. 개혁대상으로는 주로 구조와 제도에 초점을 두고 한국이나 독일과 일본 등 대륙법체제를 지닌 국가의 행정사례를 받아들이는 데 집중해, 1990년 「정부조직법」과 「국회법」 등 정치관련법을 정비했다.

이 단계에서 1992년 1월 13일 몽골의 새로운 「헌법」이 채택되었고, 당중심의 정치체제는 국가중심체제로 해체 이전되었다. 국가권력의 분배이론에 기초해 새로운 민주 국가기관(입법부, 행정부, 사법부)과 다당제 체제가 몽골에서 출범하기 시작했다. 15개 부와 3개 위원회, 3개 특별기관이었던 정부기관도 14개 부로 축소 조정되었고, 신헌법에 따라 헌법재판소가 헌법기관으로 설치되었다.

1994년 1월 30일에는 몽골공무원이 준수해야 할 스무 가지가 넘는 법률과 실적주의에 기반한 「정부공무원법」이 승인되어 공무원 개혁에 유리한 법적 환경을 조성했다.[8] 동법은 제1조에서 목적으로 '정부가 공공서비스를 제공함에 있어 정부 직무 및 조건, 복무조건, 공무원의 법적 지위, 조건, 절차 및 보장, 분류와 원칙들을 규제한다. 이 법은 정당의 영향과는 관계없이 직업공무원제를 구축하는 데 목표가 있다'고 밝혔다.

이 법은 제정 당시부터 직업공무원을 정치적 영향으로부터 자유롭게 하고, 단일 정당의 재량에 의해 좌우되던 인적자원 관리의 독립성을 보장하는 데 목적이 있었다. 이 법은 또한 1995년에 정부공무원 문제를 담당하는 중앙기관으로 의회에만 직접 책임을 지는 독립기구로 공무원위원회(Central Civil Service Authority)를 출범시켰다. 공무원위원회의 영문명은 이후 'Government Service Council'로 바뀌었다가 현재는 'Civil Service Council'로 변경되었다. 공무원위원회는 3명의 상임위원과 4명의 비상임위원으로 구성되었다.

제도 측면에서는 1994년 5월 지방자치 확립을 위해 3개 도(aimag)를 신설해, 4개 자치시와 21개 도 및 348개 군(soum)으로 재편했다.9 중앙정부 조직개편에서는 도로 · 운수 · 통신부와 건설 · 도시정비부를 통합해 '인프라개발부'를 신설했다. 제도개혁과 관련해 의회는 에네비쉬(L. Enebish) 부총리를 위원장으로 하는 전문위원회를 구성했다. 전문위원회는 1995년부터 정부기관 개편을 시작해, 1997년에는 중앙부처를 9개로 축소하는 조직개편을 단행했다. 또한 1994년 1월부터 발효된 「국가기관법」에 따라 의회 산하에 10개 상설위원회를 6개로 감축하였다.

체제전환 초기에 개혁참여자로 국제기구의 역할은 지대했다.10 주된

8 1994년에는 동법 외에도 「통계법」, 「외화조정법」, 「사회보험법」, 「유가증권법」, 「민법」, 「토지법」 등이 제정되었다.

9 몽골은 1923년에는 5개 도(aimag)로 구성되었으나, 1931년에 13개 도로 세분되었고, 1940년에는 18개 도로 분화되었다.

10 몽골은 체제전환 초기인 1991년 2월에 국제통화기금(IMF), 세계은행(WB), 아시아개

개혁참여자로 국제통화기금(IMF), 유엔개발기구(UNDP), 아시아개발은행(ADB)을 들 수 있지만 '몽골지원국회의'도 많은 역할을 했다. 몽골의 전반적 경제개혁을 지속적으로 돕기 위해 설립된 지원국회의는 한국, 미국, 일본 등을 비롯한 7개국과 세계은행(WB), 국제통화기금, 아시아개발은행이 참가한 가운데, 1991년 동경에서 개최된 이후 활동을 지속해 오고 있다.

이외에도 유엔개발기구(UNDP)와 몽골의 공동 주관 하에 미국, 프랑스, 영국, 독일 등 17개국과 국제통화기금, 아시아 · 태평양경제사회위원회(Economic and Social Commission for Asia and the Pacific) 등이 참여해 운영되는 '원조공여국회의'도 큰 역할을 했다. 개혁참여자로 첫 국제기구

[그림 3-6] 몽골 IMF 구제금융 신청, 1993년

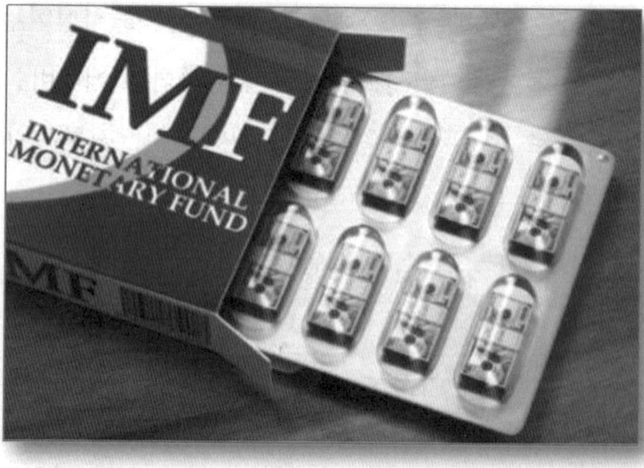

자료: freshyk.tistory.com

발은행(ADB) 등에 가입했다. 이후 1997년에는 세계무역기구(WTO)에 가입했고, 2000년 10월에는 유럽부흥개발은행(EBRD)에도 가입했다.

주자인 국제통화기금은 1993년에 '대기성 차관협정(Standby Agreement)'을 실시하면서 재정시스템의 효율화를 실행하였다.

몽골정부는 이어 1993년 12월 유엔개발기구(UNDP)와 스웨덴, 영국, 덴마크, 네덜란드, 독일, 일본, 호주 및 기타 국제기구의 도움을 받아, 결의안 199호에서 '관리개발프로그램(Management Development Program)'을 선포했다. 이 프로그램의 목적은 몽골 상황에 적용 가능한 선진국 관리 사례를 도입하는 데 있었다. 이 프로그램 하에서 분권화 추진을 목표로 많은 프로젝트들이 실행되었다. 프로그램의 핵심적 내용은 집행기관에 대한 감독권을 지닌 중앙정부의 새로운 조직구조를 명료히 하고, 공무원 규모축소와 새로운 재정관리체제를 통해 통제와 책임을 강화해 정부비용을 절감하는 데 초점을 두었다.

몽골정부는 이를 위해 여섯 가지 전략 목표를 설정했다. 공공부문의 개혁으로 첫째, 행정과 공무원 개혁을 단행하고, 둘째, 분권화와 함께 지방행정을 강화한다. 사적 부문의 개혁으로 셋째, 민영화와 민영화된 기업을 재구조화하고, 넷째, 사적 부문을 발전시킨다. 관리능력 강화 개혁으로 다섯째, 관리능력을 제고하기 위한 기관 강화, 여섯째, 관리능력 개발정책과 지원체제의 강화를 꾀하는 것으로 설정했다.

그 결과 몽골 최초로 다당제 하에서 실시된 1990년 선거 당시 250만 명의 인구 중 80만 명의 사람들이 정부에 고용되었는데, 몽골정부가 추진한 급속한 민영화로 시장경제로의 전환이 이루어지면서 공공 고용은 급속히 감소되었다. 1995년에 이르러서는 정부로부터 급여를 받는 사람의 수는 20만 명으로 축소되었다.

한편 초기 개혁과정에서 기존 프로그램과는 차별적인 정책보고서가 유엔개발기구가 중심이 된 국제기구의 참여 하에 작성되었다. '정부과정과 국가구조의 개혁에 관한 몽골국가정책(Mongolian State Policy on Reforming Government Processes and the General State Structure)'으로 명명된 정책보고서가 그것이었다. 비록 승인이 1996년 5월 몽골의회 결의서 제38호에서 이루어졌지만, 개혁 초기과정에서 작성되었고 관리주의적 사고(managerialist idea)를 강조했다는 면에서 중요한 의미가 있다.

정책보고서는 신공공관리모형의 한 축인 관리주의적 사고에 입각해, 향후 5년 간 몽골이 추진할 행정개혁의 공식적 지침(guideline)이 되었다. 정책보고서의 목적은 정부의 프로세스 방향을 재정의하고, 구조조정(re-engineering)을 통해 구조 체계를 간소화하고, 민주사회와 관련해 시장경제에 적합한 관리기법을 도입하고, 공공 단체의 예산 비용을 줄이고, 정부의 리더십 역할을 강화함으로써 효율성을 높이는 데 있었다.

정부의 관리철학이 추구해야 하는 관리가치(management values)로 이런 측면에서 고객지향적 서비스, 강력한 작업과 파트너 관계, 신뢰와 존경, 리더십과 비전, 강력하고 기업가적이며 혁신적이고 창조적인 관리, 지속적 개선과 실험, 질과 화폐가치(quality and value for money)에 대한 충성도, 헌신과 몰입, 전문가주의, 통합성, 판단력, 재량권 및 수월성 등이 제시되었다.

정책보고서에서 제시된 구체적 대안으로는 중앙정부의 기능에 적합한 조직구조를 정의했고, 정부구조는 경제 기능이 아닌 성과 기능에 따라 정의되었다. 부처와 기관의 기능과 권한은 그에 따라 재정의되었다. 정책결정 기능은 서비스 제공 기능과 분리되었으며, 중앙(포괄적 정책과 계획)과 계선부처(부문별 정책과 계획)의 조직구조가 제안되었다. 이에 따라 정부와 기관의 사업 계획과 새로운 재무관리시스템을 통해, 공공서비스를 축소하고 책임성과 통제를 강화하는 것을 포함한 정부의 비용 절감 정책이 구체화되었다.

국가재산의 활용도를 높이기 위해 정부공통서비스체제(government common service system)가 도입되었고, 정부서비스와 물류부서(Government Services and Logistic Department)가 설립되었다. 사업 계획은 공공부문 조직에서 정교하게 작성되었으며, 공무원은 명확한 전략에 따라 전략을 수립하고 관리하도록 했다. 목표에 의한 관리(management by objectives)나 사업계획 아이디어는 추가 개혁정책에서 유지되었다. 또한 정책보고서에 따라 관련 법률과 표준집행 기능을 담당하는 정부 규제기관과 정책집행 기능을 담당하는 집행기관 및 예산 조직이 만들어졌다.

결국 정책보고서는 관리주의적 사고에 기저해 민주사회와 시장경제의 요구에 따라, 행정기관에 대한 관리 전략과 조직구조를 새롭게 구조조정하는 데 필요한 토대 마련에 기여했다. 비록 정책보고서가 작성되고 민주연합이 집권하는 정치 지형의 변화 속에서 실제로 많은 부분이 집행되지는 않았지만, 이후 민주연합이 추구한 거버넌스 개혁프로그램의 작성과정에 앞서 신공공관리모형이 몽골의 행정개혁에 접목되었다는 사실은 의미하는 바가 대단히 크다(Batbayar, 1998: 30; Ahmad ed., 2006: 517; Government Service Council of Mongolia, 2008: 40-43; Badarch, 2013: 96-100).

개혁 속도와 관련해 몽골정부가 초기 개혁 단계에서 속도를 높일 수 있었던 이유는 이러했다.

첫째, 초기 개혁과정에서 구소련과의 동맹관계 대신 영국이나 미국, 일본과 같은 자유진영국가들과 지원체제를 구축했던 부분이다. 이는 이후 발생한 경제위기를 극복하는 과정에서 이들 국가로부터 경제 원조를 받는 데 중요한 역할을 했다.

둘째, 인구의 절반을 차지하던 18세 이하 젊은층이 보여준 급격한 변화에 대한 적극적 지지이다. 이들은 민주화와 시장경제로의 전이과정에서 사회적 공감대는 물론 적극적 지지세력을 형성했다.

셋째, 재산권 보호와 자유무역 등을 보장하는 시장경제적 개혁을 통해 민간기업의 활동이 급격히 증가했다. 이는 물가나 생산물 분배과정에서 국가의 통제력을 상쇄시키고, 시장경제를 구축하는 데 중요한 역할을 수행했다(Boone et al., 1997: 103-130).

비록 개혁 속도에 대한 갈등이 예컨대, 인민혁명당의 투데프(L. Tudev) 후보와 오치르바트(P. Ochirbat) 대통령 간에, 그리고 집권당인 인민혁명당과 야당인 민주당이 장악한 대통령 간에 없었던 것은 아니나 개혁속도의 가속화는 시대적 흐름이었다.

몽골이 초기 개혁과정을 거치면서 양산한 산출물은 정부구조 재정비와 공무원체제 구축이 주요 요소였다. 개혁이라기보다는 다소 점증적 변동을 통해, 기존체제 유지와 새로운 국가구조체제를 구축하는 시기였다. 전통적이며 집권적 성향의 실적주의(career based system)가 공무원사회에서 강조되었으며, 다양한 종류의 분권화가 몽골에서 실행되었다. 의사결정권이 중앙정부에서 지방정부로 옮겨졌고, 기관에 권한을 부여하는 기능적 분권화가 이루어졌다. 부분적이기는 하나 경쟁을 촉진하는 시장접근법이 도입되었고, 중소국영기업의 민영화도 동시에 이루어졌다.

결과적으로, 분권화운동은 행정에서 융통성과 권한 부여라는 사상을 확대하는 계기가 되었으며, 지방정부의 재정권한뿐만이 아니라 행정권한도 확대되었다. 예컨대, 1996년 한 해만 해도 지방정부는 자신의 지역에 정부 총지출 가운데 약 40%를 지출할 정도였다. 그렇지만 분권화는 중앙정부가 이들 기관에 대한 예산 분배나 지출을 감독할 수 없는 부작용을 초래했고, 이는 다음 단계의 개혁을 초래하는 원인으로 작용했다 (Hausman, 2009: 1-10; 김태룡, 2020: 7-10).[11]

제2절 중기 개혁환경과 개혁과정

1. 개혁체제를 둘러싼 환경

1) 개혁체제를 둘러싼 정치환경

몽골의 중기 개혁과정은 1997년부터 2011년까지 진행되었다. 이 시기는 세계적으로 신자유주의에 기반을 둔 신공공관리론적 행정개혁이 풍미하던 때와 일치한다. 몽골의 개혁체제를 둘러싼 환경 또한 정치적으로나 경제적으로 급격한 변동에 직면해 있던 시기이기도 했다. 〈표 3-3〉에서 보듯이 네 차례 총선이 실시되었지만, 민주연합(민주당)의 집권은

11 기관들은 하나 이상의 개인 계좌에 돈을 보관했다. 그 결과 지방정부의 연체료는 쌓여만 갔다. 개혁이 본격적으로 시행되기 전인 1999년에는 재정 상황이 다소 개선되기는 했지만, 지방정부의 연체율은 여전히 국민총생산(GDP)의 1%가 넘었다(World Bank, 2002). 비평가들에 따르면, 당시 몽골의 지방분권화된 시스템은 공공부문 조직이 대중의 이익보다는 자신의 이익을 위해 봉사하는 것을 허용하고 있었다고 지적했다. 한 예로, 2001년 세계은행의 몽골 감사관 보고서에 따르면, 몽골의 지방정부들이 예산 도용과 예산 초과가 있었음을 보고했다.

한 차례 밖에 없었던 반면, 인민혁명당의 집권 시기는 2000년 이후 지속되었다.

1996년 총선에서 집권당이었던 인민혁명당은 집권기간 50%가 넘는 인플레이션과 10%를 넘나드는 실업률로 민심이반을 가져온데다가 이를 해결할 정책대안 마저 부족했다. 기대에 못 미치는 개혁성과와 급진적 개혁에 따른 부작용, 특정 개인에 주식을 양도하는 등 민영화정책이 야기한 부패행위 등으로 여론이 급격히 악화되면서 75년이나 이어 온 인민혁명당의 장기집권은 종식을 맞이했다.

1996년 선거 결과 민주연합은 압도적 승리로 공산혁명 이후 75년 만에 인민혁명당 집권을 끝내고 최초로 정권교체를 이루었다. 민주연합은 총 76석 가운데 50석을 차지하며 과반을 넘는 안정 의석을 확보했다. 민주연합은 총선과정에서 몽골이 당면한 현실 문제들, 예컨대 국영언론의 민영화, 연금개혁, 교원들에 대한 임금인상, 몽골사법제도 개혁 등의 정책을 제시한 것이 주효했다. 이에 반해 인민혁명당은 집권기간 동안 민심 이반을 가져올 정도로 경제가 어려워진데다가, 정책대안 마저도 부족한 것이 패인이었다.

인민혁명당의 장기집권을 종식시켰던 총선에서 민주연합의 집권은 극적인 사건이었지만, 이후 내부 불안정성으로 〈표 3-1〉에서 보듯이 집권 4년 동안 네 명의 총리가 교체되는 혼란의 연속이었다. 민주연합의 엥흐사이한(M. Enkhsaikhan) 내각은 출범 이후 시장경제로의 이행을 향해 의욕적인 정책을 추진해 나가면서 어느 정도 성과를 거두는 듯 했다. 예컨대, 언론, 주택, 공기업 등의 사유화를 허용하는 법안을 통과시키고, 행정부와 사법부의 권한을 강화하는 급진적 개혁정책들을 추진한 것이 그

<표 3-3> 중기 개혁시기 집권당과 정당 변화

	'97년 대선	'00년 총선	'01년 대선	'04년 총선
집권당	인민혁명당	인민혁명당	인민혁명당	인민혁명당
대통령	바가반디 (W. Bagabandi)		바가반디 (W. Bagabandi)	
내각 총리		엥흐바야르 (N. Enkhbayar)		[연립정부] • 엘벡도르지 (Ts. Elbegdorj) (민주연합) • 엥흐볼드 (M. Enkhbold) (인민혁명당)
비고		• 민주연합은 민주당으로 개명 • 민족민주당, 사회민주당, 신민주당, 민족재건당, 민주당 연합으로 민주당 합당		• 인민혁명당이 39석만을 얻게 됨에 따라 소수 야당과 연립내각 구성
	'05년 대선	**'08년 총선**	**'09년 대선**	
집권당	인민혁명당	인민혁명당	민주연합	
대통령	엥흐바야르 (N. Enkhbayar)		엘벡도르지 (Ts. Elbegdorj)	
내각 총리		• 바야르 (S. Bayar) • 바트볼드 (S. Batbold)		
비고		• 민주당과 연립 내각구성 • 인민혁명당은 인민당으로 개명 • 인민혁명당 소수가 인민혁명당 재창건		

것이다.

하지만 오랫동안 폭넓게 포진해 있던 인민혁명당 출신 관료들의 비협조로 개혁정책의 시행은 난관에 봉착하게 되었다. 이에 더해 일부 국민들과 인민혁명당이 급진적 개방정책이 오히려 외국자본의 대량유입을 초래해, 국민경제에 부정적 영향을 끼칠 것이라는 여론을 형성해 나가면서 개혁의 저항전선은 강력해지기 시작했다(금희연, 2009: 184-190).

개혁의 속도조절에 대한 양당 간의 견해차는 다가올 대통령선거에 영향을 끼쳤다. 민주연합은 1997년 5월 대통령선거에서 초대 대통령부터 현재까지 대통령직을 수행하고 있는 오치르바트(P. Ochirbat)가 무난히 당선될 것으로 예측했다. 그러나 신정부 출범 이래 가중되는 경제난과 총선 이후 가속화된 급진적 개혁정책에 대한 국민의 반감이 작용해, 인민혁명당 후보인 바가반디(N. Bagabandi) 국회의장이 압도적 득표율로 오치르바트 대통령 후보를 누르고 당선되는 상황이 발생했다. 민주연합의 오치르바트가 재선에 실패함으로써, 권력의 한 축을 야당인 인민혁명당에 내주는 결과가 초래된 것이다.

예상과 판이한 결과를 낳은 이 선거는 1990년부터 집권해 왔던 오치르바트 대통령의 장기통치에 반대하고, 새로운 인물과 정책 등장을 희구하는 국민 여망과 국가발전을 위해 대통령과 국회의장(민주연합), 총리(민주연합) 간에 견제와 균형이 필요하다는 공감대가 확산된 결과이기도 했다. 여기에 인민혁명당이 개혁정책에 대한 부정적 측면을 잘 이용해 여론을 형성한 것도 주효했다. 특히 수입관세 철폐 같은 자유주의 경제정책에 대한 국민 반감은 상당했다.

선거 결과 인민혁명당의 바가반디가 대통령에 당선되었음에도, 의회는 민주연합이 장악해 안정된 양당제가 더욱 굳건해지는 결과를 낳기도 했다. 자유주의적이고 진보적인 민주연합과 시장개입적 정책을 추진하는 인민혁명당이 서로 다양한 의견을 표출할 수 있고, 견제가 가능해짐에 따라 외형상으로는 발전된 정치체제가 형성되었다(송병구, 2012: 465-466). 그렇지만 민주연합은 대통령선거 패배로 연합 내의 각기 다른 정당과 정파 간의 권력투쟁으로 갈등의 골은 깊어지게 되었고, 이런 상황은 빈번한 내각 교체와 정국불안을 유발시키는 결과를 초래했다.

설상가상으로 여러 정치파벌로 구성된 민주연합 내부의 권력투쟁이 심화되면서, 1998년에 엥흐사이한 총리가 퇴진했다. 이어 민주당 당수겸 국회부의장인 엘벡도르지(Ts. Elbegdorj)가 총리에 취임했다. 그러나 엘벡도르지 내각은 민주연합 내 정파 간 갈등을 표출하면서, 총리와 국회의장 등 여권 고위인사 다수가 개입된 은행 불법합병조치 문제로 출범 3개월 만에 불명예 퇴진을 했다.

이에 1998년 12월 울란바타르 시장인 나란차츠랄트(J. Narantsatsralt)가 총리에 취임했으나, 에르데넷 동광산 경영진 교체문제 등을 둘러싼 여야 간 대립이 심화되자 퇴진했다. 1999년에는 네 번째로 아마르자르갈(R. Amarjargal)이 새 총리로 취임하면서 민주연합의 집권은 막을 내렸다. 민주연합이 초래한 정국불안은 국민경제의 불황과 경제위기의 극복 실패로 이어지게 되고, 다음 총선에 지대한 영향을 미치는 원인이 되었다.

민주연합이 집권하는 동안 정권을 상실한 인민혁명당은 당규를 개정해 사회민주주의 노선을 채택하고, 과감한 인물교체와 9만 명 이상의 당원을 확보하는 등 광범위한 지지기반을 구축했다. 이에 반해 집권당인 민주연합은 급진적 개혁의 부작용과 빈번한 내각 교체로 정치적 불안정이 가속화하는 가운데, 빈곤과 각종 비리 확대 등으로 여론의 급격한 이반현상에 직면했다. 특히 개혁정책 중 경제정책 실패로 실업률이 50%까지 치솟아 국민들의 불만은 증폭되었다.

게다가 민주연합은 정당과 정파 간에 치열한 권력투쟁으로 극심한 갈등을 겪고 있었고, 급기야는 총선을 앞두고 연합이 해체되어 총선 전 여권분열이라는 최악의 상황을 맞이했다. 사회민주당은 연합을 이탈해 독자적 후보를 내기로 하고, 민족민주당은 민주당으로 재(再)창당했다. 2000년 총선 결과는 집권 민주연합 측에 상상도 못할 참패를 안겼고, 엥흐바야르(N. Enkhbayar)의 인민혁명당은 총 76석 중 72석을 석권하는 절대적 승리로 1996년 총선에서 잃어버린 정권을 되찾는 데 성공했다.

총선에서 인민혁명당의 압승은 민주연합의 집권기 동안 급진적 개혁정책에 국민들의 반감이 매우 컸음을 보여준 결과였다. 특히 개혁정책 가운데 경제정책 실패로 민심이 이반하였고, 경제정책 실패로 실업률이 50%까지 치솟아 국민들의 외면을 받았다고 할 수 있다. 또한 네 차례의 내각 교체가 있었을 정도로 민주연합의 극심한 권력투쟁으로 정국이 불안했다는 것도 큰 요인으로 작용했다.

결국 정국불안은 총선 전 여권 분열이라는 사태를 초래했고, 정권을 다시 인민혁명당에 넘겨주는 상황을 초래했다. 2000년 총선에서 집권에 성공한 인민혁명당의 엥흐바야르 내각은 큰 변동 없이 4년 간을 집권하는 동안, 시장경제 개혁의 속도 조절과 사회복지를 최우선 정책과제로 삼고 정부의 개입기능을 강화해 나갔다.

이 과정에서 헌법개정 논란이 야기되었는데, 1999년 12월에 국회의원의 각료겸직을 허용하고 대통령의 권한을 제한하는 요지의 헌법 개정안이 여야 간 합의 하에 압도적 다수결로 통과되었다.[12] 헌법 개정의 주요 내용은 대통령의 국회해산 제안권 박탈, 대통령의 총리 임면 동의권 제한(사실상 박탈), 대통령의 내각 구성에 대한 동의권 제한(사실상 박탈) 등으로 주로 대통령 권한을 제한하고, 의회 권한을 강화하는 데 초점이 놓여졌다.

그러나 다음 해인 2000년 11월 헌법재판소는 국회 통과 절차에 문제가 있다는 이유로 전체회의를 소집해 개헌이 무효임을 최종 결정했다. 하지만 동년 12월 집권당인 인민혁명당은 법률위헌여부를 심사하는 헌법재판소가 국회 헌법개정 행위에 관여한 월권행위라고 비판하면서, 엥흐바야르 총리 주도 하에 국회 본회의에서 동일한 헌법개정안을 단독 처리해 발효시켰다.

바가반디 대통령은 이에 대해 헌법개정안이 대통령 권한을 지나치게 제한했다는 이유로 거부권을 행사했으나, 국회는 헌법개정에 대해서는 대통령의 거부권 행사를 기각한다는 결의안을 채택함으로써 헌법개정을 둘러싼 논쟁은 종식되었다. 결국 국회를 장악하고 있던 총리는 대통령의 거부권 행사를 기각한다는 결의안을 채택하고, 헌법개정안을 관철시켜 정치적 승리를 거두게 되었다. 대통령과 총리 간의 권력투쟁에서 승리한 엥흐바야르 총리는 정치적 위치를 확고하게 굳히게 되었다. 이후 엥흐바야르는 2005년 대통령선거에 나가 당선되고, 2009년 대통령선거에서 패배할 때까지 약 10년 간 몽골을 실질적으로 통치하는 권력자가 되었다.

민주연합 정부의 과오로 인민혁명당이 완벽한 승리를 거두었던 2000

12 국회의 권한을 강화하는 내용으로는 국회의원의 각료겸직을 허용하는 내용을 담았다. 이로써 이원집정부제적 성격의 몽골정치체는 거의 내각책임제 성격으로 전환했다.

년 총선 분위기는 다음 해인 2001년 대통령선거에도 계속 이어졌다. 현직 대통령인 바가반디가 58%를 획득해 국회의장을 역임한 곤직도르지(Gonzigdorj) 민주당 후보를 물리치고 당선되었다. 인민혁명당의 연이은 총선과 대선 승리로 인민혁명당의 정치적 입지는 강화되었고, 향후 안정적 정국운영의 발판을 구축하게 되었다.

그렇지만 2004년 총선을 맞이하면서 분위기는 이전과는 한층 다른 양상을 띠기 시작했다. 야당은 분열이 가져온 패배의 교훈에 따라 강력한 정치연합을 통한 정권교체를 위해 몽골민주당, 사회민주당, 시민의지당 등 야당세력들을 통합해 '조국민주연합'이라는 야당연합단체를 구축했다. 그리고 국회와 대통령이 모두 인민혁명당인 것에 대한 견제심리와, 특히 대통령 권한을 축소시킨 헌법개정과 거대권력이 되어버린 엥흐바야르 내각에 대한 견제 필요성을 확산시켜 나갔다.

집권당과 야당연합인 민주연합 간 치열한 승부는 양 진영 모두 과반수 획득에 실패하는 결과로 나타났다. 지난 2000년 총선에서 야당은 무소속을 포함해도 4석에 불과했던 의석수가 35석으로 증가한 반면, 여당인 인민혁명당은 72석에서 36석으로 절반이나 줄어 여당이 선거에서 완패한 결과를 초래한 상황이었다.

선거 결과는 내각과 대통령이 모두 인민혁명당인 것에 대한 국민들의 견제심리가 작용한 데 따른 결과였다. 더불어 통합된 민주세력이 야당세를 하나로 집중시키는 효과를 가져왔으며, 대통령 권한을 축소시키는 헌법개정과 관련해 거대권력이 되어버린 엥흐바야르 총리에 대한 견제 필요성이 작동했다고 볼 수 있다.

여당인 인민혁명당은 단독정부 구성에 필요한 과반수 의석 획득에 실패함으로써, 야당인 민주연합과 연립정부를 구성해야만 하는 상황에 직면했다. 이에 2004년 9월 22일 국가회의는 내각 조각을 승인하고, 양당은 교대로 총리를 맡기로 합의를 했다. 합의에 따라 총리는 민주연합의 엘벡도르지가 국회의장은 인민혁명당의 엥흐바야르로 결정되었다. 연립내각인 만큼 총리의 임기는 2년으로 여야가 교대로 하고, 장관급 18명을 여야 동수로 9명씩 임명하기로 합의했다.

그러나 2004년 총선에서 선전해 연립정부를 구성한지 얼마되지 않아, 민주연합은 다음 해인 2005년에 실시될 대통령선거 후보 선출 문제를 놓고 내분 끝에 다시 해체되는 운명을 맞이했다. 이후 민주연합을 이탈한 의원들이 인민혁명당에 합류하면서, 정권은 다시 인민혁명당으로 넘어갔다.[13] 야당이 다시 한 번 분열된 상황에서 치러진 대통령선거 결과는 인민혁명당의 엥흐바야르 후보가 54%로 과반 이상의 득표를 얻어 대통령에 당선되었다.

대통령선거 결과가 주는 함의는 연립정부 구성과정에서 양당이 권력을 나누어 먹는 인상을 국민에게 심어주었던 측면이 컸다. 여당과 야당 모두에 실망한 국민들은 분열된 야당보다, 차라리 여당에 힘을 실어주어 정국을 안정시키는 것이 좋을 것이라는 판단이 작용했다. 또한 총리와 국회의장을 역임하면서 정치권력의 정점에 있던 엥흐바야르가 권력을 이용해 대통령의 직위까지 오르면서, 몽골의 최고 정치지도자로서 면모를 유감없이 발휘한 선거이기도 했다.

대통령선거가 끝난 2006년 1월 11일 민주연합 출신 엘벡도르지(Ts.

13 야당의 분열은 야당 스스로의 책임이 가장 크지만, 이를 교묘히 조장하고 유도한 인민혁명당의 전략이 성공한 측면도 있었다.

Elbegdorj) 총리와 인민혁명당 소속 장관 10명이 연합정부의 비효율적 운영과 대선에서 국민들의 지지를 얻지 못했다는 책임을 지고 사임했다. 이로써 2004년 총선 이후 유지되 왔던 연립내각은 붕괴되었다. 한편 민주연합이 해체되자 인민혁명당은 연립내각의 상대방이 해산되었음을 이유로 내각을 해산하고, 2006년 2월 엥흐볼드(M. Enkhbold) 총리를 수반으로 인민혁명당의 지배를 강화하는 내각을 구성했다.

인민혁명당은 이 과정에서 부총리 1명과 장관 5명을 민주당을 제외한 군소정당에 할애하여, 연립정부를 유지한다는 명분을 구축했다. 2007년 11월에는 엥흐바야르 대통령과 엥흐볼드 총리 간의 권력 갈등 구도 속에서, 엥흐바야르 대통령이 지지하는 바야르(S. Bayar)가 인민혁명당 총재 및 두 번째 총리로 선출되었다. 이는 엥흐볼드 총리 세력의 성장을 두려워 한 엥흐바야르 대통령의 승리였다.

2004년 재집권에 성공한 인민혁명당도 기존 정부의 부정부패 청산이란 난제에 봉착해서 극심한 내부혼란을 겪기는 이전과 유사했다. 특히 2005년 4월 캐나다 회사와의 구리광산개발권 협약문제로 비화된 부정부패 문제로, 수도 울란바타르에서 대규모 시위가 발생하는 등 집권당에 대한 국민들의 지지도는 지속적으로 하락했다. 게다가 보궐선거까지 치루면서 겨우 과반 의석을 확보한데다, 당내 신진세력을 포함한 구세력과의 원내 갈등은 날이 갈수록 증폭되었다.

2006년에 들어서면서 시민들의 시위가 날로 심화되면서, 정부의 국정관리 능력에 대한 불신 고조로 집권 기간 내내 사회개혁을 추동하는 데 필요한 지지기반을 확보하는 데는 실패했다. 이에 엥흐바야르 대통령을 포함해 인민혁명당 정권의 장기집권에 염증을 느낀 국민들은 야당에 힘을 실어주어야 한다는 여론마저 조성되고 있었다. 다만 인민혁명당은 2007년에 선임된 바야르 총리가 지닌 청렴한 이미지가 그나마 다가올 총선에 긍정적 영향을 미치고 있었다.

민심의 극심한 부침이 지속되던 2007년이 가고 총선의 해인 2008년이 왔다. 정권교체와 정권연장이라는 두 갈래 길에서 2008년 총선이 실시되었다. 선거 결과는 바야르 총리의 청렴한 이미지가 부각되어, 인민혁명당이 과반 의석을 넘는 45석을 확보하는 예상 밖의 승리를 했다. 하지만 이는 혼란의 서막을 알리는 신호탄이었다.

민주당의 엘벡도르지는 7월 1일 부정선거 의혹을 제기하며 선거 결과에 승복하지 않을 것을 공개적으로 천명하였다. 또한 시민단체가 주축이 되어 6천여 명의 시민이 부정선거 규탄시위를 일으켰다. 시간이 갈수록

[그림 3-7] 인민혁명당 전소, 비상계엄

자료: asianews.it

시위가 폭력적으로 변해가면서 급기야는 여당인 인민혁명당의 당사가 전소되는 상황에 이르게 되었고, 경찰이 강력하게 시위를 진압하는 과정에서 6명의 사망자가 발생하는 사태가 발생했다. 이에 엥흐바야르 대통령은 7월 1일 몽골 초유의 비상사태를 선포하기에 이르렀다. 비상사태 선포 후 조기에 질서가 유지되어 7월 5일 비상사태는 해제되었다.

이후 2008년 7월 23일 제5대 국회가 개원하였으나, 민주당은 신정부 참여를 전제로 한 협상안을 내걸고 의원선서를 거부해 국회는 파행을 거듭했다. 이에 반해 인민혁명당의 바야르 총리는 폭력시위 수습과 오유 톨고이(Oyu tolgoi)·타반 톨고이(Tavan tolgoi) 등 대규모 광산개발을 위해서는 민주당의 지지가 절실하게 필요한 상황이었다. 이에 바야르 총리는 민주당에 수석부총리 1명과 장관 5명을 할애하는 절충안을 제시하고, 2008년 9월 19일 신정부를 연립정부로 구성할 수밖에 없었다.

연립정부를 구성해 간신히 정국을 수습하기는 했으나, 인민혁명당의 불안정한 정국은 대선이 예정된 다음 해까지 지속되었다. 불안한 정국은 여당인 인민혁명당에 불리한 환경을 조성했다. 2009년 5월 실시된 대통령선거에서 여당은 현 대통령인 엥흐바야르가 연임에 도전하였고, 야당은 후보단일화에 성공한 민주당의 엘벡도르지가 출마했다. 선거는 야권 통합을 이루어 낸 민주당의 엘벡도르지의 승리로 끝났다.

대통령선거에서 나타난 인민혁명당의 패배는 어느 정도 예견된 일이었다. 그것은 2008년 총선 이후 부정선거 의혹과 그로 인해 촉발된 시위를 강경 진압한 데 따른 국민들의 반감이 크게 작용하였기 때문이다. 특히 몽골 광산개발과 관련해 극소수 개발인들에게 광산 이익이 집중되는 등 부의 독점화에 대한 불만, 십여 년 간 총리와 국회의장 및 대통령을 역임한 엥흐바야르 대통령의 권력화와 그에 대한 책임론 등이 복합적으로 작용한 결과였다.

한편 엘벡도르지가 당선될 수 있었던 조건으로는 민주인사로서 정치 경력이 좋은 이미지로 작용하였다. 특히 총선에서 부정선거 의혹을 제기하고 비상사태 때 보인 강경한 투사로서 이미지가 국민들에게 호감을 불러일으켰고, 야당의 단일후보였다는 점이 유리하게 작용하였다. 그렇지만 이번 대통령선거 역시 도시와 지방에서 야당과 여당의 뚜렷한 지지도의 차이가 재현되었다는 측면에서 지역성을 극복해야 하는 과제를 남겼다. 다만 대통령이 야당인 민주당에서 당선되었지만, 대통령 권한이 극히 제한된 정치구조상 급격한 정세변화는 기대하기는 어려웠다.

대통령으로 당선된 엘벡도르지는 관료주의와 부정부패 척결을 내세우며 국민들의 지지를 확보해 나갔다.[14] 사형집행을 중단하고 사형제를 폐지하는 안을 발표하고, 국회의원의 입법지원비 예산안에 대한 거부권을 행사하는 등 친국민적 행보를 취해 나갔다. 그러나 총리로 취임한 바야르는 1년 남짓 임기가 지난 시점인 2009년 10월 건강상의 이유로 사퇴를 표명했다. 이에 인민혁명당은 소회의를 거쳐 바트볼드(S. Batbold) 외교장관을 신임 총리에 선임하게 되는데, 다음 해 당수직을 겸임하면서 사실상 인민혁명당의 핵심 지도자로 부상했다.

인민혁명당은 2010년 11월에 제26차 전당대회에서 1921년 창당 당시

14 아시아재단(The Asia Foundation)이 2007년에 실시한 제8차 '반기 부패보고서'에 따르면, 몽골의 부패 상황은 참으로 심각하다. 70%의 국민이 몽골 내에서 부패가 일상화되어 있고, 뇌물지급액이 급증해 가계에 부담이 될 정도라고 응답했다. 정부 내에서는, 특히 토지청, 관세청, 광산청, 검찰청, 법원의 부패가 심하고, 심지어 의사와 교사집단에도 부패가 만연되어 있는 것으로 나타났다.

명칭인 '인민당'으로 당명을 변경하고, 바트볼드 총리를 인민당 당수로 재선임했다. 특히 2011년에는 인민당 창당 90주년 행사를 통해 몽골경제발전과 인민당의 성과를 강조함으로써, 다가오는 2012년 총선을 겨냥한 본격적 행보를 개시하기 시작했다. 이 과정에서 총리와 대통령을 역임했던 엥흐바야르가 인민당 내부의 권력투쟁으로 탈당해, 구(舊)인민당의 당명과 같은 '인민혁명당'을 창당하면서 정당 내부의 혼란은 지속되었다(강톨가 외, 2009: 399-409; 외교통상부, 2011: 57-61; 송병구, 2012: 465-471; 김태룡, 2020: 10-15).[15]

2) 개혁체제를 둘러싼 경제환경

중기 개혁과정에서 나타난 혼란스런 정치환경과 유사하게, 몽골의 경제환경도 이 시기에 급격한 변화 과정을 겪었다. 체제전환 이후 시장경제원리에 따라 경제관계를 규율하고자 많은 노력을 기울이기는 했으나, 70여 년 간 지속되어 온 사회주의경제의 영향으로 이 시기에도 여전히 많은 정부규제가 존속하고 있었다.

몽골경제는 기본적으로 규모가 작고 시장구조가 협소하다. 그래서 소수의 상품 가격과 기후조건 및 세계 식품가격 변동에 따라 물가 수준이 쉽게 변동되고, 광산업에 치중되어 있어 국제 원자재가격에 쉽게 변동되는 취약점을 지니고 있다. 또한 몽골 불공정경쟁규제처가 2006년 기준으로 시장조사를 한 결과에 따르면, 공공부문의 비중도 여전히 높았다.

---

15 엘벡도르지(Ts. Elbegdorj) 의원이 대통령에 당선됨에 따라 동 선거구에 보궐선거를 실시하게 되었다. 이때 대선에서 패배한 엥흐바야르(N. Enkhbayar) 전 대통령이 출마를 시도했으나 당내 반발로 무산되는 상황이 발생하였다. 이에 따라 엥흐바야르의 당내 입지는 크게 약화되고, 이후 새 정당을 창당하는 계기가 되었다.

[그림 3-8] 치명적인 몽골의 겨울한파 'zud'

자료: economist.com

다만 1998년과 비교해 시장경제에 참여하는 기업 수는 71.0%가 증가하였고, 총 고용 규모도 25.7%가 증가하는 등 시장경제로의 전환은 비교적 정착되어 갔다.

체제전환 초기의 침체로부터 벗어난 몽골경제는 구조조정을 가속화하면서, 민간부문의 성장과 외자 유치 등을 바탕으로 2000년까지 국민총생산(GDP)이 연평균 3%대 성장률로 다소 안정기에 접어들었다. 다만 1999년부터 2001년 사이 혹독한 겨울 한파로 성장률이 극히 저조했으나, 2002년 4% 성장을 시작으로 2004년에는 국제 광물가격이 상승해 10.7%에 달하는 고성장세를 지속했다. 이후 2008년 세계 금융위기에 따른 충격으로 -1.6%로 성장률이 저하되었으나, 중기개혁이 끝난 시점인 2011년에는 17.3%로 급성장을 하였다.

소비자물가의 경우도 2000년에 11.6%로 상승했지만, 2004년까지는 연평균 5.6% 수준을 유지하다가 국제 원자재가격의 급등으로 2004년에는 8.2%로 상승했다. 이후 유사한 수준을 유지하다가 2007년에 17.8%를, 금융위기가 발생한 2008년에는 23.2%로 급상승했다. 전년도에 이어 2008년에 물가상승률이 최고치에 달한 것은 경제성장에 따른 공공부문의 급여 인상, 전기료 인상, 부동산 가격 및 임대료 상승 등 물가상승이 주요 원인이었다. 잠시 주춤하던 소비자물가는 중기 개혁과정이 끝나는 2011년에 재차 17.3%로 상승하였다.

이는 몽골정부가 금융위기에 따라 2010년에 상당 규모의 재정을 지출한데다가, 수입식품 및 원유가격의 재상승이 인플레이션 상승요인으로 작용했기 때문이다. 특히 급격한 급여인상과 관련해 드메브럴(D. Demebrel) 사회복지노동부 장관은 언론과의 인터뷰에서, 몽골은 그간 10%에 가까운 경제성장과 이에 따른 인력부족으로 급격한 임금인상은 불가피한 상황이라는 입장을 밝혔다. 이에 더해 2008년에는 최저 임금을 108,000투그릭(Tughrik)까지 인상했으나, 향후 더 올릴 필요성이 있다고 주장했다.

그 이유로 몇 년 전만 해도 근로자에게 월급으로 10만 투그릭이면 충분했으나, 현재는 세배인 30만 투그릭을 준다 해도 일할 사람이 없는 현실을 들었다. 이제는 월급으로 40~50만 투그릭을 주어야만 인력을 유치할 수 있는 상황이라는 것이다. 그래서 정부가 일차로 최저 임금과 공무원 평균임금을 인상했지만 지식노동자에게 30만 투그릭은 적은 돈에 해당하기에, 2012년까지 공무원 월급을 100만 투그릭까지 인상하는 계획안을 정부에 제출했다고 밝혔다(Zunny medee, 2008년 4월 2일자).

〈표 3-4〉 중기 개혁과정기 경제지표

	'00년	'01년	'02년	'03년	'04년	'05년	'06년	'07년	'08년	'09년	'10년	'11년
GDP 성장률(%)	1.1	1.3	4.2	6.1	10.8	7.1	8.4	9.9	−1.6	6.1	8.9	17.3
수출 (백만 달러)	536	522	524	616	870	1,065	1,543	1,948	2,535	1,903	2,909	4,818
수입 (백만 달러)	615	638	691	801	1,021	1,184	1,486	2,069	3,245	2,132	3,200	6,598
물가 상승률(%)	11.6	8.0	1.6	4.7	8.2	9.5	6.0	17.8	23.2	12.8	13.0	17.3
실업률(%)	4.7	4.6	3.4	2.6	3.6	3.4	3.2	17.8	23.1	12.8	9.9	7.7
1인당 GDP(달러)	395	420	451	480	560	969	1,214	1,505	1,991	1,573	2,267	3,144
투자 유치액(FDI)							289.6	360	585.5	517	1,691	4,621

자료: Mongolian Statistical Yearbook, 세계은행(WB) 각 년도.

참고: 세계은행 1인당 국민총생산(GDP)은 2003년 불변가격으로 2005년(969달러), 2006년(1,280달러), 2007년(1,566달러), 2008년(2,064달러), 2009년(1,887달러), 2011년(3,702달러)임.

한편 1990년 이전까지만 해도 몽골 대외무역의 97%는 코메콘(COMECON)과 이루어졌으나, 1991년 코메콘 해체와 회원국의 체제전환에 따른 경제기반 붕괴로 몽골의 대외무역은 급감하였다. 1990년 15억 8,470만 달러이던 몽골의 대외무역은 이듬해에 7억 890만 달러로 전년 대비 55.3%나 감소했다. 몽골의 대외무역 감소세는 1994년까지 지속되었으나, 1995년부터 증가하기 시작해 2003년에는 1990년의 90% 수준까지 회복되었다.

몽골의 대외무역량은 이후 지속적으로 증가해 2004년부터는 체제전환 이전 수준을 초과하기 시작했다. 다만 2009년 금융위기로 둔화된 것을 제외하고는 증가 추세를 이어 나갔다. 그 결과 중기 개혁과정이 종료된 2011년 현재 몽골의 대외무역은 114억 1,600만 달러에 달했다(대외경제정책연구원, 2010; Mongolian Statistical Yearbook, 2012). 몽골의 대외무역이 증가한 이유는 2000년대 들어 국제 원자재가격 상승과 수요 증가, 그 가운데서도 주로 중국의 원자재와 에너지자원의 수요 급증에 따른 결과였다.

몽골경제는 2000년대 이후 특히 광산자원의 수출 호조세를 바탕으로 2011년에는 경제성장률이 17.5%로 아시아 국가 가운데 가장 높았다. 실업률도 2008년 글로벌 경제위기를 맞기 전인 2006년까지는 3.2%에 불과했다. 하지만 2007년 경제성장률이 17.8%로 높아진 후, 2008년 금융위기와 함께 실업률이 25.1%까지 치솟으며 체제전환 이후 가장 힘든 경제위기를 맞이했다.

몽골은 국제수지 균형을 위해 2009년 4월 국제통화기금(IMF)으로부터 2억 2,400만 달러의 '대기성 차관협정(Standby Agreement)'을 실행하여, 외

[그림 3-9] 몽골 광물자원의 매장량 세계 순위

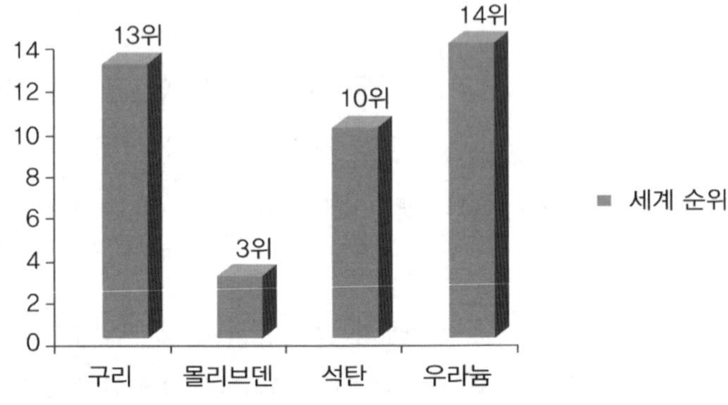

국 투자자들의 신뢰를 확보하는 데 성공해 2009년 말에는 실업률이 12.8%로 낮아졌다. 추가적으로 극빈층을 보호하기 위해 아시아개발은행(ADB)과 세계은행(WB)의 도움을 받아, '사회보장프로그램'을 시행하고 기본적 주거환경 구성과 보호시스템을 도입하였다.

2000년대 후반에 오면서 몽골경제가 어느 정도 회복되기는 하였지만, 몽골경제는 치명적인 내적 한계를 지니고 있다. 그것은 체제전환 이후 몽골경제가 기본적으로 3C로 불리는 석탄(Coal), 구리(Copper), 중국(China)과 외국인직접투자(FDI)에 의존적인 취약한 경제구조를 지니고 있다. 2009년 기준으로 몽골의 자원현황을 살펴보면 구리 5,500만 톤(세계 13위), 몰리브덴 1,200만 톤(세계 3위), 석탄 1,500톤(세계 10위), 우라늄 6.2억 톤(세계 14위) 등으로 세계 10위의 매장량을 가지고 있다. 특히 석탄은 중국의 수요를 50년 간 충족시킬 만한 규모이다.

석탄과 구리 등을 포함한 광물자원이 몽골경제에서 차지하는 비중은 국민총생산(GDP)의 33%, 총생산의 70.4%, 수출의 78%를 차지하고 있다. 몽골의 중국 의존도는 수출의 경우 73.1%에 달하고 있고, 1990년부터 2009년까지 20년 간 몽골에 대한 외국인직접투자 가운데 중국이 차

[그림 3-10] 몽골경제에서 광물자원이 차지하는 비율

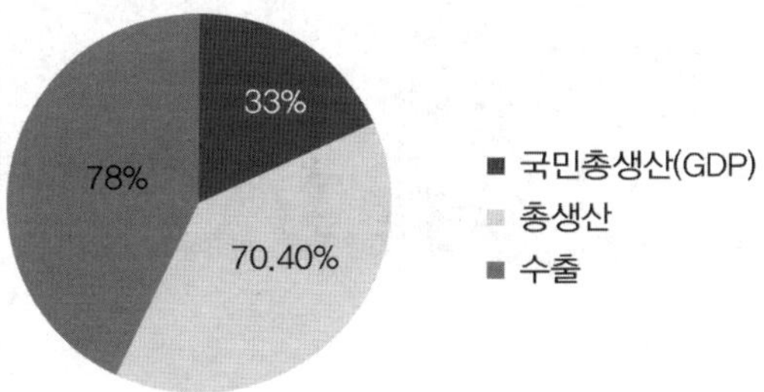

지하는 비율은 51.27%로 규모가 가장 크다.

국내 산업은 광업과 농·목축업이 전체 산업에서 50%에 달할 정도로 비율이 높고, 국내 제조업의 기반 부재로 서비스업이 나머지 50%를 차지할 정도로 불균형적 경제구조를 잉태해 왔다. 이에 따라 몽골 수출액의 78% 가량은 광물 수출이 차지하고 있으며, 1990년에서 2007년까지 몽골에 유입된 외국인직접투자 금액의 52.2%가 광업부문에 집중되었다.

세입구조도 국영 광산회사의 법인세나 배당수익 등이 주종을 이루어, 개인소득세나 부가가치세 등의 과세기반은 상당히 미흡하다. 그리고 낮은 국내 저축률과 국가신용등급 등에 따른 해외 자금조달의 어려움으로 인프라 건설, 광산개발, 제조업 발전을 추진하기 위한 자금조달이 몽골

[그림 3-11] 오요 톨고이(Oyu tolgoi)의 구리광산

자료: minesandmetals.com

경제의 부침을 좌우해 왔다.[16]

게다가 정권마다 심각한 정경유착으로 치열한 이권다툼이 이어지면서 국민을 먹여 살릴 '제2의 젖소'로 일컬어지는 타왕 톨고이(Tavan tolgoi)와 오요 톨고이(Oyu tolgoi) 같은 대형 광산개발이 지체되어 왔다. 잦은 내각 교체와 빈번한 법률개정 또한 경제정책의 일관성을 상실하게 하는 데 지대한 영향을 끼쳤다. 2009년 대통령선거에서 모든 몽골국민에게 일정 금액을 지급하겠다는 선거공약에서 보듯이, 보조금과 수당 같은 현금지급을 약속하는 인기영합주의가 팽배하고 부정부패가 만연한 것도 경제를 추락시킨 중요한 대내적 요인이었다(강명구 · 오대원, 2010: 117-123).

몽골정부는 누적된 문제들을 근본적으로 개혁하고자 하는 노력 대신, 국제통화기금의 지원과 운 좋게 찾아온 원자재 값의 상승으로 경제위기를 벗어날 수 있었다. 그렇지만 호황은 얼마 가지 않았고, 중기 개혁과정이 끝날 무렵인 2011년에는 경제성장률이 8.1%로 감소하면서 다시 위기의 터널로 들어섰다(The UBpost, 2006년 11월 3일자; KOTRA, 2009, 2014; 이평래, 2015).[17]

---

16 몽골의 주요 수출품목은 광물자원과 농축산 원료 제품이며, 수입품목은 석유 관련 제품과 기계설비 등이다. 2009년 기준으로 몽골의 주요 수출품목은 광물자원(66.4%), 귀금속 광물(16.4%), 면사 및 섬유 관련 제품(10.2%), 가축 및 관련 제품(2.4%), 기타(4.6%) 등으로 구성되었다.

17 몽골경제는 글로벌 경제위기에 처한 2008년 말에 원자재 가격의 급락으로 다음 해에 심각한 어려움을 겪었다. 그러나 2009년 하반기 이후부터 원자재 가격상승과 오요 톨고이(Oyu tolgoi) 투자계약 체결에 따른 투자 분위기가 회복 되면서 다소 성장세를 회복하였다. 그리고 2011년에 경제성장이 다소 이루어질 수 있었던 원인은 본격 채굴을 앞둔 오요 톨고이와 타왕 톨고이(Tavan tolgoi) 광산에 대한 설비투자 증가와 교역 확대 때문이었다. 이에 더해 선거공약의 이행을 위해 모든 국민에게 지급된 보조금으로 소비증가와 밀농사의 풍작 등에 기인했다.

이에 사이한빌렉(C. Saikhanbileg) 신임총리를 선임해 경제 친화적 정책을 추진해 경제회복을 시도하고자 했다. 예컨대, '중장기 경제육성프로그램'과 '외채관리계획'을 수립하는 한편, 오요 톨고이 광산문제 등 주요 현안의 신속한 해결을 통해 외국인직접투자(FDI) 확대와 러시아와의 루블화 통화 스왑(swap) 등을 추진했으나 효과는 별로 없었다(Zasag.mn, 2011년 11월 24일; 김태룡, 2020: 13-14).

[그림 3-12] 중기 개혁과정기 주요 경제지표 비교

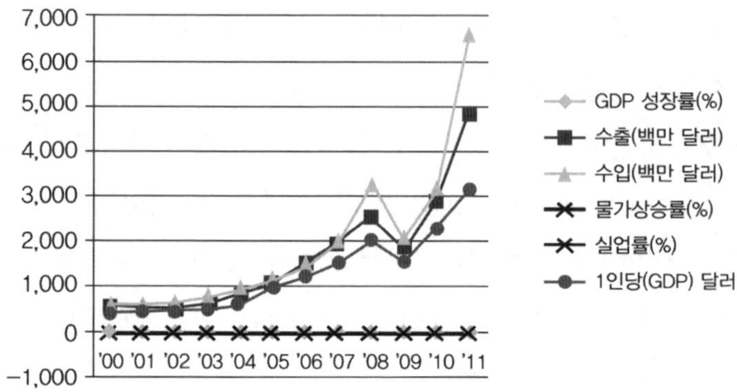

2. 개혁과정과 산출

1996년 총선에서 극적인 승리를 거둔 민주연합은 몽골을 완전한 시장경제로 전환시키기 위한 시동을 걸었다. 공무원 개혁을 단행하기 이전에 정부의 최우선 과제는 1990년대 초기에 인민혁명당 정부가 시작한 민영화프로그램의 완료였다. 정부는 빠른 속도로 대기업을 경매에 부쳐 가격

통제를 제거하고, 모든 관세를 폐지하고, 은행부문을 재구조화했다.

엥흐사이한 정부는 이와 함께 사회주의경제체제에서 시장경제체제로의 전환 노력이나 경제적 관계를 시장경제원리에 따라 규율하려는 시도를 끊임없이 진행했다. 다만 70여 년 간을 이어온 사회주의경제체제의 영향이 잔존해 있어, 여전히 지나친 정부규제가 존재했으며 공공부문의 비중이 노력에도 불구하고 높았다.[18]

한편 민영화(privatization)는 동시에 공공부문의 개혁을 추동하는 원동력으로 작동했다. 시발의 첫 신호로 정당에 대한 충성심보다는 경쟁시험에 기초해 공무원을 선발할 것을 골자로 하는 「정부공무원법」이 1996년 발효되었다. 공무원위원회는 이 법에 따라 공무원 모집을 위한 최초의 공무원시험을 실시했다. 그렇지만 실적에 기초한 경쟁시험은 실제로 작동하지 않았다.

엥흐사이한(M. Enkhsaikhan) 총리와 내각은 이에 더해 지방정부 차원에서, 책임성 없는 공무원들과 직면하면서 급진적 개혁의 필요성을 절감했다. 그것은 1990년 민주혁명을 통해 소비에트 위성체제를 타도했지만, 대부분 공무원은 이때까지 만해도 수십 년 간 지속되어 온 사회주의체제 모델에 익숙해 있었다. 게다가 체제전환 이전에는 모집과정에서 공산당원을 선호한다는 정치적 기준을 명시적으로 포함시켰기 때문에, 대다수 공무원은 인민혁명당에 충성한 채로 남아 있었다.

---

18 2006년 현재 몽골에는 32,400여 개 기업과 법인들이 시장경제에 참여하고 있다. 민간 소유 기업은 27,200개(83.7%), 국가 소유 기업은 2,885개(8.9%), 지방정부 소유 공기업은 943개(2.9%), 외국인과의 합작법인이 1,428개(4.4%)로 분포되었다(Unfair Competition Regulatory Agency of Mongolia, 2006).

지방정부는 특히 일상적으로 예산을 과도하게 지출했으며, 급여 지급을 2~3개월씩이나 연체하는 등 재정관리가 심각한 상황이었다. 또한 역설적으로 초기 단계에서 강화된 분권화로, 1996년 한해만 해도 중앙정부 전체 지출의 40%를 지방정부가 지출하고 있었다. 그런데도 중앙정부는 지방정부에 대해 거의 감독권을 갖고 있지 못했을 뿐만 아니라, 실태조차도 정확하게 파악할 수 없는 상황이었다.

아시아개발은행(2008: 2)도 유사한 맥락에서, 초기 개혁과정에서 악화된 재정 상황의 요인으로 ① 부적절한 견제와 균형을 초래하는 취약한 예산 관리와 보고 및 통제 장치, ② 전략적 우선순위 없이 하위정부들에게 지출 책임의 완전한 이양, ③ 취약한 수익관리, ④ 부적절한 재무통제, ⑤ 전반적인 재정규율을 유지하는 데 취약한 정치적 의지와 관료적 몰입, ⑥ 예산기관과 국유기업이 채택한 취약한 운영과 재정적 실제 등을 지적했다.

결과적으로, 복합요인들로 재정 원천과 공공기관의 부채는 증가했는데, 몽골 공공부문의 예산 관계에서 비공식 경제는 실제로 공통된 현상이었다. 예컨대, 공공기관은 두 종류의 예산을 편성하는 데 익숙했다. 하나는 정부에 제출한 공식 예산으로 예상 지출을 보여주는 것이었고, 다른 하나는 실제로 계산이 지불되었는지 아닌지를 보여주는 실제 재정거래를 담은 비공식 예산이 그것이었다. 이로 인해 금융기관의 과도한 지출과 공공기관의 부채는 증가할 수밖에 없었다.

민주연합 정부는 사적 시장경제(private market economy)로의 전환을 완성하기 위해, 공공부문을 개혁하지 않으면 안 될 필요성에 직면했다. 이에 따라 몽골정부는 지리적 및 경제적 한계를 지닌 채 급진적 개혁과정을 추진해 나갔다(Schaefer, 2018: 1). 친(親)시장정부를 표방한 엥흐사이한 정부는 시장지향적 개혁 패턴을 유지하면서, 재무장관인 샤간(P. Tsagaan)과 경제 수석고문인 바트볼드(T. Batbold)와 함께 시대착오적인 것으로 간주되는 소비에트시대의 공무원 개혁을 단행했다.

엥흐사이한 정부는 이 과정에서 1990년대 초기 개혁과정의 문제점으로, 책임은 지지 않고 분권화만 되어 예산 감독이 제대로 이뤄지지 못했음을 지적했다. 이들은 개혁의 주요 동기를 지방정부와 개별 예산기관들의 책임성 결여에서 찾았고, 강력한 중앙정부의 감독 없이는 정부가 효율적으로 기능할 능력이 없고, 특히 예산 규모가 소규모이기에 집권화할 필요가 있다고 생각했다. 이때 뉴질랜드에서 시행되어 국제적 주목을 받던 신공공관리(New Public Management)모형이 엥흐사이한 정부에게는 효율적이고 급진적인 해결책처럼 보였다.

엥흐사이한 정부는 개혁모형으로 뉴질랜드모형을 결정하기 전에 여러

[그림 3-13] 신공공관리모형을 도입한 엥흐사이한 총리

자료: wikivisually.com

모형을 고려했었다. 그렇지만 뉴질랜드모형이 민주연합의 핵심 이슈인 시장원리와 예산권한의 집중화수단을 결합시킬 수 있다는 데 매력이 있었다. 특히 엥흐사이한 정부는 개별 기관과 지방정부에 권한을 이양하는 반면, 예산원칙을 부여하는 뉴질랜드체제 능력에 관심이 집중되었다.

중기 개혁과정에서 엥흐사이한 정부가 설정한 광의의 개혁목표는 사적 기업모형(private enterprise model)에 기초한 정부구조를 창출하는 것이었다. 하지만 협의의 개혁목표는 민간은행에 개설된 지방정부와 기관계좌 5,000여 개를 통합해, 중앙은행에 있는 재무부단일계정시스템(treasury single account system)으로 통합하여 운영해 나가는 데 있었다.

중기 개혁과정에서 몽골 정부개혁의 핵심 참여자는 총리였던 엥흐사이한과 재무부 장관인 샤간이었다. 이들은 급진적 방식으로 몽골의 정부개혁, 특히 재정개혁을 단행하고자 집권 초부터 모든 에너지를 개혁과정에 집중했다. 이와 함께 몽골의 정부 개혁과정에서 국제통화기금(IMF), 아시아개발은행(ADB), 국제개발기구(UNDP), 미국국제개발처(USAID), 세계은행(WB)과 같은 국제기구가 대거 참여했다. 개혁과정의 참여자로서 이들 기관의 영향력은 대단히 지대했을 뿐만 아니라, 이들의 의도대로 개혁과정이 진행되었다고 해도 과언이 아닐 정도로 참여자로서 역할은 중요했다.

그러나 엥흐사이한 정부의 개혁과정이 개혁목표를 설정하는 것처럼 순탄치만은 않았다. 엥흐사이한 정부가 추진하고자 했던 개혁안들은 중앙정치 차원에서 민주연합 내부와 야당인 인민혁명당으로부터 저항에 직면했다. 이에 엥흐사이한 정부는 의회의 지지를 얻어 내기 위해, 호주와 뉴질랜드에서 수련과 연구에 소요되는 기금을 미국국제개발처와 아시아개발은행에 요청하기에 이른다.

한편 바트볼드(T. Batbold)는 개혁에 대한 저항을 극복하기 위한 방편으로, 1996년 미국국제개발처가 지원한 3일 간의 수련회에 내각과 당지도자들에게 참석해 줄 것을 제안했다. 그리고 뉴질랜드 재무부의 전 중앙회계관인 볼(I. Ball)을 수련회에 초청해서 신공공관리론에 대한 발표를 해줄 것을 요청했다.[19] 바트볼드는 수련회가 끝난 후, 엥흐바야르(N. Enkhbayar)를 포함한 야당 정당지도자 전원을 대상으로 호주와 뉴질랜드로 여러 차례 답사를 진행했다.[20] 엥흐사이한 정부는 지방정치 차원에서도 개혁의 지지세력을 확보하기 위한 노력을 기울였다. 몽골역사상 최초로 도(aimag)와 군(soum)의 주지사들을 수도에 초청해 개혁에 따른 지지를 확보하려는 노력을 기울였다.

엥흐사이한 정부가 개혁에 따른 지지를 확보하고자 기울인 노력은 그의 재임기간에 큰 열매를 맺지는 못했다. 1998년 4월 내각이 사퇴한 후 변덕스런 정치 기간이 뒤따랐고, 정치적 변동성은 민주연합에 대한 지지를 침식시켰다. 그로 인해 인민혁명당이 2000년 선거에서 76석 중 72석을 차지하면서 정권이 교체되는 상황을 맞이했다.

엥흐사이한 정부는 이러한 개혁과정 속에서 개혁목표에 따라 개혁 산출물을 만들어 나가기 시작했다. 국제기구의 도움을 받기 전에, 우선적

19 이후 아시아개발은행(ADB)은 몽골정부에 개혁을 조언하기 위해 볼(I. Ball)이 운영하는 회사인 'Public Sector Performance'를 고용했다.

20 엥흐바야르(N. Enkhbayar)는 이후 2000년부터 2004년에 걸쳐 인민혁명당 소속으로 몽골 총리를, 이어 2005년부터 2009년까지는 대통령으로 재직했다. 야당의 지도자를 포함한 이 같은 수련회 운영은 개혁 단절을 막고 지속적 개혁을 유도하는 데 중요한 기회를 제공했다.

으로 공공부문의 구조를 재설계하고 효율성과 책임성을 향상시키는 데 주력했다. 주요 장애물인 중앙집중식 계획에 따라 파생된 오래된 제도와 각인된 습관들을 제거하는 동시에, 건전한 공공 경영원리를 장려하기 위해 법률과 개혁안을 도입했다.

기업가적이며 혁신적이고 창조적 관리와 같은 관리사상과 가치를 구현하기 위해, 1996년에 '정부과정 개혁과 구조의 일반체제에 대한 몽골 국가정책(Mongolian State Policy on Reforming Government Processes and the General System of Structure)'을 도입하였다. 그 결과 예산규율을 강화하는 것이 몽골정부의 최우선 과제가 되었으며(Badarch, 2013: 102), 정책보고서의 권고대로 1997년에 중앙부처를 9개로 축소했다.

1997년에 들어와서는 몽골정부와 국제통화기금(IMF) 간에 맺은 '기관구조조정 향상대책(Enhanced Structural Adjustment Facility, 1997-2000)'안을 세계은행이 승인했다.[21] 국제통화기금은 협정안에서 몽골정부의 행정개혁 방향으로 다음을 제시했다.

첫째, 재무부(MoF)가 공공부문 개혁과정에서 핵심 역할을 수행해야 한다. 둘째, 개혁은 예산과정과 통합되어야 한다. 셋째, 개혁모형으로 뉴질랜드모형을 적용할 것을 권고하면서, 재무부에 재정 권력이 집중된 책임시스템이 마련된 상태에서 개혁이 진행되어야 함을 권고했다(IMF, 1997). 그렇지만 국제통화기금이 몽골의 정부개혁을 위해, 뉴질랜드모형을 적

21 '기관구조조정 향상대책(Enhanced Structural Adjustment Facility: ESAF)'은 국제통화기금(IMF)이 경제유동성에 처해 있는 후진국이 이를 극복하도록 재정지원과 함께 구조조정을 함께 추구하고자 1987년부터 실시하고 있는 프로그램의 일환이다. 이에 대한 보다 구체적인 내용은 Wood(1997)를 참조.

용할 것을 권고한 것은 몽골정부에게는 심각한 도전이 아닐 수 없었다.

엥흐사이한 정부는 국제통화기금의 제안대로, 1997년 3월 행정개혁을 전담하는 부서를 내각사무국(the Cabinet Secretariat)에서 재무부로 이관하고 행정개혁팀을 구성했다. 행정개혁팀은 국제통화기금의 제안대로 전략을 수립해 나갔다. 전략 수립의 일환으로 1997년 3월과 5월 두 차례에 걸쳐, 몽골을 방문한 뉴질랜드 자문관들은 상황을 평가하고 몽골의 행정개혁을 위한 새로운 전략을 설계했다(Laking, 1999: 217-235).

새로운 전략이란 정부 운영과 공공지출 관리의 효율성을 향상시키고 재정통제와 관리 책임을 증가시킬 필요성에 따라, 이전 정부가 수행한 행정개혁프로그램의 방향을 재조정하는 데 목표를 두었다. 구체적 전략으로 산출명세서(output specification), 예산 책정, 성과계약 및 운영기관 지위(agency status)를 포함해 뉴질랜드모형에서 가능한 모든 요소를 채택하는 데 치중했다.

행정개혁팀이 주력했던 개혁의 핵심 내용이자 초점은 1997년 11월 의회 토론을 위해 제출된 「공공부문관리와 재정법(Public Sector Management and Finance Act: PSMFL)」이었다. 그러나 토론 법안은 완성된 법적 형태의 문서를 갖추지 못했고, 공공부문관리에 대한 현대적 접근방식을 몽골의 맥락 안으로 개념화하는 데 실패했다. 간단히 말해, 외국인이 작성한 외국법에 불과했던 것이다. 따라서 개념적 합의에 따라 공공부문이나 중앙 및 지방정부 간의 기능적 책임분담 같은 규제를 넘어서, 공공부문관리의 실용적 측면을 명확히 할 개정안이 필요했다.

토론 법안이 의회에서 표류하는 가운데, 1999년에 '첫째 단계 거버넌스 개혁프로그램(First Phase of Governance Reform Program: GRP1)'이 몽골정부와 아시아개발은행(ADB)에 의해 승인되었다.22 이 프로그램을 위해 아시아개발은행이 제공한 대출규모는 2,500만 달러에 달했다. 뉴질랜드 개혁모형을 기반으로 구성된 '첫째 단계 거버넌스 개혁프로그램(GRP1)'은 재무 계획, 투명성 및 책임성을 개선하기 위한 제도적 장치를 도입해, 공공부문의 재무관리를 개선하는 데 프로그램의 초점이 놓여졌다(ADB, 2008: iii).

'첫째 단계 거버넌스 개혁프로그램(GRP1)'은 목표를 달성하기 위해 다섯 가지 하위목표를 설정했다. 첫째, 재정 규율(discipline)을 개선한다. 둘째, 공공부문의 예산편성과 집행을 강화한다. 셋째, 공공부문의 운영효율성을 향상시킨다. 넷째, '첫째 단계 거버넌스 개혁프로그램(GRP1)'에 따른 개혁의 사회적 영향과 소요 자금의 문제를 해결한다. 다섯째, 지속적 개혁을 위한 토대를 마련한다가 그것이었다(ADB, 2008: 6-11).

한편 이 같은 프로그램의 핵심은 선택된 정부기관에서 공공 거버넌스 개혁(public governance reforms)을 위한 예비실험(pilot experiment)을 도입하는 데 있었지만, 프로그램의 진행 과정에서 제한적이지만 상당한 결과물을 양산했다. 프로그램의 결과로 예산 권한이 중앙 집중화되고, 재무부단일계정시스템(treasury single account system)이 마련되었다. 이러한 변화로 모든 정부기관의 회계가 재무부 통제 하에 들어오게 되었다.

결과적으로, 공공기관, 지방정부기관 및 운영기관(agency)은 재정 권한을 상실하게 된 반면, 재무부는 모든 재정자원을 감시할 수 있게 되었고 과다 지출을 방지할 수 있게 되었다. 특히 「공공부문관리와 재정법(PSMFL)」

22 '둘째 단계 거버넌스 개혁프로그램(First Phase of Governance Reform Program: GRP2)'은 2003년에 승인되었다.

초안에 대한 지지 확산으로, 국회의원이나 고위 공무원에게 광범위한 논의의 장을 마련하는 데 기여했다.

더불어 프로그램의 주된 목적이었던 공공 거버넌스 개혁을 위한 예비실험을 담당할 팀으로 세무서, 세관, 공무원위원회, 감사원, 통계청 등 다섯 개 예비시험기관을 선정해 개혁프로그램을 시험적으로 운영해 나갔다. 이는 개혁모형의 도입에 따른 부작용을 최소화하고 뉴질랜드모형을 도입하는 데 따른 적응력을 높이기 위한 시도였다. 기관의 선정 이유로 세무서와 세관은 수입을 창출하는 기관이기에 선정되었고, 공무원위원회와 감사원은 새로운 성과계약과 회계시스템을 감독하기 때문에 선정되었다. 통계청은 시범 프로젝트를 위해 자원한 기관이었다.[23]

---

23 1999년에 재무부에 설치된 개혁팀은 7명의 위원으로 구성되었다. 이후 내각사무국에 본부를 두고, 예비실험에 대한 책임을 분담했다. 영역은 산출구체화, 성과계약, 산출가격과 예산화에 초점을 두어 분담했다. 팀원은 경제학이나 경영 관련 분야에서 영어권 외국대학원 교육을 받은 사람들로 구성했다. 대부분 팀원이 학위연구 과정에서 신공공관리에 대한 개념을 습득해 알고는 있었지만, 공무원 개혁에 대한 실질적 경험은 거의 없어 업무는 단계적으로 진행되었다. 팀은 산출물을 식별하고, 해당 산출물에 대한 예상 비용을 제공하고, 전략적 사업계획을 수립하고, 성과계약을 완료하기 위해 해당기관의 담당자를 훈련시켰으며, 프로세스 단계별로 그들과 함께 직접 작업했다. 프로젝트 팀의 도움으로 예비시험 기관은 2000년도 예산 검토에 맞춰 투입에 기반한 예산을 산출에 기반한 용어로 변환했다. 원래 프로젝트 팀은 수년 간에 걸쳐 개혁을 시행하기 위한 과도기적 계획을 가지고 있었다. 그러나 2003년에 「공공부문관리와 재정법(PSMFL)」이 공포됨에 따라, 프로젝트팀은 필요한 교육을 제공하기 위해 서둘러야 하는 상황에 직면했다. 그리하여 2002년과 2003년에 한 쌍의 팀원이 20개 부처, 13개 정부 수준의 기관 및 21개 도(aimag)를 방문했다. 또한 군(soum)으로부터 온 예산기관의 고위공직자들은 훈련을 받기 위해 해당 도(aimag) 센터에 왔다. 프로젝트 팀원들은 관련 대학 분야의 강사들을 선발해서 이들을 트레이너로 훈련시켰고, 신공공관리의 주요 특징들을 담은 핸드북을 발간했다. 프로젝트 팀이 산출에 기반한 예산과 성과계약에 필요한 기관들을 훈련함에 따라, 공무원위원회는 성과계약에 수반되는 성과평가 규정을 개발했다. 하지만 시간의 압박으로 필요한 모든 훈련과정을 제공하는 것은 물리적으로 불가능했고, 첫 해에는 모든 기관들

예비시험기관에서 뉴질랜드모형을 실험하는 동안, 정부는 1999년 11월 의회에 「공공부문관리와 재정법(PSMFL)」 초안을 소개하면서, 다음 선거인 2000년 이전 통과를 목표로 노력을 기울였다. 하지만 민주연합 내부의 갈등과 엥흐사이한 정부의 내부 혼란 등으로 법제화에는 실패했다.[24]

'첫째 단계 거버넌스 개혁프로그램(GRP1)'이 추진되는 과정에서 프로그램과 별개로 국제연합(UN)의 후원 하에, 몽골정부는 신공공관리모형이 성공하는데 필요한 광범위한 협력 체계를 구축하기 위해 새로운 프로그램을 추진했다. 2000년 의회 결의안 33에 의해 승인된 '인간 안전프로그램을 위한 좋은 정부(Good Government for Human Security Program)'가 그것이었다.

프로그램의 목적은 중앙정부와 지방정부, 정부와 시민, 부문 간에 광범위한 협력을 이끌 수 있는 정책형성과 집행에 대한 사회적 소유(societal ownership)를 증진하는 데 두었다. 시민단체(NGO), 민간부문, 대중매체, 학자 및 시민들을 포함하는 활동조직에 대해 특별한 관심과 배려를 하자는 것이었다. 이에 따라 주요 행위자, 이해관계자 및 의견형성자들 간에 합의를 이끌어 내기 위한 광범위한 참여를 촉진하는 데 초점을 두었다.

프로그램은 거버넌스의 전환이 초래하는 위기를 극복하고, 인간 안전을 위해 좋은 거버넌스를 창출하는 것을 목표로 11개의 기본목표를 제

이 준비가 부족해 거의 주먹구구식이었다(Hausman, 2009: 7-8).

24 엥흐사이한(M. Enkhsaikhan) 정부는 놀랍게도 의원이 장관직을 수행하는 것을 금지하고, 임명직으로 운영되던 직책을 없애는 노력을 담은 법을 개정한 1998년에 사임했다. 이후 여러 차례 정부 교체로 「공공부문관리와 재정법(PSMFL)」의 통과가 지연되기는 했지만, 여타 개혁프로그램은 지속되었다.

시했다. 그리고 목표의 틀 내에서 통치기관의 운영을 촉진하는 정책들이 고려되었다. 프로그램이 설정한 기본목표로는 ① 기업가적 접근(business approach), ② 성과관리, 자금 조달 및 기획, 보고 및 책임을 위한 메커니즘 개선, ③ 지방분권화를 통해 자립적 발전에 유리한 환경 조성과 지방자치 및 지역행정에 권한 부여, ④ 국가조직에 대한 회계감사와 내부 및 외부 감시를 위한 적절한 메커니즘 창출 등으로 구성되었다(Government of Mongolia, 2001: 10).

[그림 3-14] 몽골의 인간안전단 모습

자료: un.org.

「공공부문관리와 재정법(PSMFL)」 초안을 둘러싼 논쟁과 수정이 있은 후, 이 법안은 인민혁명당이 집권한 2002년 6월에 의회를 통과했다.[25]

25 「공공부문관리와 재정법(PSMFL)」 초안은 1988년과 1989년에 통과된 「국가부문법

이로써 '첫째 단계 거버넌스 개혁프로그램(GRP1)'은 몽골의 공공부문에서 산출예산 편성 및 성과계약을 위한 법적 틀을 구축하고자 했던 목표를 달성했다. 이 과정에서 야당에서 여당으로 역할이 바뀐 인민혁명당의 엥흐바야르 총리는 의회에 통제력을 발휘해 법안 통과를 추진했다. 이전 민주연합 정부 때부터 엥흐사이한 총리의 설득력 있는 노력과 함께, 초기 연구투어에 참여했던 엥흐바야르 총리의 시각 전환이 법의 통과에 지대한 영향을 끼쳤다.

몽골정부가 이 법을 제정하면서 고려했던 정책의 준거 틀(policy framework)에는 다음과 같은 교리(tenet)를 강화하려는 의도가 담겨 있었다. 즉, ① 부처, 기관, 의회에 의한 산출에 기초한 예산, 관리, 보고의 채택, ② 부처, 기관, 의회 기관 및 정부에 의한 발생주의 예산과 회계의 채택, ③ 국무 장관 및 주요 집행부에 투입에 기초한 관리결정권의 위임, ④ 국무 장관 및 주요 집행부가 연말에 책임을 지도록 부처, 기관 및 의회에 의한 전략적 사업계획의 준비, ⑤ 산출물을 만들어내기 위한 비용뿐만이 아니라 이전비용과 마찬가지로, 투자를 위해 부처와 기관에 대한 세출예산의 형태로 세출과정을 통한 현재 및 자본예산의 통합, ⑥ 대체로 예측 발생액 재무제표 및 연간 발생주의 재무제표의 작성은 정부에서 이루어지게 하는 등의 의도가 담겨 있었다(World Bank, 2002).

우여곡절 끝에 2003년 1월부터 점차적으로 시행된 이 법은 목적으로 '예산기관의 예산, 인사정책 및 운영관리 원칙에 대한 준비, 승인, 지출 및 보고와 관련해 국가 조직과 관료들의 책임 및 권한과 관련된 관계를

(National Sector Act)」과 「공공재정법(Public Finance Act)」과 같은 뉴질랜드의 공공관리 법규의 특성을 반영하였다.

규제하는 데 있다'는 것을 설정했다(공공부문관리와 재정법 제1조). 이어 이 법 제5조에서는 예산기관과 공무원이 준수해야 하는 재정관리 원칙을 구체적으로 설정했다.

첫째, 개시 연도 초에 목표와 달성할 결과를 명료히 밝혀야 한다. 둘째, 계약에 기초해 연도별로 회계 연도의 산출물을 제공하고 예산 자금을 받아야 한다. 셋째, 개방적이고 경쟁력 있는 채용절차를 통해 지식, 교육, 자격, 경험 및 전문 기술에 근거하여 공무원을 임명하고, 공정한 업무성과를 통해 업무평가를 하여야 한다. 넷째, 재정과 예산을 효율적으로 관리하고 미수금과 부채 발생을 피해야 하는 것을 규정했다.

이 법의 규정에 따라 향후 연간 성과계약은 장관과 부서 또는 하위 공공기관 및 기타 공급자 간에 체결하게 되었다. 예산은 투입물이나 활동보다는 예상되는 산출물을 위해 할당되어졌고, 성과평가는 모든 수준에서 산출을 구체화한 연례보고서에 기반하도록 했다(World Bank, 2002). 이와 같이 이 법이 지향한 개혁의 핵심은 공무원이 정치적 충성보다는 산출물에 대해 책임을 지는 성과계약에 기초한 새로운 관리방식이었지만, 공무원제도는 여전히 정치화(politicized)된 상태로 남아 있었다(World Bank, 2015).

그럼에도 이 법은 이후 '둘째 단계 거버넌스 개혁프로그램(GRP2)'의 틀을 구성하는 데 중요한 역할을 했다. 2003년 11월 아시아개발은행(ADB)은 '첫째 단계 거버넌스 개혁프로그램(GRP1)'이 종료되자 프로그램 종료보고서(program completion report)와 다음 단계를 추진하는 데 고려해야 할 권고안에 기초해, '둘째 단계 거버넌스 개혁프로그램(GRP2)'이 지향해야 할 방향을 이렇게 제시했다.

첫째, 공공부문 개혁은 적절하게 연속적 순서에 의해 이루어질 필요가 있다. 둘째, 「공공부문관리와 재정법(PSMFL)」을 집행하는 데 따른 위험이 제대로 관리되어야 한다. 셋째, 지방정부의 자치권(autonomy)과 공공부문의 효율성, 그리고 책임성 간에 적절한 균형을 찾아야 한다. 넷째, 공공부문 개혁의 지속가능성을 보장하기 위해 공무원 개혁이 중요하다는 것이 그것이다(ADB, 2008: 20).

아시아개발은행(ADB)은 프로그램에 대한 자체평가와 권고안에 입각해, 몽골의 공공부문을 개혁하기 위한 '둘째 단계 거버넌스 개혁프로그램(Second Phase of Governance Reform Program: GRP2)'을 승인했다. 동 프로그램은 재정의 지속성과 핵심적 공공서비스 제공의 개선으로 측정될 수 있는, 공공부문의 책임성(accountability)과 효율성을 향상시키는데 초점을 두었다(ADB, 2005: 1, 2011: 3-12).

프로그램은 이를 달성하기 위한 목표로 첫째, 예산과 기획 및 재정관리 개혁을 시행할 수 있는 제도 역량을 강화하고, 둘째, 연금 개혁과 행정 통합을 통한 재정의 지속가능성을 개선하고, 셋째, 거버넌스 개혁을 주류화(mainstreaming)해서 공공기관에 대한 신뢰를 강화하고, 넷째, 효과적인 사회안전망을 구축하고 예산을 배당하는 것으로 설정했다.

개혁프로그램의 구체화를 위해 몽골 재무부는 아시아개발은행(ADB)과 국제통화기금(IMF)의 도움을 받아, '둘째 단계 거버넌스 개혁프로그램(GRP2)'에 의거해 직원들이 예산과 공공관리에 관한 새로운 규정에 익숙해지도록 정부 차원에서 상당한 역량강화 노력을 기울였다. 재무성과에 대한 감사 매뉴얼을 개발하고, 직원들에게 기본적 예산관리원칙을 교육시켰다.

거버넌스 개혁이라는 측면에서 특히 2002년 「정부공무원법」의 개정과 2003년 「공공부문관리와 재정법(PSMFL)」의 제정에 따라, 의회는 2004년 4월 30일 결의안 제24호로 '중기공무원개혁전략(Medium-Term Civil Service Reform Strategy)'을 결의했다. 이 전략은 사명(mission)으로 정부는 변화하는 환경에 시민들의 요구에 탄력적으로 부합하고자, 능동적이고 능률적이며 결과지향적으로 변모해야 함을 천명했다. 또한 국가 발전을 위한 중장기 국가정책과 전략적 틀에서 제시된 바와 같이, 몽골정부에서 향후 10년 이내에 성과관리 개념을 정착시킬 것을 목표로 했다.

'중기공무원개혁전략'은 설정한 사명과 목표를 실천하기 위해 중기 공무원개혁과정에서 네 개의 전략적 우선순위를 설정했다. 첫째, 국가와

[그림 3-15] 디지털 시대의 몽골 유목민

자료: artnet.unescap.org

예산조직의 전략 계획 및 성과관리 능력을 강화한다. 둘째, 고위공무원에게 투명하고 경쟁력 있는 선택을 실시하고, 지도력과 관련된 기술을 개발한다. 셋째, 조직과 인적자원 관리를 개발한다. 넷째, 공무원의 최적 규모를 보장하고, 공무원 보수제도를 현대화할 것을 제시했다(Ulaanbaatar, 2004: 9).

한편 신공공관리모형이 추구하는 또 다른 핵심 가치인 고객지향성(client-oriented)과 좋은 거버넌스 발안(good governance initiative)을 강화하기 위한 개혁이 이 단계에서 추진되었다. 정보와 서비스를 개방적으로 만들어 시민들이 쉽게 접근할 수 있게 정보통신기술(ICT)에 기반한 행정개혁을 시도했다. 첫 시도로 2004년 10월 부(Ministry)와 동급에 해당하는 ICT청(ICT Authority of Mongolia)을 설립했다. 2005년에는 '전자정부발안(e-government initiatives)'을 포함한 '몽골전자국가프로그램(e-Mongolia National Program)'과 '전자정부마스터플랜(e-government Master Plan)'을 연이어 발의했다(ICTA, 2005: 5).

프로그램들은 2012년을 종료시점으로 설정하고, 부차적으로 정보통신기술 활용을 통한 경제성장을 목표로 추진해 2012년까지 몽골이 아시아 정보통신기술에서 기술선진국 10위권 진입을 목표로 설정했다. 이 프로그램들은 법제도, 인프라, 리더십과 개혁, 적용업무 및 상호운용성, 경제성장, 정보통신기술 대중화, 기술과 인력양성의 일곱 개 분야에서 25개의 과제를 설정했다.

리더십과 개혁 분야에서는 정치적 지원과 리더십 확립, 그리고 정보통신기술 활용을 통한 행정개혁을 과제로 설정했고, 정보통신기술 대중화에서 정보제공의 활성화를 통한 행정참여를 과제로 설정했다(KOICA,

2014: 8-9). 그 결과 몽골정부는 2006년부터 시민과 기업부문의 접근성을 향상시키기 위해, 개방형 정부포털 및 기타 정부 웹사이트 서비스를 통해 온라인 정보 및 서비스를 제공해 오고 있다.[26]

중기 개혁과정에서 마지막으로 단행된 개혁은 2008년 1월 31일 의회명령 12호에 의거해 승인한 '몽골의 새천년 개발목표에 기반한 국가개발 종합정책(Millennium Development Goals-based Comprehensive National Development Strategy of Mongolia)'이었다. 정책의 종료 시점은 2021년으로 여섯 개 순위 정책을 설정했는데, 이 중 하나가 국가 구조와 공공행정의 개선과 관련이 있었다.

다시 말해, 민주적이고, 투명하고, 책임성 있고, 법치주의와 시민의 이익과, 그리고 효과성과 일치하도록 입법부와 집행부의 효율적 거버넌스를 향상시키고 조장하는 것을 목표로 하였다. 정책목표를 달성하기 위한 집행수단으로 성과기반의 관리를 구축하고, 의사결정과정에 시민참여를 증가시키며, 지역문제를 독립적으로 다룰 수 있는 지역 거버넌스 기관의 능력개발을 증진시키는 것에 역점을 두었다(Badarch, 2013: 107). 이 같은 종합정책과 관련해 공무원 개혁에서 특기할 만한 변화과정이 있었다.

정부의 투명성과 책임성을 제고하기 위해, 몽골정부가 2007년에 '공무원개혁전략과 시행계획(civil service reform strategy and implementation plan)'을 승인한 것이 그것이다. '공무원개혁전략과 시행계획'은 시민 요

26 동 프로그램은 2005년 한국으로부터 채용한 정보통신기술(ICT)에 기반한 행정개혁의 일환이었는데, 한국정보통신진흥원(NIPA)의 기여가 컸다. 특히 한국의 지원으로 국가 IT은행(National IT Bank)이 설립되어 현지 소프트웨어 기업의 인큐베이터 역할을 담당하고 있다.

구를 충족시키고 변화하는 상황에 유연하고 능동적이며 성과지향적인 공무원을 양성하기 위한 전략적 우선순위를 명시했다. 전략적 우선순위에는 고위공무원의 선발 절차 개선, 리더십의 기술개발, 투명하고 공정하며 성과지향적인 인사관리, 재정적으로 지속가능한 보수제도 등을 포함시켰다(World Bank, 2009: 1-5).

[그림 3-16] 몽골공무원의 구성 비율

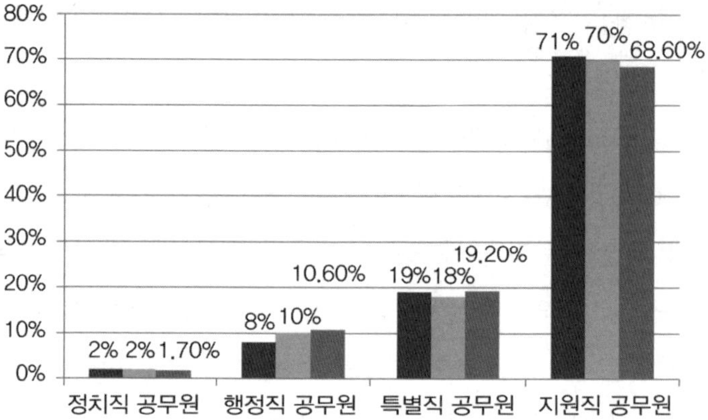

2002년에 개정된 「정부공무원법」이 2008년에 다시 개정이 있었다. 개정내용의 핵심은 공무원의 정당 소속 또는 제휴를 제한하는 데 놓여졌다. 정치직 공무원을 제외하고는 행정직 공무원(administrative civil servants)과 특별직 공무원(special civil servants)은 정당의 구성원이 되는 것을 금지해, 공직을 정치로부터 독립적이고 안정적으로 만들도록 어느 정당에도 충성하지 못하게 했다(Lundeejantsan, 2017: 6). 동일한 맥락에서 2011년에는 「선거법」을 개정해 후보자가 선거운동에 공직을 오용하는 것을 막기 위해, 국회의원 선거에 출마하고자 하는 공무원은 6개월 전에 그 직을 사임하도록 하는 조항을 도입했다(UNDP, 2018: 1-2).

개정 「정부공무원법」에 따라 공무원은 네 종류의 분류 체계로 구성되었다. 행정직 공무원과 특별직 공무원은 '핵심 공무원(core civil service)'으로 분류되며, 「정부공무원법」의 인사관리 규정이 적용된다. 그러나 지원직 공무원은 「정부공무원법」의 통제를 받지 않고, 정부와 노동 계약을 체결해야 하며 「노동법」에 정의된 의무와 특권을 누릴 자격을 갖게 되었다(Government Service Council of Mongolia, 2008: 26-32).

「정부공무원법」 개정과 관련해, 특히 「성평등에 관한 법」도 2011년 2월에 통과되었다. 이 법은 모든 분야에서 남녀의 동등한 권리와 기회에 대한 배제, 제한과 차별 행위를 명시적으로 금지했다. 이는 중앙과 지방정부, 부처, 고용주와 정당이 운영과 결과에서 양성 평등을 보장하는 규정과 기구를 설치하고 보고하도록 의무화했다. 이와 더불어 공무원위원회와 모든 고용주는 성 차별을 방지하는 기준을 도입하도록 했다.

이 법의 도입으로 관련 입법들이 개정되어 정당 후보자 중 여성 할당량이 20%를 넘도록 의무화했으며, 성별 관련 조항 등이 도입되었다. 정부는 또한 향후 5년 동안 새로운 '성평등실행계획' 초안을 작성하기 위한 실무그룹을 구성해 동법의 실효성을 높이는 노력을 꾀하였다(World Bank, 2012: 25-26; 김태룡, 2020: 14-19).

중기 개혁과정을 거치면서 핵심적 개혁프로그램이자 의제였던 두 차례의 '거버넌스 개혁프로그램'과 「공공부문관리와 재정법(PSMFL)」을 둘러싼 참여자 간의 갈등이나 저항은 크지 않았다. 특히 '첫째 단계 거버넌스 개혁프로그램(GRP1)'을 실행하기 위해, 민주연합의 엥흐사이한 총

〈표 3-5〉 몽골공무원의 분류 체계

분 류		소 속	총원(비율)		
			2008년	2012년	2016년
핵심 공무원 (core civil service)	정치직 공무원 (political service post)	선출직 공무원과 정무직을 포함한 정치 공무원	2,727명 (2%)	2,987명 (2%)	3,092명 (1.7%)
	행정직 공무원 (administrative service post)	중앙과 지방정부에서 의사결정과 집행을 담당하는 공무원	9,440명 (8%)	16,190명 (10%)	19,687명 (10.6%)
특별직 공무원 (special service post)		경찰을 포함한 사법부와 감사조직의 공무원	24,105명 (19%)	29,892명 (18%)	35,736명 (19.2%)
지원직 공무원 (support service post)		대중 매체에서 일하는 공무원과 정보기관, 교육 및 연구기관, 교육, 과학, 건강, 문화, 예술 기관 및 국유 기업에서 종사하는 공무원	91,316명 (71%)	112,543명 (70%)	127,943명 (68.6%)
			128,088명	161,612명	186,458명

자료: Government Service Council of Mongolia(2008, 2017)와 Badarch(2013)에 의거 재작성.

리는 뛰어난 설득 노력을 보였다. 이에 더해 개혁과정에서 앵흐바야르 야당 대표를 포함한 지방정치인까지 참여기회를 제공함으로써, 개혁내용에 대한 이해를 높여 저항에 따른 갈등을 사전에 약화시킬 수 있었다.

비록 「공공부문관리와 재정법(PSMFL)」을 두고 첨예한 대립이 있기는 했지만, 오히려 이 법은 당시 야당이었던 인민혁명당이 2000년에 집권하면서 엥흐바야르 총리의 주도로 통과되었다. 이 뿐만 아니라 인민혁명당이 집권한 이후에 실시된 '둘째 단계 거버넌스 개혁프로그램(GRP2)'도

별다른 갈등 없이 진행되었다는 점에서, 경제위기나 부패문제 또는 권력 갈등에도 불구하고 개혁과정만은 비교적 순탄하게 진행되었다.

조직개편과 관련해서는 총선 전인 2012년 4월에 관할 업무에 따른 부처의 세분화에 목표를 두고 기존 13개에서 15개 부처로 확대개편이 이루어졌다. 이에 따라 부처별 역할과 기능을 명확히 해 관할 업무의 효율적 정책수립을 목표로 교통건설도시개발부가 교통부로, 건설도시개발부와 산업노동부가 산업부와 농업부로 개편되었다. 이외에도 국가장관직을 신설해 몽골의 주요 프로젝트인 타왕 톨고이(Tavan tolgoi)와 오요 톨고이(Oyu tolgoi) 등 대형 프로젝트의 신속한 의사결정을 전담하도록 했다.

제3절　후기 개혁환경과 개혁과정

1. 개혁체제를 둘러싼 환경

1) 개혁체제를 둘러싼 정치환경

몽골의 후기 개혁과정은 2012년부터 진행되었는데, 개혁체제를 둘러싼 환경 변화 역시 다양했다. 정치환경은 중기 개혁과정 때와 유사하게 혼란스러웠다.

이전 총선인 2008년 6월 총선에서 인민혁명당은 청렴한 이미지를 내세운 바야르(S. Bayar) 당수 덕으로 과반수가 넘는 45석을 확보해, 2000년 총선과 2004년 총선에 이어 세 차례나 집권당의 위치를 장악했다. 그

〈표 3-6〉 후기 개혁시기 집권당과 정당 변화

	'12년 총선	'13년 대선	'16년 총선	'17년 대선	'20년 총선
집권당	민주당	민주당	인민당	민주당	인민당
대통령		엘벡도르지 (Ts. Elbegdorj)		바트툴가 (K. Battulga)	
내각 총리	알탄후약 (N. Altankhuyag)/ 사이한빌렉 (Ch. Saikhanbileg)		에르덴바트 (J. Erdenebat)/ 후렐수흐 (U. Khurelsukh)		후렐수흐 (U. Khurelsukh)
비고	• 인민혁명당과 민족민주당 협약으로 정의연대 출범 • 1차 연립내각은 정의연대와 민의 녹색당과 구성 • 2차 연립내각은 인민당과 구성				

러나 부정선거 시비로 촉발된 시위로 정치적 혼란이 지속되자, 같은 해 9월에 인민혁명당은 과반수가 넘는 의석을 확보했음에도 민주당과 연립내각을 구성해 정치적 안정을 도모하고자 했다. 이후 2010년 11월에는 사회주의 이미지를 개선하기 위해 인민혁명당이 당명을 '인민당'으로 개명했다.

설상가상으로 다음 해인 2011년 6월 전 대통령이자 2000년 총선에서 승리해 4년 간이나 총리를 역임했던 엥흐바야르(N. Enkhbayar)가 인민당 내부의 권력투쟁과정에서 이탈해, 인민당의 전신인 인민혁명당을 재창당하였다. 그리고는 2012년 6월 총선에 연대를 위해 민족민주당과 협약을 맺어 정의연대로 출범하는 사건이 발생했다. 집권당인 인민당은 다가

올 2012년 총선에 위기의식을 갖고 있었다.

비록 몽골의 경기가 좋아지고 있고, 주요 경제지표가 긍정적으로 변화하고 있었지만 국민이 느끼는 경제난은 극에 달하고 있었다. 높은 경제성장률에 비해 일반국민이 느끼는 삶의 질은 전혀 개선되지 않고 있었던 것이다. 이에 더해 막대한 외국 원조와 자원 수출을 통해 벌어들인 돈이 상위 1%의 권력자들에게만 집중되고 있다는 인식과 함께 지도층에 대한 불신이 매우 높은 상황이었다. 이에 따라 2000년 총선 이후 10여년 동안 인민당의 장기집권에 따른 실정에 대해, 변화의 분위기가 고조되고 있었다.

이에 반해 야당은 여당의 실정을 효과적으로 공략하고, 정치에 대한 국민의 실망을 여당에 넘기는 전략에 몰두했다. 또한 엘벡도르지(Ts. Elbegdorj) 대통령에 대한 높은 지지도와 정치적 역할은 선거에서 중요한 요인으로 작용하였다. 특히 선거를 앞두고 여당이 전 대통령인 엥흐바야르가 주도하는 신당이 창당되어, 인민당과 인민혁명당으로 분열된 것도 민주당에 유리하게 작용하였다. 이 같은 이유로 선거 전 여론은 민주당의 우세를 예상하였다.

민주당의 우세라는 여론에도 불구하고 위험요인이 없었던 것은 아니었다. 그것은 몽골의 선거지형에서 흔히 나타나는 세대별 · 지역별 투표성향이었다. 전통적으로 인민당은 노장층과 지방에서 지지도가 높고, 민주당은 젊은층과 도시에서 지지도가 높았다. 이 때문에 수도인 울란바타르의 의석수가 14석이고 지방의 의석수가 34석인 지역구 분포는 민주당에 유리한 것이 아니었다. 게다가 인민당 정권의 장기집권으로 부를 축적한 대부분 기득권층이 인민당을 지지하고 있고, 인민당 집권 이후 급격히 증가한 매스컴을 인민당을 지지하는 기득권층이 장악하고 있었다.

특히 위험스런 상황은 개정된 「선거법」으로 선거가 치러진다는 데 있었다. 몽골정치권은 총선 전 선거법 개정을 둘러싸고 치열한 다툼을 벌였다. 선거구제 변경에서부터 지역구 조정에 이르기까지 각 당은 선거에 유리한 상황을 만들고자 노력하였다. 그렇지만 다수당인 인민당의 의견이 상대적으로 많이 반영된 선거법은 민주당에 결코 유리한 것이 아니었다.

총선이 실시될 2012년을 맞이하자 집권층은 부패방지청을 통해 2011년 인민당을 탈퇴해서 인민혁명당을 재창당한 엥흐바야르 당수를 권력남용 혐의로 강제 구속하는 사태가 발생했다. 이로 인해 인민혁명당은 민족민주당과의 협약을 통해 정의연대를 발족시키게 되었다. 연립내각에 참여했던 민주당은 연립내각을 탈퇴하고, 6월 총선에서 34석을 확보해 알탄후약(N. Altankhuyag)이 총리가 되면서 2000년 이후 12년 만에 집권당으로 재등장했다. 하지만 불안정한 의석 확보로 연립내각을 구성할 수밖에 없는 상황이었다.

그런데 총선에서 정의연대는 엥흐바야르 당수가 구속된 상태임에도 불구하고, 11석을 확보하는 선전을 통해 몽골정치의 장에서 캐스팅보트(casting vote) 세력으로 등장하였다. 이에 민주당은 8월에 인민당을 제외한 정의연대와 민의녹색당과 제1차 연립내각을 구성했다. 집권당인 민주당은 이듬해 6월 대통령선거에서 엘벡도르지가 대통령에 재선되면서, 인민혁명당 당수였던 엥흐바야르를 사면했다.

민주당의 집권과정은 순탄치 않았다. 집권 2년 후인 2014년 11월에 인민당이 제출한 총리해임 결의안이 국회 본회의를 통과함으로써, 알탄

[그림 3-17] 석방되는 엥흐바야르 당수

자료: wsj.com

후야(N. Altankhuyag) 내각은 총사퇴하고, 사이한빌렉(Ch. Saikhanbileg) 전 내각관방장관이 총리로 취임했다. 사이한빌렉 총리는 불안정한 정치상황을 타개하기 위해, 의석을 확보한 모든 정당이 참여한 제2차 연립내각을 구성했다. 연립내각은 각료 19명 가운데 정당별로 민주당 10명, 인민당 6명, 정의연대 3명으로 구성되었으나, 불안정한 연립내각은 오래가지 않았다.

다음 해 8월 사이한빌렉 총리는 연립내각 구성에 관한 계약을 충실히 이행하지 않는다는 이유를 들어 인민당 소속 각료 6명을 해임하고, 인민당에 할당했던 6명의 관료를 민주당과 정의연대의 소속 각료로 각 3명씩을 임명했다. 이로 인해 연립내각의 불안정성은 더욱 가중될 수밖에 없었고, 총선이 다가 온 2016년 1월에는 사이한빌렉 총리에 대한 해임안이 제출되기에 이르렀으나 부결되었다. 사이한빌렉 총리에 대한 해임안의 상정 이유는 세계 최대 규모인 오요 톨고이(Oyu tolgoi) 구리광산개발과 관련한 2차 투자계약을 국회 승인 없이 독자 체결한 데 따른 불만이었다(강톨가 외, 2009; 송병구, 2012; 외교부, 2016; Bertelsmann Stiftung, 2018).

민주당의 집권과정에서 보여준 연립정부의 형성과 붕괴과정은 이전 정부에서 인민혁명당이 행한 방식과 유사하게 전개되면서 혼란은 가중되었다. 총선 전인 2016년 5월 몽골의회는 집권당인 민주당 주도로 선거법을 기존의 혼합대표제에서 다수대표제로 개정하였다.[27] 특히 제3당이 의회에 진입할 기회를 봉쇄하고, 여당인 민주당과 제1야당인 인민당의 '권력 나눠먹기'라는 비판에도 불구하고, 국회의원 76명 중 28명을 기존 비례대표제로 선출하던 것을 없애고, 모두 소선거구제로 선출하도록 하는 「선거법」을 개정했다.

4년 간 이어 온 민주당의 불안정한 연립내각은 2016년 6월 총선에서 인민당의 정권재탈환으로 종식되었다. 인민당의 압승은 민주당 집권 4년 동안 국제원자재 가격하락과 중국의 수출·수요 감소로 인한 심각한 경제침체로, 국민총생산(GDP) 성장률이 0.4%까지 추락하는 경제정책 실패에 있었다. 또한 정치권의 부정부패, 포퓰리즘적 공약의 미이행, 당내 계파 간 갈등을 극복하지 못한 데 기인했다. 선거 결과는 인민당이 85%의 지지를 획득하는 예상치 못한 압도적 승리로 막을 내렸다(Bittner, 2016).

인민당은 선거공약에서 빈곤퇴치, 경제침체 탈피, 외채상환계획, 부정부패 극복, 평등한 권력 지향 등을 내세웠다. 이는 집권당인 민주당의

27 선거제도는 복수형 다수대표제이다. 복수형 다수대표제란 전국을 N명 이상이 당선되는 여러 지역 선거구로 나누고 각 선거구 유권자가 여러 후보 중 N명에 투표하면 그 중 득표자 N명이 당선되는 구조이다. 몽골은 총 76명의 국회의원수가 있으며, 29개의 선거구가 있어 각 선거구별로 2~3명을 선출한다.

〈표 3-7〉 몽골선거제도의 변화과정

	제2대 1992년	제3대 1996년	제4대 2000년	제5대 2004년	제6대 2008년	제7대 2012년	제8대 2016년	제9대 2020년
선거제도	중선거구/다수대표제	소선거구/다수대표제	소선거구/다수대표제	소선거구/다수대표제	소선거구/다수대표제	중선거구/비례대표제	소선거구/다수대표제	복수형 다수투표제/비례대표제
투표율	95.6%	92.1%	82.4%	81.8%	76.4%	67.2%	72.1%	

자료: 몽골선거관리위원회(2020)에 의거 재작성.

실책을 조준한 내용으로 향후 인민당에 주어진 과제는 경제재건이었다.[28] 인민당은 총 76석 중 65석을 확보해 다수당을 넘어 헌법개정과 대통령 탄핵도 가능한 2/3가 넘은 반면, 민주당은 사이한빌렉 총리와 엥흐볼드(Z. Enkhbold) 국회의장마저 낙선하면서 9석의 소수당으로 전락했다. 연립내각의 한 축을 형성했던 인민혁명당과 무소속은 선거법의 개정에 따른 영향 등으로 1석씩을 획득하는 데 그쳤다.

인민당은 총선이 끝나자 당내 실세인 엥흐볼드가 신임 국회의장을 맡고, 2016년 7월 8일에 에르덴바트(J. Erdenebat)가 신임 총리로 취임했다. 도지사 경력이 있는 에르덴바트는 민주당과 인민당 간의 연정 기간인 2014년 12월부터 이듬해 연정이 파탄될 때까지 재무부장관을 역임했던 이력을 가지고 있었다.

2017년 6월에 대통령선거가 실시되었으나 세 명 후보자 모두가 득표

28 인민당은 총선에서 '민주당이 이뤄내지 못한 민주화! 우리가 이루겠습니다!'라는 슬로건을 내거는 웃지 못할 일이 발생했다. 이 정도로 민주당 집권 4년에 대한 국민들의 평가는 냉정했다.

율이 30%대로 과반 득표(50%+1)에 실패하는 상황이 발생했다. 이에 인민당 후보인 엥흐볼드와 민주당 후보인 바트톨가(K. Battulga) 간의 결선투표가 헌정 사상 최초로 7월 7일 실시되어, 민주당의 바트톨가 후보가 당선되었다. 하지만 두 후보 모두 지속적으로 부정부패와 권력남용 의혹에 연루되어 왔던 인사들이었기에, 유권자들의 불만은 컸고, 몽골정치의 장에서 암운은 깊어갔다.

대통령선거에서 패한 인민당의 후유증은 컸다. 대통령선거에서 당 소속 정치인들의 부패스캔들이 불거지면서, 민주당 후보인 바트톨가 후보에게 결선투표에서 패배한 인민당은 대선 패배의 책임을 둘러싸고 내분이 격화되었다. 이에 인민당은 국회의원 과반의 동의를 얻어 국회를 해산했다. 인민당은 전당대회를 열고 국무부총리로 이전에도 두 번이나 부총리를 역임한 후렐수흐(U. Khurelsukh)를 2017년 10월 4일 당 대표이자 총리로 선출했다(서울 Public News, 2017년 8월 29일자).[29]

2018년 새해가 되자 엥흐볼드에 저항하는 집회가 일기 시작했다. 몽골의회는 국회의장인 엥흐볼드를 축출하는 투표를 1월 29일 단행했다. 인민당 의장이었던 국회의장에 대한 축출은 수개월에 걸친 정치적 혼란 끝에 이루어졌다. 의원 65명 중 43명이 수차례에 걸쳐 비리 스캔들에 휘말린 엥흐볼드를 축출하기 위한 투표였다. 그렇지만 축출과정이 용이했

29 에르덴바트(J. Erdenebat) 전 총리에 대한 여론은 좋지 않았다. 그는 대선 당시 인민당 대통령후보로 출마한 엥흐볼드(M. Enkhbold)의 후계자로, 600억 정치자금 모금 사건과 무관하지 않았기 때문이다. 그는 엥흐볼드를 보호하기 위해 600억 수수녹음 파일 사건이 조작되고 편집된 사건이라 주장하기도 했다. 하지만 그의 주장은 거짓으로 밝혀졌고, 이에 더해 후렐수흐(U. Khurelsukh)를 테러한 사건마저 발생하면서 배후에 에르덴바트 등이 관련되어 있다는 테러모의자의 내부 고발이 나왔다.

[그림 3-18] 몽골의 선거투표율 변화

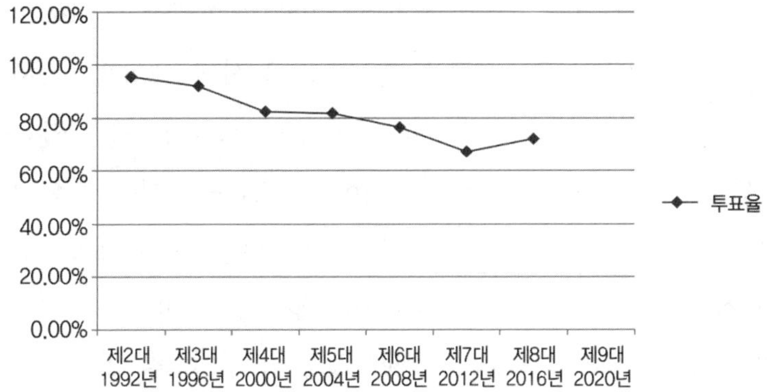

던 것은 아니다. 그렇지 않아도 만연한 부패와 비효율로 인민당정부에 대한 신뢰가 감소하고, 특히 울란바타르에서 발생하는 대기오염으로 공중보건문제가 심각하게 대두하는 상황에서 엥흐볼드에 대한 축출과정이 진행되었던 것이다.

엥흐볼드 국회의장은 몽골의회 앞에서 대규모 시위가 한 달 이상 계속되는 상황에서도 사퇴를 거부했다. 12월 초부터는 의원의 절반 이상이 항의표시로 본회를 보이콧하는 바람에 40일 동안 모든 입법조치가 중단되기까지 하였다. 결국 몽골 총리와 울란바타르 시장으로 재직했었던 국회의장을 축출하기 위한 특별 조치는 의원들이 다음 해 1월 18일에 새로운 권력을 부여한 「주조법(minted law)」이 승인된 후 이루어졌다(The Diplomatm, 2019년 1월 31일자; ALJAZEERA, 2019년 2월 1일자; 김태룡, 2020: 19-20).

한편 후렐수흐 총리는 가까스로 불신임투표를 면하고, 엥흐볼드를 부패 혐의로 고발하는 등 어려운 정치적 국면을 극복해 나갔다. 그러면서 후렐수흐 총리는 의회에서 권력을 통합하는 데 성공을 거두면서, 2019년에 헌법개정안을 성공적으로 통과시켜 안정적 체제를 유지해 나갔다. 울란바타르의 심각한 오염환경을 개선하는 동시에, 2020년 봄부터 전 세계를 공포로 몰고 간 COVID-19 유행병을 효과적으로 통제하는 데 성공함으로써, 다가 올 선거에서 유리한 입지를 구축했다. 이와 대조적으로 야당인 민주당은 지속적인 분열과 분파적 분쟁을 거듭함으로써, 정당의 지지기반을 스스로 상당 부분 훼손시킨 상태였다.

선거법 개정에 따라 부패한 관행에 대해 유죄판결을 받은 사람을 선거에 참여하지 못하게 하고 복수형 다수투표제를 채택한, 2020년 6월의 아홉 번째 총선은 선거공학적으로 집권당인 인민당에게 유리하고 소규모 정당에게는 다소 불리한 제도였다.[30] 이에 힘입어 인민당은 전체 투표의 44.9%를 획득했지만, 의석은 82%에 해당하는 62석을 차지했다. 이는 지난 총선에서 차지한 65석에 다소 미달하는 성과이긴 했지만, 시종 여론조사에서 우세한 결과가 그대로 투표로 반영되었다.

다만 선거과정에서 다섯 명의 저명한 정치후보들이 선거운동 중에 체포되고, 이후에 광산프로젝트와 관련된 권력 남용혐의로 선고를 받기는 했지만, 후보자에게는 기소면책을 부여하는 몽골선거법을 위반했기 때문에 심각한 우려가 제기되었다. 특히 이 과정에서 인민당 소속의 에르덴바트 전 총리나 독립후보로 출마했지만 공식적으로는 인민당 소속인

30 몽골도 COVID-19 때문에 대통령의 선거 연기 요청이 있었지만, 내각은 안보와 민주주의가 상호배타적이 아니라는 이유로 선거를 실시할 것을 결정했다. COVID-19 유행병이 창궐하는 상황 속에서 가장 먼저 선거를 치른 한국의 경험은 몽골선거에 도움이 되었다.

[그림 3-19] 울란바타르시의 심각한 겨울 대기오염

자료: breathelife2030.org

바야르 같은 후보들이 몽골 총리나 대통령과 충돌했었다는 정치적 동기가 개입됨으로써, 향후 민주주의 구축에 좋지 않은 선례를 남겼다는 점에서 논란의 여지가 있었다(Mongolia Weekly, 2020년 1월 19일; MONTSAME News Agency, 2020년 6월 25일; Batdorj, 2020).

2) 개혁체제를 둘러싼 경제환경

인민혁명당 정부의 연립내각에 참여했던 민주당은 연립내각을 탈퇴하고, 2012년 6월 총선에서 34석을 확보하면서 12년 만에 집권당으로 재등장했다. 하지만 불안정한 의석 확보로 민주당은 집권 기간에 두 차례나 연립내각을 구성해야 했고, 정치적 불안정과 함께 집권 기간이 끝나는 시점에선 심각한 경제위기에 봉착했다.

민주당이 집권에 성공한 첫 해였던 2012년은 광업부문의 비약적 성장으로, 몽골경제의 실질성장률이 12.4%까지 치솟았다. 하지만 다음 해인

2013년부터 중국경제의 성장 둔화에 따른 수요 감소, 구리가격 하락, 외국인투자 위축, 대형 광산개발 완료에 따른 정부지출 감소 등의 영향으로 몽골경제는 하락하기 시작했다. 민주당 집권 말기인 2016년에 이르면, 재정적자와 대외부채가 급증하고 외국인직접투자와 투그릭(Tughrik) 가치가 급락하면서 거시경제는 심각하게 악화되었다. 특히 재정적자 누적은 몽골경제의 만성적 문제로 집권 기간 동안에 큰 폭으로 증가하였다.

몽골정부는 재정적자 문제를 해결하고자 2008년 국제통화기금(IMF)과 '대기성 차관협정(Standby Agreement)'을 맺으면서, 재정건전성 확보를 위한 구조적 조치들로 2012년에 「재정안정법」과 「정부부채법」을 제정하였다. 「재정안정법」은 몽골 재정수입의 1/3을 차지고 있으나, 수급이 불안정한 광물자원으로부터의 수입을 재정안정화에 활용하고자 제정되었다. 이 법은 구조적으로 결정된 가격을 초과해 발생한 수입을 재정안정기금에 적립하고, 재정수입이 감소할 때에 이를 재정소요 충당을 위해 인출하도록 규정하였다. 또한 거시적 재정규율의 확보를 위해 엄격한 규정들을 설정했다.

예컨대, 예산지출 증가율이 첫째, 광물부문을 제외한 국민총생산(GDP) 성장률을 초과할 수 없고, 둘째, 재정적자가 국민총생산의 2%를 초과할 수 없고, 셋째, 부채비율이 국민총생산의 40%를 초과할 수 없도록 규정하였다. 단, 이 규정들은 2013년부터, 그리고 부채 관련 규정은 2014년부터 발효하도록 했다(기획재정부 · 한국개발연구원, 2012: 222).

그렇지만 법규 제정에도 불구하고 민주당은 재정확대를 계속해 나갔다. 2013년부터 2016년까지 경기부양 명목으로 정부는 총 7조 투그릭을, 중앙은행은 총 4조 투그릭을 시장에 투입했다. 재정지출은 자녀지원금

〈표 3-8〉 후기 개혁과정기 경제지표

	'12년	'13년	'14년	'15년	'16년	'17년	'18년	'19년
GDP (억 달러)	123	125	122	117	111	111	130	133.8
GDP 성장률 (%)	12.3	11.65	7.89	2.38	1.17	5.1	6.9	6.3
1인당 GDP(달러)	4,282	4,288	4,081	3,839	3,572	3,489	3,877	4,034
재정수지 (GDP 대비) (%)	−27.3		−11.5	−4.0	−4.1	−4.4	−9.5	
수출 (백만 달러)	4,385	4,478	6,078	5,135	5,605	6,801	7,011	7,610
수입 (백만 달러)	6,738	8,396	7,189	5,288	5,605	6,523	5,875	6,130
무역수지 (백만 달러)		−3,918	−1,111	−153	−0.50	278	1,136	
소비자 물가상승률 (%)	14.0	11.9	11.0	1.9	1.3	6.4	7.2	8.5
실업률(%)	8.2	7.9	7.9	7.5	10	8.8	8.0	7.8
투자유치액 (FDI) (억 달러)	42.0	20.1	2.3	0.8	−41.7	14.1	19.2	

자료: 몽골통계청, 몽골중앙은행, 국제통화기금(IMF), 아시아개발은행(ADB), 세계은행(WB) 각 년도에 의거 재작성.

확대, 목축업 종사자의 사회보장 혜택 등 주로 복지지출을 위한 것으로 매년 10% 이상씩 확대되었다. 정부의 방만한 재정운용으로 재정적자는 2015년에 이르면 1.1조 투그릭 규모에서, 2016년 말에 3.6조 투그릭 규모로 급증했다. 그 결과 국민총생산 대비 재정적자 비율이 2014년 3.9%,

2015년 5.0%, 2016년에는 15.3%가 증가했다. 이에 더해 개발은행 채무와 정부에서 발주하는 사업 관련 결제대금을 포함시킬 경우, 재정적자 규모는 무려 국민총생산의 90%에 달하는 실정이었다.

몽골정부의 부채는 특히 2009년 이후 급증하기 시작했는데, 그 규모는 2016년 기준으로 242.6억 달러에 달했다. 2008년 당시 부채누계는 22억 달러였으나 2013년 '칭기즈 본드(Chinggis bond)' 발행으로 외채가 급상승하면서, 2016년에는 242.6억 달러에 달해 10년 사이에 11배나 증가했다. 이 중 대외부채는 120억 달러이며, 정부부채는 47.6억 달러, 중앙은행 부채는 17.3억 달러에 달하였다. 이로 인해 2018년에 상환한 부채 규모는 8.1억 달러, 2022년에는 12.5억 달러로 최고치에 달해 대외부채 상환이 가져오는 심각성은 컸다.

외채 누적에 따라 몽골의 국가신용등급은 최근까지 지속적 하락세를

[그림 3-20] 칭기즈 본드 사용 분야

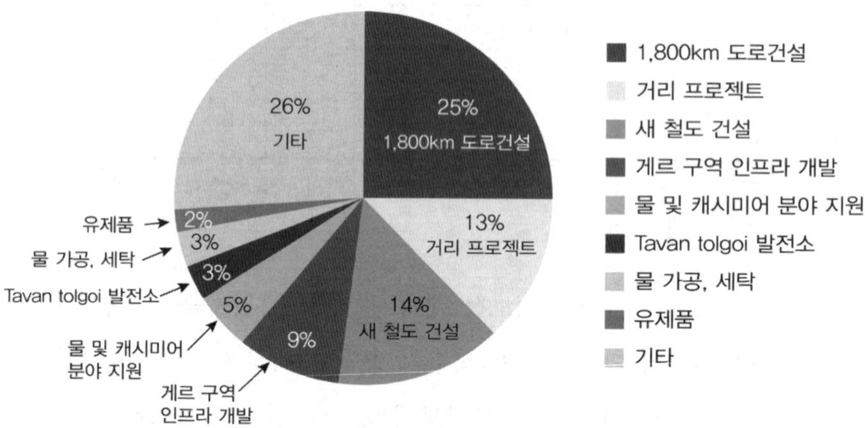

자료: news.kotra.or.kr

보였다. 2015년 3월에는 몽골개발은행의 1차 채권 상환이 만료됨에 따라 이를 7년 더 연장했는데, 이 과정에서 본 국채를 8.25%로 합의한 것은 지난 2012년 '칭기즈 채권' 5.75%에 비해, 몽골 신용도가 얼마나 악화되었는지를 보여준 단적인 사건이었다.

한편 2012년부터 국제 자원가격의 하락과 함께 몽골 내부에서 자원민족주의(resource nationalism)가 확산되면서, 「외국인투자제한법」 제정에 따른 부정적 투자환경이 부각되기 시작했다. 이 때문에 외국인직접투자 (FDI) 이탈이 심화되자, 몽골정부는 이를 극복하기 위한 방안으로 2013년 10월 「신투자법」을 제정해, 외국인의 투자신뢰 회복과 투자유치를 위한 노력을 꾀하였다. 하지만 이런 노력에도 대몽골 외국인직접투자는 2015년 28만 달러, 2016년 13만 달러로 급락했다. 결국 2013년부터 가속화한 대몽골 외국인직접투자 급락은 재정수입 축소, 외화부족 등으로 이어지면서 경기악화의 주요 원인으로 작용하였다.[31]

자금조달에 대한 어려움은 특히 기업수행의 주요 장벽으로 작용해 왔다. 2015년 '글로벌 경쟁력 보고서(Global Competitiveness Report)'에 따르면, 몽골은 금융시장 개발부문에서 전 세계 순위 125위에 위치해 상당히 낙후되어 있다. 몽골의 은행부문은 14개 상업은행으로 구성되어 있지만, 3개 은행이 전체 은행부문의 70%를 차지하는 과점구조를 형성하고 있다.

민간부문 기업 가운데 약 90개가 주요 은행으로부터 자금을 조달하고 있는데, 12%에 달하는 높은 연간이자율로 기업성장은 심각하게 지장을 받고 있다. 몽골정부는 이를 해소하고자 외국은행이 몽골에서 영업을 할

31 특히 광산업에 대한 외국인직접투자(FDI) 급락을 불러일으킨 주요 요인은 법규 환경의 불안정성, 주요 외국인투자자들과의 분쟁, 광물 국제시세 하락 등이었다.

수 있도록 노력을 기울이고 있으나, 국내은행들의 거센 반대에 직면해 별다른 성과는 없는 상태이다(Bertelsmann Stiftung, 2018: 7-8).

결국 민주당 정부가 집권하는 동안 초래한 경제실패로 몽골의 국가신용등급은 2016년 기준으로 경제협력개발기구(OECD)의 국가신용등급은 5등급에서 6등급, S&P는 B-로, Moody's는 B3, Fitch B(2015년 기준)로 모두 하락했다(주몽골한국대사관, 2016). 2012년에 집권해 2016년 총선에서 인민당에 정권을 다시 넘겨 준 민주당은 경제성장률 1%대, 실업률 10%, 투자유치액 -41.7억 달러라는 초라한 경제 성적을 남겼다.

2016년 집권한 인민당 소속인 에르덴바트(J. Erdenebat) 총리에게 주어진 임무는 경제 회복이었다. 에르덴바트는 취임 이후 '2016~2020년 실행계획' 발표와 함께 경제난 극복을 위한 특별대책을 발표했다(주몽골한국대사관, 2016). 신정부의 경제정책은 단기적으로 경제난 타개와 장기적으로 경제성장 안정화라는 두 축으로 구성되었다. 거시경제 안정화를 위한 최우선 목표는 재정건전성 확보이며, 재정지출 축소와 세수확대에 초점을 두었다.

이전 정부가 추진했던 각종 보조금 지원사업인 일부 사회복지 대상을 감축하거나 중단하고, 통합예산제도를 도입해 준(準)재정활동을 벌여온 중앙은행과 개발은행에 대해 특별감사를 시행했다. 재정수입원 확대와 함께 재정지출 축소를 위해 2017년부터 2년 간 공무원 임금 동결과 고위공직자 임금 30%를 삭감했다.

국제금융기구와의 협력확대를 통해 경제난을 극복하고자 한 대응 중 하나는 국제통화기금(IMF)의 구제금융 프로그램 수용으로, 1990년 이래 여섯 번째의 신청이었다. 에르덴바트 정부는 출범하자 2016년 말에 공식 구제금융지원을 요청했고, 2017년 5월에 국제통화기금의 '확대신용공여(extended fund facility)'를 수용해 3년 동안 55억 달러의 지원을 받았다.[32] 국제통화기금은 프로그램의 지원 선행조건으로 몽골정부에 2017년 추가경정예산 통과, 중앙은행의 예산 외 재정활동 금지, 개발은행을 포함한 은행자산 건전성검토 등을 제시하였다.

몽골정부는 국제통화기금의 지원 하에 재정건전화에 주력했다. 이를 위해 몽골정부는 자동차와 담배 특별소비세 인상, 사회보험료와 소득세 1% 인상, 장래의 연금수급 연령을 상향조정하는 등의 노력을 기울였다. 이같이 국제통화기금이 제시한 프로그램을 이행한 노력의 결과, 몽골에 대한 국제투자자들의 신뢰도는 완만하게나마 회복세를 보이기 시작했다 (Dolgormaa, 2017: 8-14).

국제통화기금이 제시한 프로그램의 강력한 이행과 원자재가격 상승에 힘입어 몽골의 외국인투자유치(FDI)는 2016년 순유출이 41억 7,000만 달러에 달하는 등 최저치를 기록했으나, 2018년에 이르러서는 19억 2,000만 달러를 기록해 5년 만에 최고치 기록이자 전년 대비 28.7%나 상승하였다.

몽골정부의 재정수지도 2010년 이후 8년 만에 흑자를 기록했으나, 2019년에는 다소 적자를 기록하기도 했다. 이로 인해 몽골정부의 부채

---

32 확대신용공여(extended fund facility)의 목적은 재정건전성 확보, 거시경제 안정화, 외채부담 축소, 외환보유고 확보에 있었다. 지원금의 내역은 국제통화기구가 4.41억 달러, 아시아개발은행이 9억 달러, 세계은행이 6억 달러를 제공했다. 상환 조건은 10년 기간으로 이자는 2% 미만이다. 나머지 13억 달러는 일본과 한국으로부터 차입하는 것으로 했다. 중국인민은행과 체결하는 250억 위안의 통화스와프도 이에 포함되었다.

율은 2018년 국민총생산(GDP) 대비 58.9%로 감소되었다.[33] 국민총생산 성장률은 2016년 1.17%로 최저 성장률을 보인 이래 꾸준히 상승해 2018년 이후부터는 6%대 성장을 하고 있으며, 실업률도 2016년 10%에서 2019년에는 8.5%로 완화되었다.

몽골의 대외무역은 2015년까지 무역수지 적자를 기록했으나, 국제 원자재가격 상승과 수출 확대에 따라 2016년부터 지속적으로 무역수지 흑자를 기록하고 있다.[34] 다만 몽골의 총 외채는 증가하고 있는데, 2019년과 2020년은 국채 상환액수가 소액으로 경제성장에 큰 영향은 없었다.

[그림 3-21] 후기 개혁과정기 주요 경제지표 비교

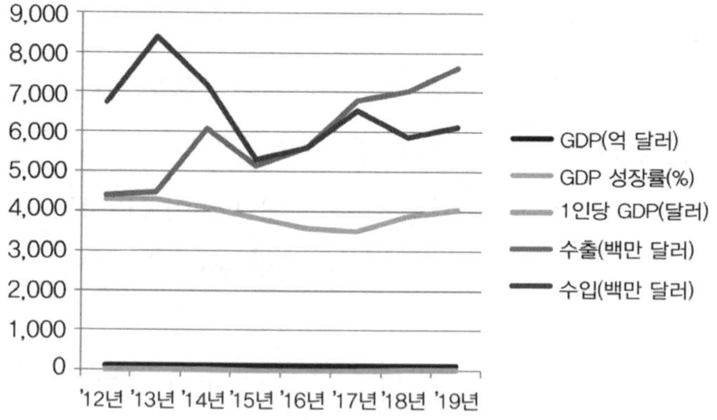

33 몽골정부 부채 중 국내부채는 10.6%, 해외부채는 84.3%, 정부보증은 5.1%를 차지하고 있다.

34 2018년 기준 몽골무역의 교역대상국별 비중은 중국(65.8%), 러시아(13.9%), 일본(4.5%), 한국(2.2%), 미국(1.7%) 순이며, 이들 5대 교역국과의 교역액이 전체 교역액의 88.1%를 점유하고 있다. 수입의 경우, 중국(33.5%), 러시아(29.1%), 일본(9.5%), 한국(4.5%), 미국(3.6%)의 순위이며, 수출은 중국(93.8%), 영국(2.5%), 러시아(1.2%), 이탈리아(0.8%), 싱가포르(0.4%)의 순으로 나타났다(몽골 관세청, 2019). 따라서 중국에 대한 몽골경제의 의존도는 대단히 심각한 실정이다.

[그림 3-22] 몽골무역의 수출 비중

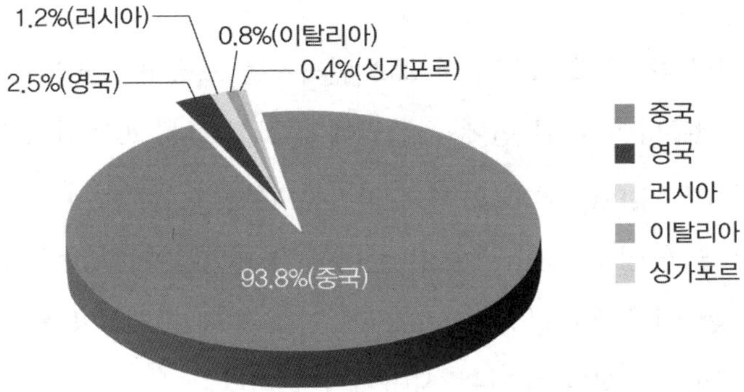

[그림 3-23] 몽골무역의 수입 비중

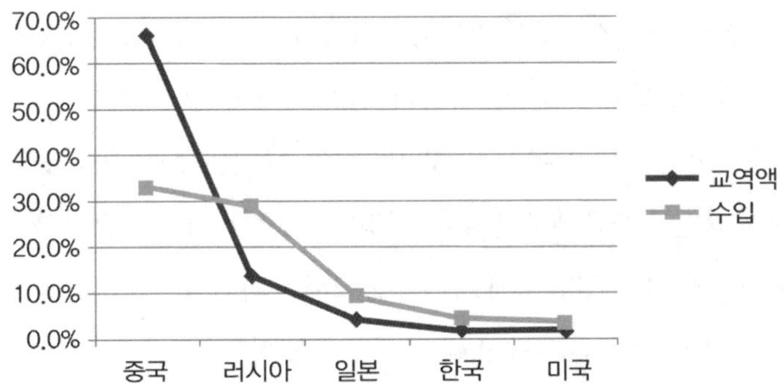

2022년과 2023년에는 상환액이 각 11억 달러에 달할 것으로 예상되어, 상환액 부담이 경제회복에 장애로 작용할 것으로 예상된다(Kotra, 2019a; Kotra, 2019b). 이에 더해 2020년 전 세계에 몰아닥친 COVID-19 유행병으로 경제추세는 악화될 것으로 보인다(김태룡, 2020: 19-22).

2. 개혁과정과 산출

후기 개혁과정은 2012년부터 2020년까지를 포괄하는 시기이다. 정치적으로는 민주당이 12년 만에 재집권에 성공했으나, 2016년에 경제실패 등으로 정권이 인민당으로 다시 넘어가는 혼란의 시기였다. 경제적으로는 광물업을 중심으로 한 호황이 끝나고 경제위기에 직면해, 2017년에는 체제전환 이후 국제통화기구(IMF)에 여섯 번째 구제금융을 신청해 경제위기 상황을 극복해 나가는 시기이기도 하다.

게다가 세계적인 개혁사조의 변화에 따라 중기 개혁시기를 지배했던 신공공관리모형이 퇴조하고, 시민지향적 거버넌스(citizen-oriented governance)에 기초한 후기신공공관리모형(post-new public management model)이 새로운 개혁모형으로 자리를 잡아나가는 시기이기도 했다.

후기 개혁과정에서 이루어진 첫 번째 산출물은 중기 개혁과정에서 개혁상징물이었던 「공공부문관리와 재정법(PSMFL)」과 「일반예산법」이 지닌 문제들을 해결하고자, 2011년 12월 23일 의회를 통과해 2013년부터 발효된 「통합예산법(Law on Budget)」이었다.[35] 「통합예산법」은 제1조에

35 「통합예산법」이 제정되기 전까지 몽골의 예산체제와 과정을 규율한 법은 「일반예산법」(1992년 제정)과 「공공부문관리와 재정법」(2002년 제정)이었다. 「일반예산법」이 주로 예산항목과 투입 위주 예산제도의 골격을 제공하고 있었던 것에 반해, 「공공부문관리와 재정법」은 예산배분과 재정성과를 연계시키고자 제정된 법이었다. 「공공부문관리와 재정법」은 중기 재정계획과 사회경제 가이드라인이라는 두 예산과 관련된 법적 문서를 작성하는 데 기초를 제공하고 있다. 예컨대, 중기재정계획은 3년에 걸쳐 수립되는데, 전체 수입, 지출, 재정수지 목표, 부처목표 등에 대한 목표를 제공한다. 사회경제 가이드라인은 내년도의 사회경제적 정책목표와 정책을 제시한다. 또한 이 법은 예산관리책임자의 성과협약제도를 규정하고 있는데, 실제로 성과 결과와 예산배분 간에 명확한 연계는 이루어지지 않고 있는 실정이다.

서 '예산과정에 참여하는 기관들의 책임과 역할, 그리고 권한을 정의하고, 원칙, 제도, 예산의 구성 및 분류를 설정하고, 특별 재정적 요건을 이행하기 위해, 그리고 예산준비, 예산승인, 지출, 회계 보고 및 감사와 관련해 야기되는 관계들을 규제하기 위함에 목적을 두고 있다'고 밝히고 있다(Budget Law of Mongolia, 2011: 제1조).

「통합예산법」은 이런 목적 하에 주요 목표로 중기재정의 준거 틀(medium term fiscal framework)을 강화하고, 재정안정성을 보장하는 데 두었다. 특히 재정안정성에 대해 「통합예산법」은 예산의 일부가 아닌 전체 예산이 「공공부문관리와 재정법(PSMFL)」에 설정된 재정규칙과 중기재정의 준거 틀에 설정된 지출한도를 따라야 할 것을 요구했다. 이외에도 예산의 포괄성을 향상하고, 공공투자계획과 자본예산 수립과정을 강화하고, 효과적인 재정관리를 보장하고, 지방정부의 권한과 재정자원을 증가시키고, 참여예산제를 통한 책임성을 강화하는 목표를 설정했다(World Bank, 2012: 26-27; Mongolia Quarterly Economic Update, 2013).

「통합예산법」이 제정됨에 따라 이 법은 예산계획, 승인과 집행 및 보고과정과 연결된 관계만을 규제하게 되어, 인사정책과 운영관리 측면은 「공공부문관리와 재정법(PSMFL)」에 의해 더 이상 규제를 받지 않게 되었다. 다시 말해, 「공공부문관리와 재정법(PSMFL)」과 「일반예산법」에 의해 동시에 규제되어 행정행위가 혼란스러웠던 부분을 명료히 하는 데 목표를 두었다. 또한 이법은 예산과정에서 지방자치단체 역할을 명확히 정의하고, 다년도예산의 법적 기초를 마련하고, 프로그램예산의 필요성에 부응하는 데도 주안점을 두었다. 이런 측면에서 향후 공공부문에서 행정개혁과정은 중대한 변화를 맞이할 개연성이 커졌다.

그런데 「통합예산법」은 이전에 제정된 관련법들과 비교해 차별적인 특징을 노정하고 있다. 새로운 용어의 출현에서 보듯이, 개혁철학이 종래 관리주의 개념에서 거버넌스 사상(from managerialism towards the governance idea)으로 이동한 것이 그것이다. 예컨대, 산출 등급(output class), 일반관리자, 산출 제품과 같은 일부 용어는 이런 사조를 반영해 새로운 용어로 대체되었다. 또한 생산물(product)은 프로그램과 활동(activity)으로, 일반관리자는 예산관리자(budget governor)로 대치되었다.

다만 이런 변화에도 불구하고, 공공행정에 성과관리를 강화하려는 관리적 사상은 지속되었다. 「통합예산법」 제40조에 명시된 바와 같이, 회계연도가 시작되기 전에 예산관리자는 각 상급기관 예산관리자와 성과협약을 체결하게 된다. 성과협약은 특정 회계연도, 예산, 예상 결과 및 평가 기준에 대한 각 예산기관의 프로그램과 활동을 반영할 것이다. 또한 성과계약서는 연 2회, 그리고 연례로 상위부서의 예산관리자가 평가하며, 성과계약의 이행과 집행과정을 토대로 성과계약의 평가자는 제재나 보상을 할 수 있도록 했다.

개정된 규정은 예산관리자와 부서 단위의 장, 그리고 모든 공무원과 성과협정을 체결하도록 했다. 이러한 변화는 이전 협약제도에 비해 많은 공무원들을 성과협약에 참여하게 하고, 평가에 인센티브를 부여했다는 진일보한 측면이 있다. 따라서 개별 성과평가가 사용되는 한 공무원은 업무 결과에 대한 성적을 받게 될 것이다. 그러나 개정된 「통합예산법」에서도 성과 결과가 성과보상과 밀접하게 관련되어 있지 않고, 심지어 성과 결과와 성과급 간의 관계가 전혀 언급조차 없은 것은 문제로 보여진다(기획재정부 · 한국개발연구원, 2012: 232–247; Badarch, 2013: 110–111).[36]

후기 개혁과정에서 첫 산출물인 「통합예산법」이 통과되고, 2012년 새해를 맞이하면서 두 개의 중요 법안이 산출되었다. 우선 2012년 1월에 통과된 「사회복지법」이 그것으로, 빈곤자에 대해 평균적 혜택을 부여하는 것을 목표로 하였다. 광물 의존경제에서 흔히 겪게 되는 호황과 불황 주기로부터 가장 궁핍한 사람들을 보호하기 위해, 이 법은 목표 이익을 제공하는 데 초점을 두었다. 프로그램의 수혜자는 약 130,000가구 또는 몽골 전체 가구의 5분의 1 이상이 대상이 될 것으로 예상된다(World Bank, 2012: 25-26).

이 시기 특징적 흐름 가운데 하나로서 사회복지와 함께, 정치체제가 안고 있는 심각한 부패문제를 해결하고자 몽골정부가 기울인 정책적 노력이 그것이다.[37] 소위 '부패와의 전쟁' 선언을 통해 부패를 통제하기 하기 위한 법적 틀(legal frame)이 2012년 1월에 극적으로 마련되었다. 「공

36 기존 「공공부문관리와 재정법」에는 성과협약(performance agreement) 제도에 대한 법적 근거가 마련되어 있다. 그러나 이 제도는 지출 프로그램이 달성하고자 하는 목적(objective)을 명확히 하고, 그에 따라 프로그램 성과를 평가하는 성과주의 예산제도의 개념이 분명하게 반영되어 있지는 않은 것으로 보인다. 현재 이 협약은 각 부처 장관과 일반관리자(general manager) 간에 체결되며, 국가 사업계획에 명시된 목적을 반영하면서 일반관리자의 개인적 성과목표, 그리고 개인성과를 평가할 기준을 담도록 규정되어 있다. 또한 서로 다른 부처의 일반관리자 사이에, 그리고 지방자치단체장과 상응하는 수준의 일반관리자 사이에도 이러한 협약이 체결되도록 규정되어 있다. 한편 「통합예산법」에는 이 제도가 변화되어, 협약이 여러 수준의 예산관리자들(장관, 일반관리자, 중앙예산관리자, 직접예산관리자) 간에 체결하도록 되어 있고, 그 평가에 기초해 관리자들에 대한 인센티브를 부여하거나 책임을 물을 수 있게 했다.

37 몽골의 부패방지법 체계는 주로 1990년 「정당법」, 1996년 「부패방지법」(2006년 개정), 2000년 「공공조달법」 및 2002년 '부패 퇴치를 위한 국가 프로그램(National Program for Combating Corruption)'에 근거하고 있다. 2007년에 설립된 부패방지청(The Independent Authority Against Corruption: IAAC)은 부패에 연루된 것으로 간주되는 사람을 조사할 수 있는 권한을 가지고 있다.

공서비스에 대한 공적 및 사적 이익을 규제하기 위한 이해상충방지법(Law on Regulating Public and Private Interests in Public Services and Preventing Conflicts of Interest)」이 그것이다. 의회가 이 법안을 통과시킴으로써, 공무원과 의원은 매년 부패방지청(IAAC)에 자산을 신고하도록 의무화했다.

국가의 하위 차원에서 발생하는 부패 가운데, 특히 조달행정을 둘러싼 부패를 막고자 하는 개혁 노력도 한층 활발하게 전개되었다. 이를 해결하기 위해 2014년부터 2016년에 걸쳐 '열린정부 파트너십(the Open Government Partnership)'의 채택, 과세와 등록 및 조달부문에 전자서비스 사용을 도입한 '국가행동계획 I(National Action Plan I)' 등은 이 분야의 개

[그림 3-24] 몽골의 열린정부 소개

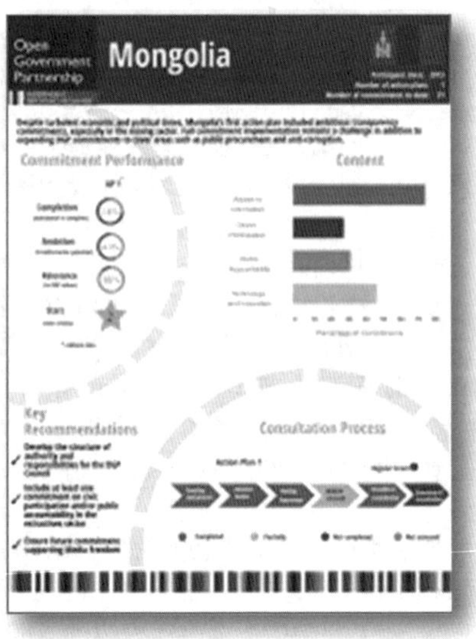

자료: induced.info

혁산물이었다(Merkle, 2018).

2015년 1월에 발효된 「유리회계법(Glass Accounts Law)」은 특히 재정적 위법행위를 드러내는 데 도움이 되었다. 이에 따라 모든 정부기관과 주정부가 관여하는 법적 기구들은 예산과 재정문제에 대한 정보를 반드시 공개하도록 했다. 다만 몽골정치에서 가장 큰 문제가 되고 있는 정당투명성에 대한 개혁의제였던, 정당의 재정공개와 책임성과 관련된 법제화는 첫 독회 단계에서부터 거부됨으로써, 개혁에 따른 저항이 만만치 않음을 보여주었다(Bertelsmann Stiftung, 2018).

재정개혁의 차원에서 이와 함께 특기할 만한 것으로 2013년 1월에 발효된 「재정안정법」은 예산지출 증가율이 광물부문을 제외한 국민총생산(GDP) 성장률을 초과할 수 없도록, 재정적자가 국민총생산의 2%를 초과할 수 없도록, 부채비율이 국민총생산의 40%를 초과할 수 없도록 정하고 있다.

2016년 1월 1일에는 새로운 「부가가치세법」이 발효되었다. 이 법은 납세자가 지불한 세금의 20%까지 회수할 수 있는 인센티브 메커니즘을 도입했다. 이 개혁은 더 나은 등록시스템을 개발하는 데 도움이 되었다. 다양한 추정에 따르면, 몽골경제에서 비공식부문은 국민총생산의 약 10~25%에 달하고 있다(Bertelsmann Stiftung, 2018: 8-9).

민주당과 인민당이 번갈아 가면서 집권했던 이 시기는, 특히 정치적·경제적 불안정으로 개혁산출물이 많지 않았다. 다만 몽골정부의 개혁과정이 외부환경에 의해 많은 영향을 받아 왔다는 측면을 고려할 때, 이 시기에도 외부환경은 몽골의 개혁과정에 지대한 영향을 끼쳤다. 몽골을 포함한 국제사회가 2015년에 '지속가능발전목표(Sustainable Development

Goals: SDG)'를 채택해 빈곤을 종식시키고, 불평등과 싸우고, 행성을 보호하고, 인간개발을 강화하기 위해 향후 15년 안에 달성해야 할 목표를 설정하도록 한 의제는 외부환경의 영향을 받은 대표적 사례였다.

'지속가능발전목표(SDG)'는 지속가능한 개발을 위해 평화롭고 포괄적인 사회를 촉진하고, 모두를 위한 정의에 접근을 제공하고, 모든 수준에서 효과적이고 책임감 있는 포괄적 기관을 건설하기 위한 조치를 전 세계 모든 국가에 요구했다. 당시 민주당이 집권하고 있던 몽골정부는 국제사회에서 요구하는 '지속가능발전목표(SDG)' 달성을 위해, 2016년 '지속가능한 개발 비전(Mongolia Sustainable Development Vision)'과 '중기행동계획' 수립에 앞서 2015년 6월 '장기개발정책'을 수립했다.

'장기개발정책(2015~2040년)'은 다음 해 2월 의회에서 승인된 '지속가능한 개발 비전(Mongolia Sustainable Development Vision)'의 사전 준비적 성격을 띤 정책이었다. 총리비서실과 국책연구소인 국가개발연구원(NDI)이

[그림 3-25] SDGs를 달성하기 위한 몽골 로드맵

자료: unescap.org

수립한 국가 장기개발정책문서는 2015년부터 2040년까지 국가 발전을 위한 5대 핵심 정책방향 및 세부 과제를 제시하였다.

5대 핵심 정책방향은 첫째, 고숙련 인력 양성과 생산성 향상을 통해 몽골인의 개발, 둘째, 정부의 조직 역량과 정책 · 규제 강화, 셋째, 다방향 경제발전, 국제시장 진출 및 지하자원의 효율적 개발, 넷째, 기후변화 적응을 위한 최신 기술도입과 혁신도모, 다섯째, 국가개발의 원동력으로써 중산층 확대, 국민 행복과 복지 증진, 쾌적하고 안전한 생활환경 조성 등이 그것이었다(대한민국정부, 2016: 9-10; UNDP, 2018: 3).

'몽골 장기개발정책(2015~2040년)'에서 구체화된 정부개혁과 거버넌스 양식과 관련된 세부과제는 첫째, 통합적인 개발기획 · 계획제도 구축 및 정책 · 규제 역량 강화, 둘째, 개발정책에 부합하는 전략적 구조와 책임제도 구축 및 지속적 개선, 셋째, 세계적인 역량과 지식을 보유한 정부 구현 넷째, 정부조직 운영관리, 최신 지식 · 지식 · 기술 · 혁신기반 지속적 역량 강화를 통한 국가개발 촉진, 다섯째, 정부기관의 책임성 · 투명성 · 평등성 확보 등이었다. 이에 동 개발정책에서 강조된 개혁의 방향은 역량 강화와 투명성에 역점을 두었다.

몽골의회는 2016년 2월 '지속가능한 개발 비전(Mongolia Sustainable Development Vision) 2030'을 승인해, 1996년 '장기개발목표'와 2008년 '몽골의 새천년 개발목표에 기반한 국가개발종합정책(Millennium Development Goals-based Comprehensive National Development Strategy of Mongolia)'은 무효화되었다. 의회에서 승인된 '지속가능한 개발 비전 2030'이 제시한 10대 목표는 다음과 같다.

첫째, 1인당 국민총소득(GNI) 17,500달러 달성과 중고소득국(UMIC)

〈표 3-9〉 몽골 장기개발정책(2015~2040년)

5대 핵심 정책방향	고숙련 인력 양성 및 생산성 향상 위한 몽골인 개발	정부 조직역량 및 정책·규제 강화	다방향 경제발전, 국제시장 진출 및 지하자원의 효율적 개발	기후변화 적응을 위한 최신 기술 도입과 혁신 도모	국가개발 원동력으로써 중산층 확대, 국민행복과 복지증진, 쾌적하고 안전한 생활환경 조성
세부 과제	1) 국가에 대한 자부심 고취 2) 양질의 평생 교육 제도를 통한 세계적인 창의력 증진 3) 산업화에 따른 고숙련 노동력 양성 및 노동생산성 향상 4) 범국가 차원 최신형 지식·경영 관리·협동 관계를 통한 생산성 향상 5) 기술 습득, 혁신 역량 개발	1) 통합적인 개발 기획·계획 제도 구축과 정책·규제 역량 강화 2) 개발정책에 부합하는 전략 구조와 책임제도 구축 및 지속적 개선 3) 세계적 역량과 지식을 보유한 정부 구현 4) 정부조직 운영 관리, 최신 지식·기술·혁신기반 지속적 역량 강화 통한 국가개발 촉진 5) 정부기관의 책임성·투명성·평등성 확보	1) 에너지, 연료, 식품 등 주요 상품 자급 자족률 제고를 통한 경제 독립성 강화 2) 국가생산성, 경제효율성 통합 및 분야 간 연관성 향상 3) 효율적 자원활용 및 원자재 가공 생산을 통한 경제 다양화 4) 지하자원의 평등·정당 배분 및 민간기업의 창조적·균형적 발전 5) 예산, 금융, 자금의 집행, 평가, 감사, 모니터링 체계화 6) 친생태계적 혁신기술 활용	1) 국가혁신 체계 구축을 통한 국제 시장 진출 촉진 2) 주요 산업 분야로 기술 혁신 체계 구축 및 국제, 지역 시장진출을 통한 협력 확대 3) 기후변화 적응력 강화 및 재해위기 예방력 강화를 위한 역량 강화 4) 각 분야별 전통적·친환경적 최첨 단기술 개발 및 도입, 표준측정 국가종합제도 구축 5) 수자원 효율적 활용 및 재활용	1) 중산층 비중 및 범위의 지속적 확대 2) 국민행복, 복지증진, 안전한 생활환경 조성 3) 몽골문화와 자원의 연구 및 선진 기술의 전파 지원 4) 출산장려 및 인력관리를 통한 몽골 내 인구증가 촉진 5) 도시와 지방의 균형적 개발을 통해 인구집중도 감소 6) 환경오염 감소·방지 및 친환경 기술 도입

지위로 진입한다. 둘째, 2016년부터 2030년까지 연간 경제성장률 6.6%를 유지한다. 셋째, 모든 형태의 빈곤을 퇴치한다. 넷째, 소득 불균형 감

소 및 국민의 80%를 중산층 또는 상위 중산층으로 진입시킨다. 다섯째, 초등 교육 및 직업교육 등록률 100% 달성 및 평생교육 체계를 구축한다. 여섯째, 생활환경 개선을 통해 국민의 건강 및 장수에 기여하고, 기대수명을 78년으로 개선한다. 일곱째, 인간개발지수(HDI)를 세계 순위 70위로 진입시킨다. 여덟째, 생태계 균형 보존 및 녹색경제지수(GEI)를 세계 순위 30위로 진입시킨다. 아홉째, 기업환경지수 국가순위 40위 진입 및 글로벌경쟁력지수(GCI) 세계 순위 70위로 진입시킨다. 열째, 전문적이고 안정적인 참여 거버넌스 구축 및 개발정책 이행을 위해 모든 수준에서의 부패를 척결하는 것으로 설정했다.

이 가운데 거버넌스 구조 분야의 우선순위 목표로는 모든 수준에서 공공기관의 리더십을 향상시키고, 국가와 지방 수준에서 투명하고 책임 있는 지배구조를 확립하는 동시에 시민참여와 민관 협력을 보장하는 것으로 설정했다. '지속가능한 개발 비전 2030'이 의회에서 통과됨에 따라, 향후 중기개발계획, 행동계획, 연례사회경제개발 가이드라인 및 정부예산을 수립하는 경우, 이 같은 비전이 제시한 10대 목표가 기본문서로 작동하게 되었다(UNDP, 2018: 3-10). 이에 따라 비전이 추구하는 향후 거버넌스 개혁 방향은 리더십, 투명성, 시민참여 제고에 놓이게 되었다.

'지속가능한 개발 비전 2030'이 의회에서 승인됨에 따라, 1996년 '장기개발목표'와 2008년 '몽골의 새천년 개발목표에 기반한 국가개발종합정책'은 무효화되었다. 이에 새로이 집권한 인민당 정부는 '몽골의 새천년 개발목표에 기반한 국가개발종합정책(2007~2021년)'에 기반했던 국가개발전략을 대체하기 위해, 2016년 11월 '몽골정부 행동계획(Action Program of the Government of Mongolia) 2016~2020'을 발표하였다.

‘몽골정부 행동계획 2016~2020’은 ‘장기개발목표 2030’ 외에 인민당 선거공약, 시민사회 의견수렴 및 몽골정부가 비준한 국제조약과 협약에 기반하여, 다섯 가지 정책방향을 제시하였다. 주요 목표로 단기간 내 경제회복 달성, 사회부문 성장 촉진, 국민을 위한 복지개선을 설정했다. 주요 의제로는 공공부문 역량 강화, 자율적이고 투명한 공공서비스 제공, 국민의 신뢰 강화, 국가안보 강화를 주요 의제로 선정하였다. 세부 정책으로는 불경기 극복정책, 지속가능한 경제성장 촉진정책, 사회정책, 환경 및 녹색성장 정책, 거버넌스 정책을 수립하는 것으로 구성되었다.

인민당 정부는 이와 함께 법치주의에 근거해 안정적이고 책임 있는 국가를 만들겠다는 목표 하에, 공무원의 전문화를 꾀하기 위한 ‘2016~2020년 정부행동계획’를 수립하고, 다음과 같은 우선순위를 설정했다.

첫째, 2011년 제정된 「평등법」 내용을 개선하고 의사결정 차원에서 여성참여를 높인다. 둘째, 공무원의 책임성 제고를 통해 법·규정·행위 강령을 위반한 행위에 대한 공무원 제재와 함께 집행 강화를 꾀한다. 셋째, 공무원의 전문성 부족, 무능, 무책임하고 비윤리적인 행동과 관련된 약점을 해소하고, 네트워크·정당·연정의 이익에 관계없이 법적 책임을 지도록 해 공무원의 명성을 향상시킨다. 넷째, 고위공무원을 정실주의와 연고주의(nepotism and cronyism)에 따라 직책을 부여하는 것을 금지한다. 「공무원면책법」의 제정과 승인을 통해 공무원의 안정성을 보장한다. 다섯째, 공공서비스에 ‘시민점수카드제(citizens’ score cards)’를 도입하기 위한 법적 환경을 조성한다. 여섯째, 전문적이고 유능한 공무원을 양성하기 위해 교실 및 원격학습 등을 포함해 지원 여건 등 공무원의 교육과 경력개발 기회를 확대한다.

후기 개혁과정에서 이루어진 첫 번째 산출물인 「통합예산법」과 부분적 관련성을 지니면서, 인민당 정부가 공무원 개혁의 일환으로 수립한 '2016~2020년 정부행동계획'의 실천적 노력의 결과로 「정부공무원법」이 2017년 12월 7일에 개정되었다.

개정내용의 주요 골자는 첫째, 경력에 기반한 공무원제도의 원칙을 재확인하는 관점에서 고위공무원의 채용과 승진에 필요한 최소 근무기간의 요건을 강화했다. 둘째, 공무원위원회의 독립적 지위를 재확인했다. 실적주의(meritocracy)원칙에 따라 법과 원칙에 입각한 채용, 전보, 승진, 해임과 관련된 인사 절차를 보장하는 주요 감독기구로 남겨두었다. 셋째, 고위공무원 후보자의 의무교육 요건, 전문화된 패키지 교육, 기존 공무원의 직무훈련, 시험과 면접을 기반으로 한 채용시험 개혁 등에 필요한 공무원 표준화를 담당할 기구로 공무원감독위원회를 설립한다. 넷째, 공무원의 윤리행동강령과 성과관리에 심혈을 기울인 특별 장(chapter)을 신설했다(UNDP, 2018: 3-4).

후기 개혁과정이 끝나가는 집권 말기인 2020년 1월에 인민당 정부는 몽골의 장기개발정책인 '비전(Vision) 2050'을 국회에 제출했다. '비전(Vision) 2050'은 2019년 4월 30일 후렐수흐(U. Khurelsukh) 총리가 한국과 중국과 같이 50년 혹은 100년을 내다보는 장기개발계획을 수립하라고 지시함에 따라, 몽골 총리령 제52호에 의해 전담팀이 구성되었고 이후 7개월 간의 작업을 거쳐 완성되었다.[38]

38 전담팀은 오윤에르덴(L. Oyun-Erdene) 내각 사무국장 주재로 각 분야 학자, 연구인력, 13개 부처의 사무국장, 일부 청장, 대학교 학장, 비정부기구 대표 등 총 1,500여 명으로 구성되었다.

‘비전(Vision) 2050’은 몽골이 1992년부터 단・중・장기계획으로 추진해 온 517개 프로젝트, 프로그램, 정책 및 계획에 대한 평가와 문제점을 분석하고, 향후 30년 간의 장기개발계획을 담고 있다. 이번 계획은 2020년 1월 26일 국무회의를 통과 후 5월 13일 의회에서 최종 승인됨에 따라 국가개발계획으로 확정되었다(Montsame, 2020년 5월 15일자).

2020년 6월 총선에서 인민당이 재집권에 성공함에 따라 이 계획은 실현가능성이라는 측면에서 탄력을 받을 것으로 보인다.[39] 특히 ‘비전(Vision) 2050’은 기존의 개발정책과 달리 추상적이고 막연한 내용보다는 국민의 생활 향상을 목표로 두고 정책을 수립했다는 면과, 정부안 초안 작성 후 인터넷을 통해 국민의견을 수렴하는 등 국민 중심의 정책개발 노력을 경주했다는 측면에서 의미가 있다.

‘비전(Vision) 2050’은 9개의 범주 하에 50개 개발목표를 설정했다. 9개의 범주는 ① 문화강국, ② 인간개발, ③ 삶의 질 및 중산층 확대, ④ 경제발전, ⑤ 바른 정부, ⑥ 녹색 개발, ⑦ 평화롭고 안전한 사회, ⑧ 지역개발, ⑨ 울란바타르 및 위성도시 등으로 구성되었다. 그리고 각 4개에서 57개 실행목표와 이에 따른 세부사업을 제시한 총 479쪽 분량의 방대한 개발계획으로, 2020~2050년 동안 시행하는 총 187개의 프로젝트가 포함되었다(정동연, 2020).

이 가운데 정부개혁과 거버넌스의 변화와 관련이 있는 범주는 바른

39 몽골은 1996년 ‘몽골개발정책’, 1998년 ‘몽골 21세기 안정적 개발계획’, 2001년 ‘지역개발정책’, 2007년 ‘국립개발종합정책’ 등 단기적 개발계획을 수립하고 시행해 왔다. 장기개발계획은 2016년 2월 15년 단위의 ‘국가개발계획 2030’이 최초였으며, 이번이 두 번째이다.

정부로 이를 달성하기 위한 하위 목표로는 지속가능한 정부, 잘 조직된 공무원사회, 전자기술 기반 · 시민중심 공공서비스, 공공 · 민간사회협력 확대, 부패 없는 나라 달성 등을 설정했다.40

특히 지속가능한 정부와 잘 조직된 공무원사회를 설정한 이유는 자체 평가에서 1992부터 2017년에 이르는 동안 모두 14개 정부를 통한 국정 운영으로, 한 정부당 평균 유지 기간이 1.8년으로 나타나 정책일관성이 낮은 데서 찾을 수 있다. 따라서 인민당 정부가 설정한 '비전(Vision) 2050'에서 추구하고자 하는 정부개혁의 방향은 스마트정부, 투명한 정부, 시민중심의 정부, 역량 있는 정부를 상정하고 있다.

끝으로, 민영화와 관련된 개혁산물로 인민당 정부에서 에르덴바트(J. Erdenebat)에 이어, 후임 총리가 된 후렐수흐는 공기업에 대한 민영화를 가속화했다. 2018년 5월 23일 내각회의를 통해 '2018~2020년 공기업민영화' 관련 국회결의안을 마련해 국립은행(state bank), 몽골증권거래소, 몽골항공사, 몽골텔레콤사, 농축산거래소 등 총 37개 공기업의 민영화를 추진하기로 했다. 이 가운데 18개는 완전 민영화를, 19개는 일부 민영화를 목표로 했다.

후기 개혁과정이 끝나가던 2019년 11월 14일 「헌법」 개정안이 통과되어, 2020년 7월 1일 총선 이후부터 발효되었다. 수년 간에 걸친 논의 과정 끝에 체제전환 이후 세 번째인 개정헌법은 상당히 진전된 내용을

40 하위목표의 설정에는 세계은행의 평가가 영향을 미쳤다. 세계은행의 평가에 따르면, 현재 몽골정부지수를 보면, 정부효과는 45.7%, 조정품질 54.8%, 법률 체계 44.7%, 국민 목소리 및 책임 57.1%, 전자정부개발지수 0.5824점, 뇌물감시 39.9%로 매우 낮게 나타났다. 이에 몽골정부는 2050년까지 정부지수를 70%까지 향상하는 데 목표를 두었다.

[그림 3-26] 몽골의 스마트정부 홈페이지

자료: www.smart.gov.mn

담고 있다.[41] 대체로 대통령 권한을 축소하는 대신 총리 권한을 강화하는 방향으로 개정이 이루어졌으며, 사법부 권한을 강화하는 방향으로 개정이 추진되었다.

주요 개정내용으로 몽골정부가 안고 있는 정부의 불안정 문제를 해결

41 1992년에 제정된 「헌법」은 15개월에 걸쳐 실험적 심의설문조사(experimental deliberative polling)가 포함된 포괄적이고 참여적 심의과정을 거쳐 통과되었지만, 그간의 헌법 개정은 의미 있는 공개토론 없이 비공개로 채택되었다. 이후 수차례의 헌법 개정시도가 있었지만 개방적이거나 포용적인 개정시도는 없었다. 이에 반해 2016년부터 시작된 금번 헌법 개정과정에서는 시민, 학자, 정치주체들 간의 공감대 형성이 상당 부분 이루어졌다. 초안에 포함되었던 일부 조항이 타협과정에서 생략되기도 하였지만 수정안은 정부를 보다 안정적이고 효율적으로 만들고, 의회의 지위를 높이고, 사법부를 독립적이고 책임감 있게 만들 수 있는 다양한 조항들이 포함되었다는 평가를 받고 있다(Odonkhuu, 2020).

[그림 3-27] 헌법을 통과시킨 몽골의회

자료: montsame.mn

하는 데 역점을 두었다. 몽골은 1992년 이후 14명의 총리가 바뀌는 정부 불안정을 겪으면서 행정의 계속성에 심각한 문제가 발생했다. 이를 보완하기 위한 조치로 총리를 해임하는 경우, 종래 과반수가 아닌 절대 다수를 요구하는 조항으로 개정하였다. 따라서 의회는 의원 2/3 이상이 의회가 임무를 수행할 수 없다고 생각하거나 대통령이 동의한 경우, 의원 2/3 이상이 스스로 해산을 결정할 수 있게 했다. 대통령은 국무총리가 사임한 후 45일 이내에 총리 임명 제안을 논의하고, 결정할 수 없는 경우 총리 사임 후 30일 이내에 새로운 총리를 임명하도록 의무화했다. 특히 총리가 사임하는 경우 정부는 완전히 사임하는 것으로 규정하였다.

총리가 국가예산과 정책문제에 대한 신뢰 표결을 요청하는 결의안 초안을 제출하는 경우, 의회는 3일 이후에 논의하고 의원 과반수와 10일 이내에 결의안을 채택해야 한다. 결의안이 거부되면 총리는 해임된 것으로 간주되어 의회는 30일 이내에 새로운 총리를 임명해야 하며, 실패하는 경우 대통령은 의회를 해산해야 한다. 의회는 정부가 제출한 국가예산의 지출과 손실을 증가시키는 것을 금지시켰다. 정부구조와 구성에 관한 법률안은 총리가 대통령과 함께 제출토록 했는데, 대통령과 총리가 1주일 이내에 문제 합의에 도달하지 못할 경우, 총리가 이를 의회에 제출할 수 있도록 했다.

대통령에 관한 주요 개정내용으로 대통령의 피선거권은 몽골 주민으로서, 50세 이상으로 연령을 상한하고 임기는 6년 단임으로 제한했다. 내각의 경우 총리를 제외하고 4개 이상의 내각 직책을 의원이 수행할 수 없도록 했다. 또한 총리의 각료 임명과 해임권은 대통령이나 의회에 의해 방해받지 않도록 함으로써 총리 권한을 강화하였다. 이는 2000년 헌법 개정 시에 국회의원이 내각직을 동시에 맡을 수 있도록 허용함으로써, 입법권과 집행권의 분리를 약화시켰다는 비판을 수용한 개정내용으로 볼 수 있다.

사법부는 업무 유형에 따라 형사, 민사 및 행정과 같은 전문법원의 설립을 가능하도록 했다. 사법총회 구성원 가운데 5명을 판사 중에서 선출하고, 나머지 5명은 공개적으로 지명토록 했다(Volodya, 2020; Odonkhuu, 2020).

「선거법」과 관련된 개정내용으로 정기선거 1년 전에는 「선거법」의 채택이나 개정을 금지하도록 규정하였다. 몽골에서 가장 심각한 부패기관으로 인식되고 있는 정당에 관한 「정치자금법」은 난항을 겪어왔다. 이에 개정헌법에서는 정당은 내부구조가 민주적 원칙에 부합하도록, 자산과 수입원 및 지출을 투명하게 할 것을 규정하였다. 그리고 정당을 구성할 때는 유권자의 1% 이상의 지원(반드시 당원일 필요는 없다)이 필수요건으로 부과되었으며, 이 같은 조항은 2028년부터 시행하도록 했다(김태룡, 2020: 22-24).

제4장

몽골의 정부개혁 평가

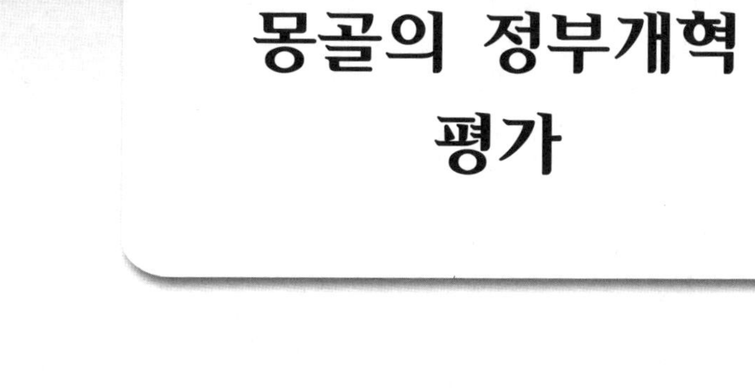

제4장

몽골의 정부개혁 평가

제1절 개혁모형의 적실성

1. 개혁모형의 적실성

몽골이 채택한 개혁모형이라는 관점에서 볼 때, 몽골이 추구한 개혁 패러다임의 방향은 구조조정모형(structural adjustment model)과 시장모형을 거쳐 신공공관리모형(new public management)의 수용 단계를 거쳐 왔다.

몽골이 개혁 패러다임의 변화과정을 거쳐 온 이유는 1990년 이전까지 시장경제나 민주주의 제도를 경험한 적이 없었고, 소비에트를 제외한 외국의 영향으로부터도 상대적으로 고립되어 사회주의적 개혁모형 외에는 별다른 개혁방식이 존재하지 않았기 때문이다. 다시 말해, 몽골정부는 구(舊)소련을 제외하고는 준거할 모형이 거의 없었기 때문에, 국제적으로 통용되는 개혁모형을 도입할 수밖에 없었다.

몽골정부는 이에 더해 소비에트연방의 붕괴로 야기된 심각한 재정악화를 극복하기 위해, 국제사회로부터 원조가 필요한 상황에서 국제원조기구들의 요구사항을 거부할 입장이 아니었다. 결국 국제원조기구들이 원조의 대가로 몽골에게 요구했던 경제자유화와 행정분권화, 그리고 공공부문의 구조합리화는 몽골로서는 피할 수 없는 개혁방향이자 개혁의 핵심내용이었다(Larbi, 1999: 4-6).

몽골의 정부개혁만이 아니라 대부분 영역에 영향을 끼친, 국제통화기금(IMF)과 아시아개발은행(ADB)에 몽골이 가입한 해가 1991년의 일이었다. 두 기구를 포함해서 국제원조기구들은 현재에 이르기까지 몽골의 정부개혁 방향에 지대한 영향을 끼쳐왔다. 몽골은 1993년에 처음 맞이한 금융위기를 극복하기 위해 국제통화기금과 3년 간에 걸쳐, 재정과 금융시스템의 효율화 등을 내용으로 '대기성 차관협정(Standby Agreement)'을 실시키로 합의했다.

1994년에는 아시아개발은행과 제도의 기반강화에 주력하고자 '확대구조조정투자(EASF)'를 체결했다. 몽골이 체제전환을 시도한지 불과 3년도 안 되어 국제원조기구들은 몽골의 정부개혁 방향과 내용을 상당 부분 결정짓는 프로그램들을 실행해 나간 것이다. 그런데 아시아개발은행은 1990년대 초기부터 거버넌스(governance) 문제에 상당한 관심을 기울여 왔다.

아시아개발은행은 특히 개발성과를 효과적으로 달성하려면 건전한 개발관리가 필요하다는 개념적 토대에 기초해 만들어진, 거버넌스 정책(gov-

[그림 4-1] 좋은 거버넌스의 구축: 아시아개발은행(ADB)

자료: m.wowtv.co.kr

ernance policy)을 1995년에 채택한 최초의 국제금융기구(International Finance Institution: IFI)였다. 이후 아시아개발은행은 거버넌스 개념에 조달, 법률과 정책개혁, 시민사회 참여, 부패방지와 돈세탁방지를 포함한 정책 및 전략 클러스터를 포함시켜 이를 '좋은 거버넌스(good governance)' 개념으로 발전시켰다. 이런 측면에서 몽골에서 진행된 구조조정 개혁을 포함한 개혁과정에 아시아개발은행이 구축한 거버넌스 개념의 영향력은 지대했다.

이 같은 국내·외적 상황 속에서 시장경제(private market economy)를 채택하면서, 체제전환을 시도한 인민혁명당 정부가 선택할 수 있는 개혁모형이나 패러다임은 구조조정개혁모형과 시장지향적 개혁모형에 집중될 수밖에 없었다. 다만 인민혁명당 정부가 시장지향적 개혁모형을 채택하는 과정에서 민영화와 재정부족으로, 체제전환 초기 구조조정에 집중한 것은 필연적이었다. 인민혁명당 집권 초기 80만 명에 달하던 공무원의 수가 집권 말기인 1995년에 이르러 20만 명으로 감축된 것은 구조조정개혁의 결과였다.

민영화와 관련된 구조조정도 정도 차이가 있기는 하나 현재까지 진행되고 있는 것으로 볼 때, 구조조정에 기초한 개혁은 몽골정부의 개혁모형에서 체제전환 초기부터 중요한 위치를 점하고 있었다. 더불어 가격자유화와 무역자유화의 도입과 함께 형성된 시장경제는 시장지향적 개혁모형의 도입을 가속화시켜 왔다. 따라서 몽골의 개혁과정에서 체제전환 초기를 지배했던 개혁모형으로, 구조조정 개혁모형과 시장지향적 개혁모형은 동시적으로 작동하기 시작했다.

초기 개혁과정에서 국제금융기구들의 요구때문만은 아니었지만, 구소련의 원조가 중단됨에 따른 재정적자를 극복하고자 단행한 재정분권화는 현실의 장에서 심각한 문제를 야기했다. 재정 자립이 보장되지 않은 상황에서 이루어진 재정분권화로 인해, 모든 공공조직은 비용을 절약해야 했고 운영비용을 감당하기 위한 자구책을 마련해야 했다. 그렇지만 보상기제와 통제가 연결되지 않은 재정분권화 정책은 공무원사기 저하는 물론, 공공서비스 질을 낮추고 통제 불능의 재정운영을 야기하는 원인이자 차기 정부가 신공공관리론적 개혁을 단행하는 계기를 초래했다.

전기 개혁과정에 이어 중기 개혁과정에서 지배적 개혁모형으로 자리잡은 신공공관리모형은 시장지향적 개혁모형의 연장선상에서 완전한 시장경제를 목표로 한 개혁이었다. 신공공관리모형이 중기 개혁과정에서 지배적 개혁모형으로 자리를 잡는 데도 역시, 국제통화기금이나 아시아개발은행의 영향력은 절대적이었다.

예컨대, 1997년 몽골정부와 국제통화기금 간에 '기관 구조조정 향상대책(Enhanced Structural Adjustment Facility)'안을 세계은행이 승인하면서, 국제통화기금(IMF)은 협정안에다 몽골정부에게 행정개혁 방향으로 뉴질랜드모형을 적용할 것을 권고한 것이 그것이다(IMF, 1997). 다만 1996년에 집권한 민주연합의 엥흐사이한(M. Enkhsaikhan) 내각이 뉴질랜드모형을 결정하기 전에 여러 모형을 고려해 보지 않은 것은 아니었다.

그러나 뉴질랜드모형이 당시 민주연합의 정치적 핵심 이슈였던 시장원리와 예산권한의 집중화수단을 결합시킬 매력이 있었기에 선택에 영향을 끼쳤다는 측면을 부인할 수는 없다. 이에 더해 기업과 같이 정부를 운영하는 방식이라든지 시장인센티브 같은 방식을, 진보적 사상으로 간주하는 사회적 분위기가 팽배해 있었던 것도 영향을 끼쳤다(Hausman, 2009: 6). 그렇지만 뉴질랜드모형을 선택한 후 개혁과정에서, 아시아개발은행의 지원에 따라 모형의 이식과정을 거쳤다는 측면에서 이들 기관의 영향력은 개혁 기간 내내 지속되었다.

몽골정부가 선택한 초기 개혁모형으로 구조조정개혁이나 시장지향적 개혁모형의 불가피성은 어느 정도 인정된다. 새 정부의 지배원리로 시장경제를 채택한 상황에서, 시장원리에 부합하도록 경제체제를 전환시키는데 시장지향적 개혁모형의 적용은 당연한 결과였다. 또한 구조조정개혁도 효과성과 무관하게 어느 정도 불가피한 개혁모형이었다. 하지만 중기 개혁과정에서 뉴질랜드모형에 입각한 신공공관리모형이 이 시기의 개혁모형으로 적합한 것이었느냐의 문제이다.

엥흐사이한 내각은 뉴질랜드모형을 도입하는 과정에서 두 가지 측면을 고려했다. 첫째, 소비에트 시대에 정치적 기준에 따라 공직에 입문한 대다수 공무원을 통제할 필요성이었다. 특히 지방분권화에 따라 지방정부가 행하는 지출이나 성과에 대해 중앙정부가 통제할 수 없다는 차원에서, 급진적 개혁을 통해 책임성 없는 공무원들을 통제하고자 했다. 둘째, 예산권한을 위임하는 대신 조직이 산출하는 생산물에 대한 성과계약을 통해 공무원의 책임성을 담보하고자 했다.

이에 엥흐사이한 내각은 성과계약과 산출에 기초한 예산책정(performance contracts and output-based budgeting)을 통해, 중앙정부의 통제권을 확보할 수 있는 뉴질랜드모형이야말로 문제를 해결할 가장 효율적이고 급진적 대안으로 여겼다. 따라서 당시 집권당이었던 민주연합은 뉴질랜드모형이 자신들의 핵심적 정치이슈였던 시장원리와 예산권한의 중앙집중화 수단을 결합시키는 데 도움이 될 것으로 간주했다.

중기 개혁과정에서 개혁내용의 핵심이라 할 수 있는 뉴질랜드모형의 실현은 두 단계에 걸친 거버넌스 개혁프로그램의 구현을 통해 이루어졌다.

1999년 '첫째 단계 거버넌스 개혁프로그램(First Phase of Governance Reform Program: GRP1)'은 뉴질랜드모형을 기반으로 재무 계획, 투명성 및 책임성을 개선하기 위한 제도적 장치를 도입함으로써, 공공부문의 재무관리를 개선하는 데 목표를 두었다(ADB, 2008: iii). 그리고 2003년 '둘째 단계 거버넌스 개혁프로그램(Second Phase of Governance Reform Program: GRP2)'은 재정지속성과 핵심적 공공서비스 제공의 개선으로 측정될 수 있는 공공부문의 책임성(accountability)과 효율성을 향상시키는 데 초점을 두었다(ADB, 2011: 3-12).

첫째 단계 개혁프로그램이 진행되는 시기에 제정된 「공공부문관리와 재정법(PSMFL)」은 뉴질랜드모형의 도입을 정당화하고 법제화한 결과물이었다. 결국 두 개혁프로그램을 통해 본 뉴질랜드모형의 도입목적은 공공부문의 재무관리를 개선하고, 성과계약을 통한 공공부문의 책임성(accountability)과 효율성을 제고하자는 데 있었다.

뉴질랜드모형의 이식을 통해 몽골 중앙정부는 당시 여러 민간은행에 개설된 5,000여 개의 지방정부와 기관계좌를 통합해, 중앙은행에 있는 재무부단일계정시스템으로 운영할 수 있게 되었다. 그 결과 재무부는 매일 계정을 모니터링하고 기관의 과다 지출을 방지할 수 있게 되었다. 예산과정이 공식화되어 처음으로 예산과정에서 계획과정에 따른 공식적 집행이 이루어졌고, 2003년 이후부터는 공무원 급여가 제때에 지급되기 시작했다. 이에 따라 공공 재정에 대한 중앙정부의 강력한 통제가 이루어지기 시작했다.

결과적으로, 1996년에는 지방정부가 정부지출의 거의 40%를 지출했지만, 2004년에는 8%만을 지출했다. 또한 2003년부터는 모든 관리자가 매년 성과계약을 작성하고 산출을 나열해야만 했다. 그들은 산출물에 대한 예상비용을 제공했으며, 적어도 공식적으로는 산출물을 전달하는 책임을 맡았다(Hausman, 2009: 1-10). 특히 '첫째 단계 거버넌스 개혁프로그램(First Phase of Governance Reform Program: GRP1)'이 종료되고, 둘째 단계의 지원을 결정해야 하는 시점에서, 몽골의 개혁성과를 평가한 아시아개발은행도 몇 가지 주요 측면에서 제한적이지만 진전이 있음을 지적했다.[1]

1 전략 계획, 산출기반 예산, 중간지출 프레임 워크 구현 등의 측면에서 성과가 있었다고 평가했다.

첫째, 「공공부문관리와 재정법(PSMFL)」의 초안을 지지했다. 이 법은 국회의원과 고위공무원들 간에 광범위한 논의가 이루어진 이후 2003년 1월부터 발효되었다. 둘째, 공공부문 기관의 예산 제약을 개선하기 위해 모든 예산 외 은행계좌(off-budget bank accounts)를 폐쇄했다. 정부예금은 단일 재무부계좌로 이전되었으며, 모든 거래는 재무부에서 수행하고 있다. 셋째, 정부의 우발부채를 모니터링하고 보고하는 시스템을 개발했다. 넷째, 지방과 중앙정부를 중앙집중식 재정관리 정보네트워크(financial management information network)에 연결하는 기술적 능력을 개발했다. 다섯째, 새로운 부채관리시스템을 구현했다. 여섯째, 재무보고 개선 및 독립 감사를 강화했다. 일곱째, 보고 당국과 성과계약을 체결할 공공부문 기관의 총책임자를 위한 지침을 개발했다(ADB, 2008: iii).

세계은행도 아시아개발은행과 유사하게 몽골의 공공재정 관리부문에서 성과가 있었다고 평가했다.

첫째, 예산은 현실적이고 집행은 의도한 대로 시행되고 있다. 둘째, 예산과 재정 위험(risk) 감시는 포괄적이며 재정과 예산 정보는 일반인이 접근할 수 있다. 셋째, 예산은 정부정책을 고려하는 선에서 작성되고 있다. 넷째, 예산은 질서 정연하고 예측 가능한 방식으로 집행되며 공적 기금을 사용함에 있어 통제장치와 책임의식을 확보할 수 있는 장치가 있다. 다섯째, 의사결정과정을 통제하고 관리와 보고 목적을 충족시키기 위해 적절한 기록과 정보가 생산 유지·보급되고 있다. 여섯째, 외부 조사와 감사 영역에서 공공재정에 대한 정밀조사와 집행부의 후속 조치가 진행되고 있다(World Bank, 2015: 3).

그렇지만 몽골이 뉴질랜드모형을 도입해 거버넌스 개혁프로그램을 집행하면서, 프로그램이 의도했던 목표를 달성했는지는 의문의 여지가 많다. 뉴질랜드모형을 도입할 것을 적극적으로 권유하고 이후 프로그램의 집행과정을 주도했던 아시아개발은행의 '성과평과보고서'의 평가 결과는 냉혹하다.

몽골에서 진행된 거버넌스 개혁프로그램은 지원 초기부터 다소 모호한 기준과 상태에서부터 출발했다. 예컨대, 아시아개발은행 이사회는 거버넌스 개혁프로그램의 초기 확정과정에서부터, 총 2,500만 달러에 달하는 대출 규모에 대해 명확한 정당성을 제시하지 않은 채 몽골정부가 요청한 예산지원을 제공했다.

다만 아시아개발은행 이사회는 몽골정부의 개혁프로그램과 아시아개발은행의 '국가지원계획(ADB's Country Assistance Plan, 2000~2002)'이 일치하므로, 프로그램의 평가와 실현이 유효할 것이라는 전제 하에 지원을 결정하였다. 또한 프로그램의 이론적 근거가 몽골의 '국가개발전략초안(Mongolia's draft national development strategy)'과 아시아개발은행의 '국가전략과 프로그램(ADB's Country Strategy and Program, 2006~2008)'이 일치했기 때문에 지원을 결정했다.

거버넌스 개혁프로그램의 이론적 근거는 뉴질랜드 개혁모형을 기반으로 재무계획, 투명성과 책임성을 향상시키는 제도적 메커니즘을 도입함으로써, 공공부문의 재무관리를 개선하는 데 도움이 될 것이라는 점이었다. 하지만 프로그램의 이론적 근거는 유효했지만 거버넌스 개혁프로그램이 지닌 준거 틀(frame of reference)은 여러 단점을 내포하고 있었다.

준거 틀이 지나치게 야심적이었고, 프로그램의 목표와 결과 간의 논리적 관계가 명확하지 않았으며, 준거 틀이 거버넌스 개혁이 초래하는 위험을 적절하게 식별하고 관리하는 데 충분하지 못했다는 비판이다. 집행기간의 부족과 함께 몽골이 지닌 현재 능력으로는 「공공부문관리와 재정법(PSMFL)」을 성공적으로 구현할 능력이 부족하다고 결론지었다.

아울러 개혁 집행으로 예산규율을 성공적으로 부과했다는 의미를 부여할 수는 있지만, 공식적 성과관리 노력은 거의 형식적이었다고 평가했다. 특히 기관관리자의 책임과 관련해 산출에 기반한 성과계약의 결과로 책임을 따지는 것이 아니라, 재무부 단일계정의 형태로 다소 개선된 전통적인 품목별 예산감독을 통해 이루어졌을 뿐이라는 것이다(ADB, 2008).

요약컨대, 뉴질랜드모형을 도입해서 중앙정부가 지방정부에게 부여했던 예산자치권을 중앙집권화해 긴급한 필요성에 대응했다는 결과 외에는, 이 모형의 핵심인 성과계약을 통한 공공부문의 책임성(accountability)과 효율성을 향상시키는 데는 성과가 없었다는 결론이다. 재무부 단일계정시스템의 채택으로 개혁 초기 관리자에게 약속한 재정자치권(fiscal autonomy)은 구체화되지 않았고, 기금배분에 대한 지방정부나 기관관리자의 역할은 거의 약화되었다.[2]

몽골 재무부는 또한 단일계정시스템을 통해 예산을 초과 지출하려는

2 아시아개발은행(ADB)의 지원을 받아 신공공관리모형의 실행을 담당했던 프로젝트 팀원들은 관리자들이 실제로 예산자치권을 얻지 못했다는 사실에 몹시 실망했다. 실행팀의 마지막 감독자였던 출룬(M. Chuluun, 2003~2005년)은 당시 「공공부문관리와 재정법(PSMFL)」의 시행 계획을 승인한 재무부 장관 우란(Ch. Ulaan)에게 계획과 달리 예산자치권이 부족하다고 불평했다. 그렇지만 이에 대해 돌아온 장관의 답변은 이러했다; '정부가 그들에게 돈을 주면 그들은 단지 친척을 고용할 것이다. 그들은 국가예산을 관리할 능력이 없다.' 따라서 예산자치권을 부여하지 않으려고 한 중앙정부의 의도는 지방정부의 능력불신과 자치권 행사가 부패로 이어진다고 보았기 때문인 것으로 추론할 수 있다(Hausman, 2009: 8).

기관의 동기유발을 제거하려는 관점에서 공공기관의 모든 회계를 감독하려 했지만, 각 부처가 여전히 경제예측을 과장하고 예산을 확대하기 위한 정치적 동기는 제어할 수는 없다는 한계가 있었다. 예산규율과 관련해서도, 국가지출이 계획과 실제 간에 아직도 20% 정도나 괴리를 보이고 있는 것도 목표달성과는 거리가 존재했다(World Bank, 2015). 특히 지방정부가 개혁과정에서 소외되어 효과성이 낮고, 프로그램의 효과가 비용에 비해 제한적이라는 점도 한계로 남았다(ADB, 2008: vii).

2. 개혁모형의 성과

몽골정부가 공공재정관리체제(public finance management system)를 개혁하기 위해, 「공공부문관리와 재정법(PSMFL)」을 제정한 것은 무엇보다도 중요한 정치적 과제였다. 하지만 공공재정관리체제를 개혁한다는 것은 15~25년이 걸리는 장기적 과정이 필요하다. 공공재정관리체제는 또한 경로의존성이 높아 몽골이 채택한 빅뱅식 접근방법(big bang approach)보다, 단계적 개발방법(staged development approach)으로 접근하는 것이 성공할 가능성이 더 크다(Leiderer, 2005).

국제적 경험에 따르면, 빅뱅식 접근방법은 개혁을 계획하고 조정하는 초기 단계에서는 효과가 있지만, 이후 새로운 관행의 확산과 정착을 지연시키고 불규칙한 현상을 보인다는 점에서 한계가 있다(Nixson & Walters, 1999: 147-175). 몽골이 「공공부문관리와 재정법」의 집행과정에서 경험한 것이 이를 보여주었다고 할 수 있다.

뉴질랜드모형의 핵심인 산출예산과 성과관리에 기초한 개혁사상(ideas)을 완전하게 구현하기 위해서는, 무엇보다도 정부가 「공공부문관리와 재정법(PSMFL)」에 의해 직·간접적으로 영향을 받는 40개 법률에 대한 수정을 해야만 했다. 그러나 2008년까지도 요구에 따라 개정된 법률은 오직 한 개에 불과했다(ADB, 2008: 2). 이에 더해 성과계약의 합리화 노력에도 불구하고, 성과계약이 공공부문의 성과개선에 끼친 영향은 거의 없었다. 특히 투입비용과 산출비용의 구분이 명료하지 않아, 성과계약의 신뢰성에 심각한 의문이 제기되었다.

계선항목에 기반한 통제(line-item-based control)만이 있었을 뿐, 예산자치권이 기관관리자에게 부여되지 않았고 성과계약도 효율적이지 않았다. 모든 수준에서 성과계약의 개발·평가와 관련된 절차나 공식화(formalities)에 필요한 작업량만이 증가해, 공공서비스 질을 높이는 대신 소위 종이작업(paper works)만을 폭증시키는 결과를 초래했다.

더욱이 투입물로부터 산출물을 구체화하는 명세화는 인사부문에서 성과를 평가하는 데 심각한 문제를 야기했다. 이 때문에 불분명한 산출물은 불확실한 성과평가 기준, 주관적 평가, 불공정한 성과보너스만을 설정하는 계기가 되었다(Ulaanbaatar, 2008: 206). 이를 반영하듯 2007년 몽골 '공무원센서스데이터(Civil Service Census data)'는 공공기관에서 행해진 성과평가가 균등하게 관리되지 않았다는 조사결과를 발표했다.

결론적으로, 몽골이 지닌 조직문화와 공공부문의 역량이 뉴질랜드와 다르다는 이질적 조건을 무시한 채, 신공공관리모형을 무모하게 적용한 시도는 예상된 결과로 이어지지 않았다(Braga & Sancino, 2013: 695-708). 거버넌스 개혁프로그램의 지원에 참여했던 아시아개발은행(ADB)도 프로그램을 포함해 개혁의 핵심인 「공공부문관리와 재정법(PSMFL)」이 몽골의 상황 속에서 덜 효율적이며 유지가능성이 낮다고 평가했다(ADB, 2008).

다시 말해, 산출예산 편성, 전략기획, 성과와 인사관리를 통한 공공부문의 운영효율성을 향상시키고자 한 개혁프로세스 중심의 개혁은 의도대로 구현되지 않았다. 하향식 접근방법으로 진행된 개혁사상의 확산은 예상한대로 하층부에서 구현되지 않았고, 정부 수준에서 관리자들의 일상적 업무는 거의 변화 없이 동일하게 유지되었다(Badarch, 2013: 134).

제2절 개혁의 장애요인

그렇다면 1996년에 집권한 민주연합 정부만이 아니라 이후 집권한 인민혁명당 또한 유사한 신공공관리모형에 따른 개혁을 추구했는 데도 불구하고, 모형 도입에 따른 성과가 낮은 것은 무엇 때문일까? 이에 대한 최초의 진단은 역설적이게도 지원에 참여했던 세계은행(WB)으로부터 나왔다.

1998년에 세계은행은 '발전도상국은 재산권에 대한 구체성이 취약하고 경제활동을 규제할 다양한 공식적 과정을 갖지 못한 비공식적 경제를 지니고 있기에, 뉴질랜드모형을 택한 몽골의 개혁은 대단히 어려울 수 있다'는 쉭(A. Schick)의 말을 빌려 이미 경고를 보냈다는 사실이다(Schick, 1998: 123-131). 더욱이 지속적인 세계화와 향상된 커뮤니케이션은 국가 간 정보, 경험 및 관리 관행이 교환되는 프로세스를 가속화한다.

이 교환은 종종 개혁모형을 채택할 국가에 대한 구조적·문화적 함의를 제한적으로만 반영한 채, 낙관주의적 맥락에서 발생한다.

하지만 모형을 수입하는 국가의 체제와 구조가 바뀌지 않은 상태에서, 다른 국가에 이식하는 것은 시스템의 효능이 보완적 구조에 너무 많이 의존하기 때문에 바람직하지 않다. 동시에 국가는 일반적으로 다른 장소에서 온 체제와 구조를 그들의 특정 상황에 적응시켜 버리는 부작용을 발생시킨다(Bale & Dale, 1998: 103-121). 게다가 전통적 관료주의모형이 발달하지 않고 기본 전제조건이 충족되지 않은 발전도상국에서는 모형의 집행비용이 훨씬 더 많이 소요된다(Hughes, 1994: 83).

일반적으로 이들이 지적하는 개혁모형의 도입에 따른 전제조건은 이러하다. ① 정치적 안정과 개혁필요성에 관한 합의가 존재해야 한다. ② 강력한 규칙에 기반한 정부와 개방적이고 견고한 시장이 유지되고 있어야 한다. ③ 수준별로 정부 역할과 권한 및 책임이 분명하게 입법에 의해 성문화되고 지원되는 체제를 갖고 있어야 한다. ④ 비(非)정치적인 공공서비스가 활성화되어야 한다. ⑤ 개혁과정을 지원하기 위한 적절한 자원과 비용이 충족될 수 있어야 한다. ⑥ 계약 관계를 지원하는 법률시스템과 문화적 가치, 이에 더해 효과적인 인센티브, 강력한 규제체제와 민간부문 시장이 존치해야 한다. ⑦ 법률과 규정 준수, 적절한 구현능력과 집행능력이 구비되어야 한다. ⑧ 제한된 이직률과 함께 공공서비스를 제공할 숙련된 능력 있는 공무원이 존재해야 한다. ⑨ 부패와 정실주의가 없어야 하고, 공무원 임명은 실적주의에 근거해야 한다. ⑩ 성공적인 성과계약에 대한 높은 수준의 신뢰와 조직목표, 그리고 개별 기대에 대한 이해가 공유되어야 한다. ⑪ 적절한 재무, 회계 및 컴퓨터 시스템이 유지되어야 한다. ⑫ 의사결정을 지원하기 위해 재무와 성과정보를 사용할 수 있어야 한다. ⑬ 정책개발과정에 이해관계자들이 적극적으로 참여해야 한다(Schick, 1998: 123-131; Bale & Dale, 1998: 103-121; Laking, 1999: 217-235; Nixson & Walters, 1999: 147-175; Rose, 2003; Damiran & Pratt, 2005).

뉴질랜드의 공공재정관리 개혁모형을 이식하는 데는 많은 전제조건을 요구하기 때문에, 조건이 충족되지 않은 국가에는 적합하지 않다. 불행히도 몽골이 추진한 거버넌스 개혁프로그램은 대출을 승인할 당시에 전제조건이 거의 준비되지 않았으며, 대출과정에서조차도 충족하지 못했다. 다시 말해, 몽골에 뉴질랜드모형을 적용하기 위해서는 전제조건이 충족되어야만 가능하다는 측면이, 개혁모형의 도입 단계에서부터 무시되었다는 사실이다.

몽골이 갖추고 있는 전제조건의 정도는 뉴질랜드의 공공 재정관리 개혁모형을 포함한 신공공관리모형을 도입하는 데 따른 개혁모형 이식의 성패를 좌우하는 요소인 것이다. 이 같은 관점에서 볼 때 전제조건은 개혁과정에서 성공요인으로 작동할 것이고, 전제조건의 불비(deficiency)는 장애요인으로 작동한다는 측면에서 몽골의 개혁과정에 따른 장애요인을 살펴보면 이러했다.

1. 개혁필요성에 대한 합의

뉴질랜드모형을 도입하는 데 따른 전제조건의 충족이라는 관점에서 볼 때, 몽골의 개혁과정에서 개혁필요성과 어떤 유형의 거버넌스 개혁프로그램이 필요한가에 대한 합의 수준을 단적으로 평가하기에는 무리가 있다. 그것은 개혁내용에 따라 합의 수준이 다르고, 개혁과정에서도 달리 나타났기 때문이다. 몽골에서 개혁필요성은 체제전환 이전부터 강력하게 부상했다. 야당을 중심으로 한 민주화와 시장경제로의 주창이 시민사회의 지지를 획득할 당시부터, 인민혁명당도 개혁필요성에 동의하는 입장이었기에 크게 문제시되지는 않았다.

다만 개혁의 내용과 수준을 둘러싼 갈등이 문제였다. 이에 대한 첫 번째 갈등이 체제전환 이후 대통령선거를 둘러싸고 러시아와의 정치연계파와 폴란드식 급진개혁파 간에 표출되었다. 그 결과 가격, 금융, 무역부문 등에서 부분적 규제완화와 개방정책을 표방한 중도적 개혁의 시장경제론이 압도적 지지를 획득하면서 초기 갈등은 어느 정도 완화되었다(장재완 · 유민우, 2006: 11).

1996년 총선에서 급진적 시장개혁을 주장한 민주연합이 집권하면서도 개혁필요성에 대한 일반대중의 갈등은 크지 않았다. 당시 여론 조사에 따르면, 인구의 90% 이상이 급진적 개혁프로그램에 동의했으며, 집권이 종료된 2000년까지도 80% 이하로 떨어지지 않았다(Chuluunbat, 2013). 이로 미루어 민주연합이 집권한 시기부터 개혁필요성에 대한 일반국민의 합의는 개혁의 장애요인으로 작동하지는 않았다.

일반국민의 개혁필요성에 대한 높은 욕구와는 달리, 뉴질랜드모형의 도입 필요성에 대한 지배계급 간의 합의과정은 상당한 갈등을 내포했다. 엥흐사이한(M. Enkhsaikhan) 내각이 추진하고자 했던 개혁내용이 야당인 인민혁명당은 물론 지지기반인 민주연합 내부에서도 정치적 저항에 직면했다.

엥흐사이한 내각은 의회의 지지를 얻어 내기 위해, 미국국제개발처(USAID)와 아시아개발은행 등으로부터 지원받은 기금으로 워크숍과 연구여행을 진행하면서 개혁내용에 대한 설득과정을 거쳤다. 동시에 개혁 저항세력은 아니었지만 지역 지도자들의 선의를 얻기 위해서도 노력했는데, 도(aimag)와 군(soum)의 주지사들을 수도에 초청하는 방식으로 개혁에 대한 감성적 지지를 확보하고자 노력했다.

그렇지만 엥흐사이한 내각이 개혁 세력이나 지원을 확보하는 과정에서, 관료집단이 상대적으로 배제된 것은 개혁을 완수하는 데 있어 심각한 장애요인으로 작용했다. 이런 현상은 대부분 국가의 개혁과정에서 흔히 발생하는 과오로, 관료집단을 개혁의 주체이자 대상으로 간주해야 함에도 개혁 대상으로만 간주하는 데서 비롯된 것이다. 이로 인해 개혁의 집행과정에서 관료집단의 보이지 않는 저항에 직면해 대부분 개혁이 실패로 돌아가는 양상이 빈번한 데, 엥흐사이한 내각도 관료집단을 배제하는 개혁 행태를 보였다는 점에서 유사하다.

엥흐사이한 내각은 개혁 필요성에 대한 합의와 지지 세력을 확보하는 과정에서, 의회나 지방정부의 지도자들에 대한 설득과정에는 많은 노력을 기울였다. 반면에 개혁 집행을 담당하는 관료집단에 대한 설득이나 합의과정에서는 이러한 노력을 별로 기울이지 않았다는 것은 개혁 집행이나 효과성 측면에서 상당한 문제였다.

관료집단의 대부분은 당시 소비에트체제 하에서 입직한 공무원들로, 민주연합이 지향하는 정치사상이나 개혁사상과 이질적 부분이 강하고, 상대적으로 인민혁명당을 지지하는 성향을 갖고 있었다. 하지만 관료집단이 개혁에 대해 심리적 불만이 있었다고 해도 결국 개혁 집행은 관료집단이 완성하는 주체라는 관점에서 보면, 관료집단이 초기 개혁과정에서 소외된 것은 이후 개혁성과를 도출하는 데 있어 장애요소로 작용할 수밖에 없었다.

민주연합이 집권 기간 내에 개혁의 핵심 성과인 「공공부문관리와 재정법(PSFML)」 통과에 성공하지는 못했지만, 2000년에 집권한 다음 정권이 야당이었던 인민혁명당인데도 개혁과정에 동참해 이 법의 통과에 지대한 역할을 하였다. 다만 2002년에 통과된 「공공부문관리와 재정법(PSMFL)」을 통해 정부 수준별로 역할과 권한 및 책임은 명확해졌지만, 이 법이 지방정부의 헌법적 자치권내지 자율성에 미치는 영향에 관해서는 상당한 논쟁이 이후에도 지속적으로 야기되었다.

개혁참여자로서 정치인과 고위공무원들은 「공공부문관리와 재정법(PSMFL)」의 제정과정에 상당한 참여를 했지만, 지방정부와 시민사회가 논쟁과정에 유사한 참여가 이루어지지 못했다는 것은 한계였다(ADB, 2008: 19-21). 특히 시민사회와 관련해 급진적 개혁일수록 개혁 실행과정에는 정치・행정지도자의 지원이 필요하며, 이를 실현하는 과정에서 시민들의 수용이 대단히 중요하다. 시민들의 수용성을 높이기 위해서는 시민들에게 영감을 부여하고, 이해를 촉진하기 위해 어떤 문제가 발생할 것인지, 어떻게 개혁행동으로 해결될 것인지를 설명하는 사회적 학습(social lerarning)이 수반되어야 한다.

그러나 몽골정부의 개혁과정에서 사회적 학습이 생략되어, 개혁사상에 대한 시민들의 사회 인식과 수용이 누락된 것은 큰 문제였다(Badarch, 2013: 134). 다만 시민사회가 개혁과정에서 소외된 것은 문제였지만, 뉴질랜드모형의 도입에 따른 형식적 개혁 절차는 완성되었고, 이후 개혁의 필요성이나 내용에 대해 약간의 갈등은 존재했지만 장애가 될 정도의 갈등이나 저항은 없었다.

개혁의 필요성에 대한 문제와 함께 살펴보아야 할 요소로 개혁 개념에 대한 이해 차이다. 개혁 개념에 대한 이해 차이는 개혁의 필요성에 대한 이해 차이를 낳고 괴리가 클수록 필연적으로 개혁의 실현성을 약화시킨다. 예컨대, 일선관리자는 자신의 오랜 경험과 이해를 바탕으로 새로운 정책과 법적 준거 틀을 해석하고자 한다. 효율성, 효과성 또는 책임성과 같이 종종 강조되는 용어가 모든 공무원에게 동일한 의미를 지니는지는 의문의 여지가 있다.

특히 서구문화에 바탕을 둔 뉴질랜드모형에 익숙지 않은 몽골공무원의 입장에서 모형이 표방하는 의미와 실제 의미 간에 괴리가 클 수 있었다. 다시 말해, 개혁 전략을 설계하는 동안 개혁 의미가 정책입안자들이 염두에 둔 것과 일치하느냐의 정도는 개혁성과와 직접적으로 연결되어 있다.

급격한 개정과정 속에서 공공부문에 대한 개혁 개념과 변화(change)의 정도와 관련해, 개혁과정에 적용된 전략과 새로운 가치들이 갖는 의미나 유의성은 대폭적으로 수정되었다. 예컨대, 경력기반에 기초했던 초기 개혁기간에 책임성은 관료들이 기능을 집행하는 데 따른 정보를 상급자에게 제공하거나 설명을 제공해야 하는 의무로 간주했었다. 그런데 신공공관리모형이 지배하던 개혁기간에는 책임성의 의미가 자신의 성과 결과를 위해 일반관리자에게 책임이 있는 것으로 이해되었다.

2. 정치적 안정성과 규칙에 기반한 정부

정치적 안정성, 강력한 규칙에 기반한 정부, 그리고 정부 수준별로 역할과 권한 및 책임이 입법으로 성문화되고 지원체제를 갖추는 것은 뉴질랜드모형을 포함한 신공공관리모형을 성공적으로 이식하는 데 필수적 전제조건이다.

몽골은 개혁 · 개방 이후 정치적으로 공산당 일당독재의 포기, 자유선거에 의한 정권교체, 정부기구 축소, 언론자유 수호 등 과감한 민주화를 진전시켜 국내 · 외에서 상당히 긍정적 평가를 받아왔다. 몽골은 민주적 안정성에 대한 평가에서, 종종 아시아의 중심부에 있는 '민주주의의 섬 또는 오아시스'라는 칭찬을 받아 왔다.

체제전환이 시작된 1990년 이래 영토 내에서 무력 사용에 대한 국가의 독점이 도전을 받은 적도 없었다. 정부나 정책 영역에서 부패로 인해 정치적 · 사회적 항의운동이 있기는 했지만, 국가 존재와 권력 사용에 대한 독점에 도전할 만큼 강력히 조직화된 단체는 없었다. 몽골국민 전체가 국민 국가를 합법적인 것으로 받아들이고 있다는 점에서 국가의 안정성은 강력하다.

몽골국민이 국가에 안정성을 부여하는 만큼, 민주주의에 대한 기본적 태도나 기반도 강력하다. 경제적 어려움과 민주주의 유산의 부족에도 불구하고, 몽골국민의 85~90%가 민주주의를 최고의 정부 형태로 간주하고 있을 정도로 민주정권 개념을 압도적으로 승인하고 있고, 민주 원칙과 가치 또한 대부분 국민들에 의해 널리 받아들여지고 있다(Bertelsmann Stiftung, 2018: 6).

그렇지만 국가의 합법성과 독점성에 대한 안정성에 비해, 몽골이 성공적인 민주적 전환에 필요한 조건을 전환과정에서 마련한 것은 아니었다. 정치적 안정성이 개혁의 성공에 필수적 조건이라 볼 때, 몽골의 정치적 안정성에는 문제가 많았다. 몽골이 민주체제로의 전이에 성공한 국가로 평가받고 있기는 하나, 이는 어디까지나 절차적 민주주의로 정권교체가 가능한 체제라는 의미에서 타당성이 있을 뿐이다. 개혁의 전제조건으로서 정치적 안정성이란, 유사한 사상을 지닌 개혁체제가 개혁과정을 일관성 있게 지속해 나갈 수 있는 능력이 있느냐는 의미이다.

몽골은 현대 의회 민주주의와 시민사회에 대한 의미 있는 경험이 부족했다. 대화와 타협이라는 민주주의 정치문화가 자리잡지 못한 상황에서 도입된 몽골의 독특한 통치구조는 대통령-국회-정당 간의 대립을 빈번하게 발생시켜, 개혁과정에서 강력한 리더십과 일관성 있는 정책추진을 제약해 개혁에 부담으로 작용해 왔다(외교부, 2011: 56-57). 개방 이래로 30년 동안의 변화과정을 거쳤지만 몽골의 민주주의는 여전히 초기단계에 머물러 있으며, 특히 제도적 통합에서는 걸림돌이 산재해 있다.

몽골정부 스스로가 '몽골 장기개발정책 비전 2050'에서 밝힌 대로 정치적 안정성은 매우 불안하고, 정부정책은 일관성이 없고, 게다가 잦은 정권교체에 따른 정부조직의 실행력이 낮은 것이 문제라고 진단하였다. 정치적 안정성에서 가장 기본적 요소에 해당하는 정부의 지속기간을 〈표 4-1〉에서 보면, 1992년부터 2017년에 이르는 25년 동안 총 14개의 정부가 교체되어 정부당 평균 유지 기간은 1.8년으로 매우 짧았다.

그 결과 장기적 국가이익은 희생시키면서, 단기적 결과나 성과에 과도하게 초점을 맞추는 정치행태가 정부의 모든 수준과 지점에 만연해 왔다(Lundeejantsanm, 2017: 6-7). 개혁과정에서 몽골의회가 많은 장기개발프로그램들을 채택했지만 실제로 정부와의 정책조정은 제대로 이루어지지 않았다.

정권교체 때마다 단행된 정부조직 개편 또한 정당성이나 타당한 근거에 기초하지 않고, 정치적 이해관계에 따라 이루어져 정책의 일관성은 낮을 수밖에 없었다. 이는 공무원의 안정성과 전문성에 부정적 영향을 끼쳐 안정적인 공공서비스 전달에 심각한 문제를 야기했다. 특히 정치인들 간의 타협에 따른 결과로 다수파를 구성한 정당의 이해관계와 그들만의 합의에 기초한 운영 결과, 정부와 정당이 결탁해 양산한 부패와 정실주의는 체제안정에 위협적 요소가 되었다. 이로 인해 몽골의 법치주의와 정치제도에 대한 국민 신뢰는 심각하게 침식되어 왔다.

게다가 정치와 기업 간에 형성된 강력한 고객주의적 네트워크(politico-business clientelistic network)나 과두 집단(oligarchic groups)의 힘은 민주적 절차와 국가기관의 힘을 위태롭게 하고, 자신들의 특별 이익만을 반영할 정책만을 강요해 왔다. 정당들이 추구하는 고객주의적 네트워크의 확장

〈표 4-1〉 총선에 따른 정부조직의 구조변화

(단위: 개)

	'92년	'96년	'00년	'04년	'08년	'12년	'16년
중앙부처	16	9	11	13	11	16	13
정부규제기관		22	17	14	12	11	10
정부집행기관		37	31	23	31	17	17
기관의 총계		59	48	37	43	28	27
중앙부처와 기관 총계	16	68	59	50	54	44	40

자료: Lundeejantsan(2017: 6)에 의거 재작성.

과 재정투명성의 부족은 국가의 민주발전에 심각한 위협이 되고 있어, 정당 민주주의와 책임성 부족에 대한 대중의 불만과 좌절감은 날로 증가하고 있다.

이를 입증이나 하듯 아시아재단(Asia Foundation)이 2016년에 발표한 '공공부패 인식에 관한 새로운 연구'에 따르면, 몽골에서 가장 부패한 기관으로 정당이 선정되었다는 사실이다. 이처럼 몽골인의 대다수가 정당을 신뢰하지 않는다는 것은 각종 여론조사에서도 지속적으로 확인되었다.

몽골의 정치적 불안정성은 정당을 포함한 정치 영역으로부터 정부조직에 이르기까지 만연해 있다. 이미 언급한 단명한 내각수명만이 아니라, 공무원조직의 불안정으로 야기된 정책 일관성이나 전문성 결여는 정책 효율성을 심각하게 훼손해 왔다. 몽골정부도 문제의 심각성을 인지하지 않았던 것은 아니다.

개혁 초기인 1994년 몽골의회는 실적주의에 기반한 「정부공무원법」을 승인했다. 이 법은 직업공무원을 정치적 영향으로부터 자유롭게 하고, 특정 정당에 의해 영향을 받지 않도록 인적자원 관리의 독립성을 보장하도록 했다. 이 법은 또한 공무원문제를 담당하는 중앙기관으로 의회에만 직접 책임을 지는 독립기구로 공무원위원회(Government Service Council)도 1995년에 출범시켰다.

「정부공무원법」은 2002년에 부분 개정을 거친 후 2008년에 재개정이 있었다. 개정내용의 핵심은 공무원이 특정 정당에 소속하거나 정당과의 제휴를 제한하는 데 놓여졌다. 정치직 공무원을 제외하고는 행정직 공무원(administrative civil servants)과 특별직 공무원(special civil servants)은 정당 구성원이 되는 것을 금지하였고, 공직을 정치로부터 독립적이고 안정적으로 만들고자 어느 정당에도 충성하지 못하게 했다. 2011년에는 「선거법」을 개정해 국회의원 선거에 출마하고자 하는 공무원은 6개월 전에 그 직을 사임하도록 하는 조항도 도입했다.

가장 최근인 2017년에 개정된 「정부공무원법」에서는 고위공무원으로 채용되거나 승진하는 데 필요한 최소 근무기간 요건을 강화해, 고위공무원의 질적 향상과 자의적인 정치적 임명을 배제하는 데 치중했다. 새로이 실적주의(meritocracy)원칙에 입각한 공무원표준화를 담당할 기구로 공무원감독위원회를 설립하고, 공무원의 윤리행동강령과 성과관리를 강조한 특별 장(chapter)을 신설했다(UNDP, 2018: 3).

몽골정부는 이처럼 공무원조직의 안정성을 강화하고자 실적주의에 기반한 공무원체제, 정치적 중립 의무, 독립적 인사기구의 설치, 그리고 공무원감독위원회 같은 제도적 기반을 구축해 왔다. 하지만 정치로부터 공직을 독립적이고 안정적으로 만들어 공무원조직의 안정성을 강화하고자, 정치직 공무원을 제외하고는 정당에 충성하지 못하게 하고, 실적주의를 강화해 오는 등 제도적 노력을 기울여 왔음에도 불구하고, 현실에서 몽골정부가 의도한 효과는 거의 나타나지 않았다.

공무원위원회(Civil Service Council)에 접수된 수많은 불법 사례가 있으며, 공직의 임용과 해고과정에서 정치적 충성도(political affiliations)가 고려되었다는 주장을 둘러싼 법정다툼이 이를 증거하고 있다. 이와 관련해 공무원위원회가 2005년에 '중기공무원개혁전략'을 수립하면서 실시한 SWOT 분석에서도, 실적주의에 기반한 공무원제도를 위협하는 가장 큰 요소로 정치적 영향을 지적하였다는 사실이다(Government Service Council of Mongolia, 2008: 51-52).

2002년 「공공부문관리와 재정법(PSMFL)」이 통과되어 새로운 성과계약에 기초한 관리방식을 적용하려고 할 때, 가장 장애요인으로 지적된 문제가 정치화된 상태(politicized)로 남아 있는 공무원의 불안정성이었다(World Bank, 2015). 실적주의와 전문주의가 「정부공무원법」을 구성하는 핵심이자 원칙임에도, 세계은행의 진단처럼 현실적으로 정치적 제휴를 하거나 선거운동에 기여해야 하는 압력, 또는 2인 1조와 같은 선거조직인 '전우조(buddy system)'에 대한 참여 수준에 따라 공무원 신분이 결정되는 정실주의는 공무원조직의 안정성을 심각하게 훼손해 왔다(Ban & Redd, 1990: 56).

아시아개발은행(ADB)도 유사한 맥락에서 몽골정부가 '둘째 단계 거버넌스 개혁프로그램(GRP2)'이 시작되는 2003년까지도 실적에 기반한 영구적인 공무원제도를 갖추지 못했다고 평가하면서, 공공부문 개혁의 지속가능성을 보장하기가 어렵다고 진단했다. 그러면서 개혁프로그램이 성공하기 위한 전제조건으로, 공공부문 개혁의 지속가능성을 보장하기 위한 공무원 개혁이 선행되어야 한다고 강조했다. 더불어 지나치게 정치적 성격이 강한 공공서비스가 양산하는 부작용과 문제점을 극복하기 위한, 강력한 정치적 합의가 필요하다고 권고했다(ADB, 2008: 20-21).

최근 몽골에서 2016년 12월과 2017년 4월에 걸쳐, '헌법개정 필요성 조사와 제안안 작성 담당실무그룹(Working Group in charge of Conducting Research on Needs for Making Amendments to the Constitution, and Developing Proposal)'이 2,246명을 대상으로 실시한 설문조사는 공무원의 안정성에 대한 이 같은 결과를 총체적으로 반영한 응답을 보여주었다(Lundeejantsan, 2017: 7-9). 설문조사에 따르면, 53.1%의 조사참여자가 공무원

이 정치에 예속되어 있으며, 결과적으로 능력 있는 공무원이 적다고 응답했다는 것이 그것이다. 더욱이 조사에 따르면, 선거 직후 공무원 이직률과 전환배치 등이 가장 높았다고 지적하였다.

공무원조직의 안정성을 위해 몽골정부가 나름대로 법제정을 통한 제도화에 노력을 기울여 왔는데도 불구하고, 안정성이 확보되지 않고 부작용이 큰 이유는 무엇일까? 이에는 여러 이유가 있을 수 있다. 초기 개혁과정에서 민주연합이 직면했던 공무원의 정치편향성 논란에서 보듯이, 체제전환 초기부터 대다수 공무원은 수십 년 간 지속되어 온 사회주의 체제에 익숙해 있었다.

사회주의체제가 지닌 문화나 모형에 익숙해 있던 대부분 공무원이 이후에도 상당 기간 몽골공무원의 주요 구성원이었고, 이들의 영향력은 일정 기간 지속되어 왔다. 게다가 체제전환 이전에는 모집과정에서 공산당원을 선호한다는 정치적 기준을 명시적으로 포함시켰기 때문에, 대다수 공무원의 정치적 편향성은 공무원으로서 지녀야 할 정치적 중립성이나 실적주의 원칙을 약화시키는 요인으로 작동해 왔다.

공무원의 정치적 편향성을 제어하기 위해 몽골정부는 수차례에 걸쳐 「정부공무원법」을 개정하면서 실적주의와 전문주의 및 정치적 중립성을 담보하기 위한 노력을 기울여 왔다. 그러나 공무원조직의 정치화는 종식되기는커녕 더욱 확대되어, 선거가 끝나면 보상의 일환으로 지지자들에게 공직을 배분해 주는 관행이 모든 정당과 정부 차원에서 일상적으로 행해지고 있는 실정이다.

몽골공무원조직의 정치화 현상에 대해 흥미로운 관점을 제공하는 견해가 있다(Badarch, 2013: 131-134). 몽골공무원들이 정치화 현상을 보이는 이유는 정치생활(political life)에 대단히 큰 애착을 갖고 있기 때문이라는 설명이다. 몽골공무원들은 정부에서 이루어지는 모든 정책결정이나 인사결정을, 항상 정당과의 제휴나 가입 여부와 결부시켜 해석하려든다는 것이다.

이런 현상은 공무원만이 아니라 일반시민에 이르기까지 또한 보수주의 공산당연합에서 자유민주주의자에 이르기까지, 늘상 정당과의 연대에 따라 붕당화내지 파당화(fraction)되어 있다는 진단이다. 그렇지만 정당과의 연계에 따른 공무원의 분열은 중앙정부에서부터 지방정부에 이르기까지 모든 계층에서 행정을 작동하는 데 빈번한 갈등과 투쟁을 야기해 왔다.

오늘날 몽골의 공공부문에서 발생하는 공통적 문제는 일부 정치엘리트나 행정엘리트들이 자신들이 속한 정당 사람들이나 자신들의 편에게만 보상을 해줌으로써, 공공부문이 이들의 이익이나 지지자들을 위한 봉사의 장이 되고 있다는 데 있다. 또한 공무원이 공직에 고용되면 정치적 이유로 해임시킬 수 없다는 규정이 존재하고 있음에도 불구하고, 파당화나 정치화로 정실주의(nepotism)와 족벌주의(cronyism)가 만연해 공무원 신분은 불안정하고 공공부문의 개혁과정은 차단되어 가고 있다.[3]

공무원 총 정원과 마찬가지로 임명직 정원수는 항상 새로운 여당의 등장과 함께 급격한 변화를 겪게 마련인데, 고위 행정직 공무원은 정치

3 예컨대, 몽골의 21개 도의회 의장, 울란바토르 시의회 의장, 도(aimag)에 있는 행정 분과 관리자, 울란바토르시나 소도시, 그리고 군(soum) 단위 행정 분과는 일반적으로 중앙정부나 상층부에서 내려온 사람들로 충원되고 있다. 공공부문에서는 임명직뿐만 아니라 의사결정을 내릴 수 있는 수준의 직위에도, 충성스런 구성원에 대한 보상으로 지배정당이 활용하고 있다.

적 간섭에 보다 취약하다는 데 문제가 있다. 예컨대, 행정직 공무원 가운데 상위 세 등급에 해당하는 공무원의 75%에서 90%가 현직에서 근무한 연수가 4년 이하로, 이들의 이직률이 매우 높다는 것을 알 수 있다(World Bank, 2009: 194).[4] 특히 2012년과 2016년에 있었던 총선과 지방선거가 끝난 후에는 공무원 이직률이 매우 두드러졌는데, 선거과정에서 권력이 다른 정당으로 옮겨갔기 때문이었다.

이 기간에 공무원위원회에 제기된 공무원의 불법해임에 대한 불만 건수가 2009년 87건에서 2016년 144건으로 증가하였는데, 실제로 많은 사람들이 권리 침해에 대한 불만을 제기하지 않는 선택을 했다는 사실을 고려하면 불법해임의 수는 훨씬 많을 것으로 추정된다. 이는 정의를 추구해야 하는 국가 능력에 대한 신뢰가 부족하다는 것을 단적으로 보여준다.

보다 심각한 문제는 공무원을 보호하는 제도적 장치가 존재하고 있음에도, 소수당이나 야당에 대한 유대성으로 공직을 이직하는 것을 자연스럽게 받아들이는 관행이 형성되어 간다는 데 있다. 이에 따라 매년 평균적으로 7,000명 이상의 공무원이 자발적으로 공직을 이직하는 악순환이 반복되고 있다(UNDP, 2018: 1-2). 결국 공무원의 높은 이직률은 새로운 개혁정책을 수용하는 데 필요한 조직능력과 공무원의 역량개발 노력뿐만 아니라, 안정성과 연속성을 약화시킨다는 데 문제의 심각성이 있다.

게다가 새로이 집권한 정당마다 무차별적으로 정부공무원을 정당 계열 인사로 대체하는 것을 넘어서, 이전 정부에서 추진한 정책을 취소해 장기계획의 실행을 방해하는 경향마저 증가하고 있다. 예컨대, 민주당이

4 고위공무원은 주로 'leading principal'이나 'senior officers'에 속하는 부류로 국무장관, 부처장관, 차관, 부처장, 섹션, 고위전문가 등의 직위를 갖고 있다.

집권해 2012년에 추진한 경제개발부(Ministry of Economic Development) 설립안은 장기개발계획과 조정을 지원할 수 있는 중요한 제안이었다. 그러나 2016년에 집권한 인민당정부는 이의 설립 안을 백지화했다(Bertelsmann Stiftung, 2018).

공직사회를 정치적 지원이나 후원으로부터 단절시키거나 정치적 영향력을 배제하는 것은 민주주의를 향한 변화과정을 성공적으로 이끌어내는 데 중요한 요소이다. 몽골정부가 공직사회를 정치적 중립의 장으로 만들고자 노력한 흔적은 있지만, 정부와 정당 간의 긴밀한 유착은 현실에서 명백하게 존재한다. 행정과 정치권과의 긴밀한 관계를 관례화하려는 이러한 경향이 존재하는 한, 민주적 사고를 지닌 가치들을 도입하는 작업은 난항을 겪을 수밖에 없다.

행정부와 정치권의 분리가 현실적으로 쉬운 일은 아니다. 대부분 발전도상국에서 정치적으로 정당공무원이 아닌 직업공무원은 전문적 자율성과 정책에 대한 반응성이라는 두 개의 서로 다른 가치 사이에서 균형을 맞추어야 하는 도전에 직면해 있다. 이를 극복하는 유일한 길은 합법성을 통해서만이 가능하다는 측면에서 볼 때, 몽골정부가 합법성을 강화하고자 한 노력은 형식에 그쳐 왔다. 다시 말해, 공무원의 정치화현상이라는 현실은 여전히 수사나 당위성과는 달리, 법의 정신과 원칙으로부터 멀리 떨어져 있다는 사실이다(Matheson et al., 2007: 5).

몽골정부의 개혁에 따른 저항요인으로 정치적 안정성과 함께, 규칙에 기반한 정부에 대한 적실성 여부이다. 쉭(A. Schick)은 신공공관리모형의 성공적 구현을 위한 전제조건으로, 공공관리자가 처방된 규칙에 따라 공적 자금을 사용하는 오랜 습관과 강력한 공무원체제에 기초한 공식적

공공부분의 구축을 강조했다. 또한 계약문화와 법치주의가 정부와 기업에서 발달해 있지 않다면, 모형이 효과적으로 이식될 가능성은 매우 낮다고 지적했다(Schick, 1998: 6).

몽골의 모든 공공조직들도 쉭의 지적처럼 중앙에서 확립된 절차와 규정을 준수하도록 되어 있다. 그렇지만 현실과 법적 환경과는 심각한 불일치가 초래되었고, 이는 공무원들 간에 규정을 둘러싼 애매함을 초래했다. 논란의 여지가 있기는 하지만, 그의 지적이 몽골의 맥락 속에서 뉴질랜드모형이 실제로 왜 효과가 없었는가에 대한 이유이기도 하다. 개혁에 필요한 합법적인 준거 틀을 구축하는 것과 일 문화(work culture)를 바꾸는 것은 장기적 접근이 필요했다.

몽골에서는 공식 규칙과 비공식적 관행이 크게 달랐으며, 공무원이 자기성취를 위해 개인적 관계에 의존하는 것이 일반적 경향이었다. 이런 맥락에서 몽골은 개혁과정에서 계약관계를 존중하는 문화적 전통을 갖춘, 강력한 규칙에 기반한 정부는 아니었다(ADB, 2008: vi, 20). 다시 말해, 전환과정에 있는 국가들과 마찬가지로, 몽골 역시 공식적인 법적 틀의 구축이 전문적이고 탈(脫)정치화된 공무원조직을 창설하는 데는 불충분했다.

결국 리그스(Fred Riggs)가 지적한 것처럼, 몽골의 정치적 불안정성과 공공부문의 정치화현상 및 규칙에 기반하지 못한 정부행태는 발전도상국 행정체제의 특성으로 프리즘적 사회(prismatic society)의 속성인 형식주의(formalism)를 그대로 노정했다. 공식 규범과 실제 적용 간에 불일치 정도를 의미하는 형식주의는 관료재량의 범위를 증가시키고, 정실주의나 부패로 연결되기가 용이해 개혁의 장애요인으로 작용할 수밖에 없었다(김태룡, 2017: 112-113).

3. 부 패

국제투명성기구(Transparency International: TI)는 몽골의 부패현상을 풍토병(endemic)으로 명명했다. 몽골 부패현상의 특징은 모든 조직과 영역에서 부패가 풍토병처럼 사라지지 않고 유행한다는 데 있다. 이를 보여주듯 몽골은 2017년 국제투명성기구가 발표한 부패인식지수에서 180개국 중 103개국에 위치해, 100점 만점에 36점을 기록했다(Transparency International, 2017a).[5] 다만 2012년 이후부터 몽골이 취득한 점수가 안정세를 유지하고 있는데, 이는 역설적으로 부패척결을 위한 노력이 불충분했다는 것을 시사한다.

2017년 5월 국제공화연구소(International Republican Institute, 2017)의 조사에 따르면, 응답자의 75%가 몽골정부의 부패척결을 위한 노력에 '만족하지 않는다'거나 '매우 불만족스럽다'는 응답이 이를 입증한다. 부패는 몽골의 개혁과정에서 주요한 도전적 과제를 제시하고 있다. 국민 대다수는 부패를 억제하려는 정부 노력에 만족하지 않는다. 사소한 뇌물수수 행위는 감소하고 있는 것으로 보이지만, 공직과 정치권에 부패는 만연해 있다. 특히 정당과 정부에서 자행되고 있는 금권정치(cronyism)는 정치체제에 대한 신뢰와 개혁효과성을 심각하게 훼손하고 있다.

5 다른 기관에서 행해진 몽골의 부패 수준에 대한 부패조사 결과도 국제투명성기구(Transparency International)의 조사 결과와 유사하다. 트레이스 국제뇌물지수(The TRACE international bribery index, 2017)는 몽골을 52점으로 122위로 선정해, '정부와의 상호작용'과 '정부와 공무원 투명성'을 주요 관심사로 지목했다. 2017년 '부패경험과 시민인식에 대한 정기적 지역조사'에서도 응답자의 9.9%가 부패를 몽골이 직면하고 있는 가장 중요한 문제로 간주해 시민이 확인한 세 번째로 중요한 이슈가 되었다. 이 비율은 2010년 9월 이후 가장 높다(Asia Foundation, 2017a).

몽골국민들이 부패를 바라보는 시각에는 흥미로운 면이 있다. 부패가 국민의 사생활에는 거의 영향을 미치지 않으나, 다만 기업환경에는 중간 정도 영향을 미치고, 정치 영역에는 매우 큰 영향을 끼치는 것으로 인식한다는 데 있다. 정치 영역은 최근 몇 년 동안 부패가 가장 많이 증가했다고 인식하는 영역이기도 하다.

부패가 국내에서 흔한 관행이라고 생각하는 시민의 비율은 2006년 이후 거의 변동 없이 90% 수준을 맴돌고 있다. 그렇지만 이것이 부패 관행에 대한 광범위한 사회적 수용을 동반한다는 의미는 아니다. 실제로 '일부 수준의 부패는 용인할 수 있다'는 데 동의한 응답자는 27.8%에 불과하다.

부패 실정이 이런데도 부패행위를 구성하는 것이 무엇인지에 대해서

[그림 4-2] 부패 스캔들에 항의하는 몽골시민의 시위

자료: worldpoliticsreview.com.

는 몽골시민 간에 합의가 이루어지지 않고 있는 것이 더 큰 문제일 수 있다. 예컨대, 기부금(donation)이 뇌물의 형태인지 여부에 대해 몽골시민의 시각은 거의 반반 정도로 나누어져 있다. 기부금 행위는 학교부터 정당에 이르기까지 전국적으로 흔히 볼 수 있는 관행인데, 상당 부분의 기부금행위가 조직의 재정 지속가능성을 보장한다는 명목 하에 용납되고 있다. 하지만 이런 거래관계는 본질적으로 부패할 가능성이 크다는데 문제의 심각성이 있다(Asia Foundation, 2017a).

몽골시민들이 지닌 부패에 대한 시각에도 불구하고, 몽골정부가 부패를 감소시켜 개혁효과성을 증진시키려는 노력을 기울이지 않은 것은 아니었다. 부패 관련법 제정, 전자조달 강화, 예산지출 보고개선, 국가 부패방지프로그램 등을 제정하거나 개발에 노력을 기울였지만 부패 감소에 효과가 있거나 개선이 이루어지지는 않았다(Bertelsmann Stiftung, 2018). 국제투명성기구의 지적처럼 몽골의 부패는 풍토병적 성격을 갖고 있어 정치 영역만이 아니라 공공부문, 기업을 막론하고 모든 영역에 걸쳐 발생한다는 문제를 안고 있다.

몽골의 개혁과정에서 심각한 장애요인으로 작용해 온 부패 양상은 수준별 · 분야별로 매우 다양하다.

첫째, 상위 수준에서 대형부패가 만연해 있다. '세계부패척도(Global Corruption Barometer)'에 응답한 몽골 피조사자 가운데 46%는 '대부분 입법부 의원이나 모든 대표들이 부패'한 것으로, 피조사자 39%는 '대부분 정부 공무원이 부패'한 것으로 나타났다(Transparency International, 2017c). 유사한 결과로 아시아재단(Asia Foundation)이 실시한 조사에서도, 전국적 대형부패가 2014년 38%에 비해 2017년에는 55%로 크게 증가한 것으로 나타났다(Asia Foundation, 2017a).

몽골에서 대형부패 정도가 큰 이유는 정치와 기업 이익 간의 병합, 법체계의 역량 부족, 정부투명성 부족 등에서 기인한다. 그런데도 현실적 상황이나 능력으로는 몽골의 부패문제를 해결할 수 없다는 것이 더욱 문제이다. 몽골의 정당은 입법부 및 정부와 함께 대형부패를 발생시키는데 지대한 역할을 해 왔다(Transparency International Mongolia, 2016).

아시아재단이 실시한 조사에 따르면, 대형부패를 유발하는 국가기관으로 2010년 조사에서 정당은 가장 부패한 국가기관 순위에서 5위였으나 2017년에는 2위로 올라섰다는 결과가 이를 설명한다(Asia Foundation, 2017a).[6] 따라서 몽골시민들은 정당 내부의 책임 부재에 깊은 불만을 표출하고 있다. 몽골 민주주의의 발전상태를 고려해 볼 때, 정당과 정부에 깊이 뿌리박힌 부패와 정실주의는 법치주의와 정치기관에 대한 신뢰를 심각하게 위협하고 있는 실정이다(Bertelsmann Stiftung, 2018).

특히 선거와 관련해 정치적 기여에 관한 일부 법령이 시행되고 있기는 하나, 현재 법적 환경이 정당의 정치자금 조달을 효과적으로 규제하지는 못하고 있어 부패가 발생할 개연성은 매우 높다. 게다가 정치적 기부행위는 누구에게나 허용되고 있어, 이해상충이나 부당한 영향력을 행사할 가능성을 높이고 있다.

정당재정을 감시하고 감사해야 하는데 이런 과정이 내부적으로만 이루어지는 상황이라, 정치자금 조달의 투명성은 약화되고 정치부패의 위험성은 증가하는 악순환이 반복되고 있다. 또한 로비에 대한 규제가 없

6 아시아재단이 실시한 조사에서 의회는 4위, 정부는 5위를 차지했다.

어 기업과 정치 간의 긴밀한 유대가 억제되지 않고 있어, 공공과 민간의 회전문을 통해 거래가 끊이지 않는 것도 심각한 부패를 야기하는 원인이다(Transparency International Mongolia, 2016).

Д.ЖАРГАЛСАЙХАН(2019)의 지적처럼, 몽골의 부패에 따른 민주주의의 부실 원인은 정치권력의 핵심인 입법, 사법, 행정기관이 강화되지 못하고 제도화에 실패했기 때문이다. 다시 말해, 기관들의 구성조직 변경이 잦고, 관료를 능력이 아닌 정당대표와의 친밀도나 정당에 대한 재정지원 여부에 따라 임명하기 때문이다. 정당은 매관매직을 하거나 입찰심사에 관여하는 등의 방법으로 정치자금 마련을 은폐하고 있으며, 정당원들은 이러한 행위에 익숙해져 있어 정부는 완전히 부패에 사로잡혀 있는 실정이다(Jargal DeFacto, 2019년 3월 20일자).

둘째, 분야별로 부패 실태도 다양하고 심각하다. 특히 공공조달(public procurement) 부문에서 광범위한 부패가 만연되어 있다. 몽골정부는 공공조달부문의 부패를 감소시키기 위해 2014년부터 2016년에 걸쳐, '공개정부파트너십(the Open Government Partnership)'의 채택과 과세와 등록 및 조달부문에 전자서비스 사용을 도입한 '국가행동계획 I(the National Action Plan I)'을 시행했다(Bertelsmann Stiftung, 2018). 그러나 개혁노력에도 불구하고 정치적 · 가족적 연결망으로 연결된 부패네트워크는 공공입찰 결과에 막대한 영향을 끼쳤고, 정책적 노력에 회의를 가져다주었다(Asia Foundation Study, 2016).

조달부문과 함께 공공재정관리(public financial management)부문도 부패 개연성이 높은 영역이다. 공공재정관리(PFM)는 복잡한 기술적 과제와 과정을 포괄하고 있어, 단계별로 부패행위가 발생할 개연성이 높다. 대부분 부패는 예산의 집행과정에서 발생하기는 하나, 예산의 편성과 승인, 회계 및 보고, 예산 외 자금과 외부감독 분야에서 발생하기도 한다(Morgner & Chene, 2014).

몽골정부도 문제의 심각성을 인지하고 공공재정관리 분야의 부패를 해결하는 데 많은 관심을 기울였다. 그 결과 세계은행(WB)은 공공재정관리 평가에서 몽골이 예산에 포함된 정보를 확대하고, 정보를 공개하는 것은 물론 정부 간 재정관계에 대한 투명한 기준을 정하는 데 진전을 이뤘다는 사실을 높이 평가했다. 그럼에도 불구하고 정부자본으로 진행된 프로젝트의 미신고된 추가예산 조달로 인해 정보가 정확하지 않은 경우가 많고, 또 다른 위험은 국영기업의 리스크에 대한 감독이 제대로 이루어지지 않고 있다는 데 있다(World Bank, 2015).

분야별 부패 실태에서 문제가 심각한 부문이 광물자원의 채굴과 관련

[그림 4-3] 추출산업투명성구상(EITI) 가입국 현황

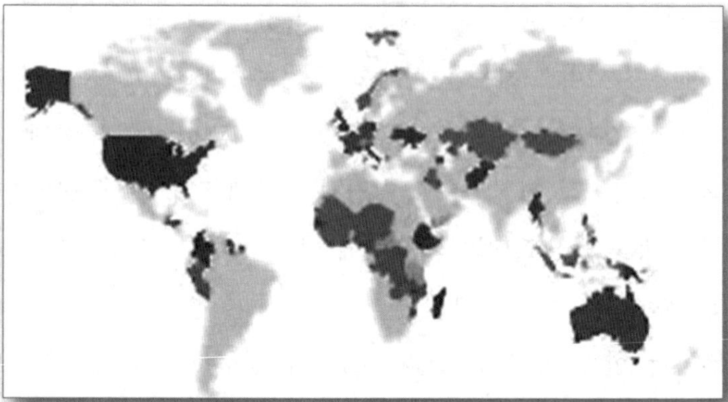

자료: eiti.org

된 산업부문이다. 몽골은 세계에서 10위권에 해당하는 천연자원을 보유한 나라이다. 몽골은 2007년 '추출산업투명성구상(the Extractive Industry Transparency Initiative: EITI)'에 가입해, 표준이행에 의미 있는 진전을 이루기는 했으나 몽골의 천연자원 채굴 분야는 여전히 부패에 취약하다.

채굴 가치사슬의 첫 단계인 허가과정부터 투명하지 않으며, 종종 재량권의 정도가 너무 커서 남용가능성의 우려가 크다. 예컨대, 광업 관련 토지허가는 규제내용이 불명확하고, 추출 면허 또한 불명확한 평가기준과 약한 외부통제로 정치적 영향력에 여전히 취약한 실정이다(Transparency International, 2017b).

몽골정부는 풍토병처럼 발생하는 부패문제의 심각성을 완화하고자 개혁과정에서 많은 노력을 기울여 왔다. 1990년 「정당법」, 1996년 「부패방지법」, 2000년 「조달법」, 2002년 '부패퇴치프로그램' 제정, 그리고 2006년에는 '유엔부패방지협약(UNCAC)'에 비준을 했다. 2007년에는 부패방치청(Independent Authority Against Corruption: IAAC)을 설립하고, 2012년에는 「공공서비스에 대한 공적 및 사적 이익을 규제하기 위한 이해상충방지법(Law on Regulating Public and Private Interests in Public Services and Preventing Conflicts of Interest)」, 2015년에는 「유리회계법(Glass Account Law)」을 제정하는 등 부패 관련 법제는 거의 갖추고 있다.

몽골의회는 이에 더해 2015년 국민총생산(GDP)에서 약 10~25%에 달하는 몽골의 지하경제를 억제하고 공무원의 부당한 강탈을 줄이기 위해, 「경제투명성과 세금 사면을 지원하는 법」까지 통과시켰다. 다만 법제의 구축에도 불구하고 법제의 불완전성과 작동과정에서의 형식성으로 효과가 한정적이라는 데 문제가 있다.

「부패방지법」의 경우 이해 상충, 투명성 부족, 정보접근성 부족, 부적절한 민원제도, 주요 기관에 대한 정부통제의 취약 등으로 시행이 부실하다는 것이 문제로 지적되고 있다(US Department of State, 2017). 또한 공무원의 뇌물청탁이나 수수에 대한 최고 형량은 「형법」상 10년인 데 비해, 「부패방지법」에서는 최대 5년 간의 벌금과 징역만을 부과하는 등 형법의 처벌기준보다 약하고, 「부패방지법」에서 범죄에 대한 정의가 불명료해 집행을 어렵게 하는 것도 문제이다(OECD, 2015; GAN Integrity, 2016).

2015년에 제정된 「유리회계법」에 따르면, 국가가 관여하는 정부기관과 법인은 예산과 재정문제에 관한 정보를 공개하도록 해, 재정적 위법행위를 제어하는 데 어느 정도 성공을 거두었다. 하지만 2016년에 투명성을 더욱 강화한 법안에 대해 의회가 심의를 거부하는 등 저항도 만만치 않아 부패개혁에 적잖은 장애요인이 놓여 있다.

부패방지의 형식화 가운데 부패방지 전담기구인 부패방지청(IAAC)의 무력화를 들 수 있다. 부패방지청은 사건을 기소할 권한은 없지만, 2015년에 부패혐의로 조사한 185건 중 7%가 유죄판결을 받았다. 나머지 사건 가운데 24%는 검찰청, 13%는 다른 기관에 회부되었다. 그리고 12%는 다른 형사소송과 합병되었고, 17%는 검사나 법원 차원에서 취하되었다(Bertelsmann Stiftung, 2018).

조사 대상에는 전직 대통령, 총리, 도지사, 은행가, 세관관계자가 포함되었다. 비록 부패혐의에 대한 처벌이 검사나 법원의 책임이고 부패방지청의 권한을 넘어서는 것이지만, 많은 수의 사건들이 기각되거나 취하되었다는 사실은 몽골 부패의 현주소와 무관하지 않다.

부패방지청의 무력화는 부패방지청의 위원장 임기와도 관련이 있는 데, 몽골 대통령은 위원장을 임명할 수 있는 권한을 갖고 있다. 그런데 법이 규정한 부패방지청 위원장은 6년 임기에도 불구하고, 지금까지 임기를 제대로 마친 위원장은 없다(Transparency International, 2018). 따라서 이는 부패방지청을 진정으로 독립시키고자 한다기보다는, 정치적 보복에 이용하려 하고 정치적 이익에 따라 통제할 수도 있다는 의혹으로부터 자유롭지 못한 방증이다.

부패문제와 관련해 최종 결정권자인 몽골 법원의 부패화도 심각한 실정이다.[7] 몽골에서 사법총회(the Judicial General Council: JGC)는 독립 판사를 임명하고 공정성을 보장해 사법부 독립을 보장할 책임을 맡고는 있으나, 사법적 부정행위에 대한 혐의를 조사할 권한은 없다. 그래서 정치권력자들에게 의존적인 경향을 띠고 있는데, 그에 따른 법원 인사의 정치적 임명과 부패사건에 대한 사법 절차과정에서 정치적 영향력이 광범위하게 작동하고 있는 실정이다(Bertelsmann Stiftung, 2018).

몽골은 여전히 독립적 사법부를 향상시키는 데 필요한 일관된 입법체계와 제도적 통합이 부족하다. 게다가 몽골 법원의 부패화의 원인으로 2000년대 경기침체 기간에 판사들의 봉급을 35% 삭감한 것이 그것이다. 이로 인해 그들의 경제적 독립성은 크게 줄어들었고, 재정자원이 부족해진 법원은 부패에 취약해졌다(World Economic Forum, 2014; Merkle, 2018: 1-7).

7 몽골의 사법 제도는 헌법재판소, 대법원, 도(aimag) 및 수도 법원(capital city courts), 군(soum) 및 자치구 법원(district courts)으로 구성된다. 몽골의 법률 체계로 민법-일반법 체계가 혼용된 법 체계를 가지고 있다. 판사가 이전 판결과 유사한 사건을 다루는 경우 사전에 언도한 판결내용에 주의를 가질 수는 있지만, 반드시 이전 판결에 기속되지 않는다는 점에서 몽골법은 일관된 해석과 적용에 필요한 구체성이 부족하다.

4. 정책집행상의 한계

1) 정책 간의 갈등과 참여자

개혁의 효과성이 낮았던 이유로 개혁모형을 집행하는 과정에서 정책들 간에 상충성이 존재했다. 개혁정책들은 정책문제에 대한 집행이나 구현 시에 활용하는 접근방식들이 다소 다르다. 예컨대, 뉴질랜드모형을 포함한 신공공관리모형이 추구하는 사상(idea)은 업무 결과에 책임을 지게 하도록, 정부기관이나 지방자치단체 관리자에게 더 많은 권한을 부여하는 것을 목표로 하는 산출기반예산을 선호한다. 반면에 단일재무회계정책은 신공공관리모형이 추구하는 분권화사상과는 대치되는 집권화를 추구한다는 면에서 상충성이 존재했다.

특히 「공공부문관리와 재정법」이 추구하는 성과관리의 지향점은 인적자원 관리의 분권화와 개별화를 전제로 한다. 그러나 몽골에서 체제전환 초기에 도입해 실시 중이던, 경력기반체제(career based system)에 기반한 실적주의는 모든 인적자원을 중앙집중화하려 했다는 측면에서 일관성이 없었다(Badarch, 2013: 104-109). 다시 말해, 「공공부문관리와 재정법」이나 「정부공무원법」 모두가 모집과 보상에서 전문주의와 실적주의에 기반한 원리를 밝히고는 있다. 하지만 양 법이 근거하고 있는 기반은 전혀 달랐다.

예컨대, 「정부공무원법」은 집권적이며 경력에 기반한 모형을 활용하는 데 반해, 「공공부문관리와 재정법」은 직위에 기반한 체제(position based system)와 기관에 대한 권한위임이라는 사고를 육성하고자 한 뉴질랜드 모형을 기반으로 하고 있다. 이에 따라 인적자원 관리에 대한 집권화된 법적 제도와 분권화된 법적 제도 사이의 긴장은, 특히 인력과 재정적 의사결정과정에서 심각한 모호성을 야기했다(World Bank, 2009: 4). 이처럼 개혁정책들이 추구하는 내용들이 상충하는 경우가 빈번한 것이 문제였다.

양립할 수 없는 법률 체계나 개혁프로그램, 국제금융기구들이 조건을 부여한 프로젝트들은 개혁과정에서 상호 간에 부적합을 야기했다(Wheare, 1973: 11-15). 그 결과 중앙정부 차원에서 시작된 개혁과 시행 중인 법률이나 규정이 실제로 지방정부 차원이나 하층부에는 제대로 시행되지 않았다. 관료의 일상적 결정과 행동에 거의 변화가 없는 상태에서, 부적합이나 모호성이 개선되지 않은 법률이나 프로그램이 거의 동일하게 집행되었기 때문에, 개혁 결과는 변화의 기대를 충족시키지 못했다(World Bank, 2010: 5).

2) 국제기구의 폐해

개혁 결과와 관련해 국제금융기구나 국제원조기구가 몽골의 개혁과정에 끼친 영향을 살펴볼 필요가 있다. 몽골은 1991년 국제통화기금에 가입한 이래로 거의 모든 국제기구에 가입해 왔다. 체제전환 초기부터 현재까지 40여 곳이 넘는 국제금융기구와 국제원조기구가 다양한 분야에 참여해 왔다.

1인당 기준으로 몽골은 공식 개발원조의 최고 수령국가 중 하나가 되었다. 이에 따라 개혁과정만이 아니라 몽골사회 전체에 미치는 이들 기구의 영향력은 컸다. 체제전환 초기에 맞이한 금융위기를 극복하기 위해 국제통화기금(IMF)과 아시아개발은행(ADB) 등이 공공부문관리를 개선하기 위해 참여한 이래, 개혁과정에서 개혁 초안의 작성과 모형이식과정에 필요한 훈련과정에 이르기까지 국제기구의 원조는 절대적이었다.

그렇지만 원조프로그램 가운데 일부는 국제원조기구가 중심이 되는 경우가 많은데, 국제통화기금이나 세계은행(WB) 또는 아시아개발은행과 같은 국제금융기구의 사례가 이에 해당한다. 이때 국제금융기구는 기부자로서 몽골 상황과는 관계없이 기구의 전략과 우선순위에 따라 대출과 보조금프로젝트를 공식화한다는 데 문제가 있다. 이 경우 몽골의 입장에서 볼 때는 프로젝트가 국가 우선순위나 예산할당과 관계없이 구현을 위해 승인된 경우가 많았다.

기부자 주도의 프로젝트는 때때로 국가소유 감각을 만들어 내지 못했고, 개혁과정과 유리된 집행 혼선을 초래했다(Bertelsmann Stiftung, 2018). 그 결과 몽골의 국가 우선순위, 부문 계획 및 예산과 개발 원조프로그램 간에 수렴 정도가 약했고, 개혁과정에서 이들의 영향력이 크다 보니 개혁이 때때로 이들의 의사대로 진행되는 경우가 많았다.

3) 관료의 전문성

몽골정부가 추진한 개혁과정에서 관료의 전문성은 필수적 전제조건이었다. 그러나 몽골공무원의 전문성은 개혁 집행과정에서 보듯이 낮은 전문성으로 개혁의 효과를 담보해 내기에는 부족했다. 몽골공무원의 객관적 수준은 비교적 높다. 체제전환 이전의 사회주의체제에서 실시된 의무교육으로 인해, 공무원의 70% 이상이 전문대졸 이상의 학력을 소유하고 있다. 그렇지만 높은 학력에 비해 개혁과정을 실행할 전문성은 낮았다. 이에 더해 관료들이 지닌 문화나 행태는 전근대적이고 합리성은 결여되어 있었다.

몽골정부가 다양한 입법이나 개혁을 통해 행정문화, 관료 행태 및 공무원의 근무 습관을 개조하기 위한 노력을 기울였지만 크게 달라진 것은 없었다. 그에 따라 관료의 전문성과 책임성, 그리고 고객지향성은 여전히 취약하다. 관료의 행태와 문화, 그리고 책임성을 개선하기 위한 효과적 대안은 채용 단계에서부터 적실성 있는 채용제도로 인재를 선발하고, 지속적 교육과정을 통해 바람직한 관료로서의 사회화과정을 이수시켜야 하는데, 이런 측면에서 몽골공무원에 대한 교육은 산발적이고 비효과적이었다.

공무원위원회가 관리하는 공무원 채용시험은 다양한 기술 분야에서 정책 변화를 전달하는 데 필요한 실용적 지식이나 기술 및 능력보다는 이론적 · 법적 지식을 검증하는 데 그치고 있다. 채용 이후에도 공정한 성과평가를 통해 승진과 급여 변경, 계급 부여, 징계 조치 및 경력 개발이 이루어져야 하는데, 몽골에서 이루어지고 있는 성과평가는 이런 내용들을 담지 못하고 형식적 행사에 불과했다.

소수의 공무원만이 시민의 피드백을 행정성과로 끌어들이기 위한 시도를 간헐적으로 시도했을 뿐, 그나마도 그런 피드백은 정책결정과정에 통합되지도 않았다(World Bank, 2009). 다만 다행스러운 측면은 성과평가를 강화하는 차원에서, 2017년에 몽골정부는 2015년 제정된 「개발정책과 기획에 관한 법(the Law on Development Policy and Planning)」에서 정한 요건에 따라 모니터링과 평가 절차를 개정하는 결의안을 통과시켰다. 또한 모니터링과 평가 절차의 일환으로 공공서비스에 대한 고객만족도를 평가하기 위한 요건도 포함시켰다.

그러나 모니터링과 평가기능은 여전히 결과지향성이 부족하며 법률,

국가 프로그램, 정부의 행동계획, 운영투명성, 사회경제지표에 대한 모니터링에 한정되어 있는 실정이다. 따라서 공공기관과 공무원 간에 이루어지는 기획, 시행, 모니터링, 보고 등에서 성과지향적 문화를 촉진할 필요가 있다(UNDP, 2018: 3). 현재 몽골 내각사무국의 모니터링과 평가 및 검사부(the Monitoring and Evaluation and Internal Audit Department: M&EIAD)가 공무원의 성과에 대한 전반적인 모니터링을 담당하고 있다.

공무원의 능력을 강화하기 위한 교육이나 훈련 실태 또한 열악한 실정이다. 현장 교육은 산발적이며 공무원 역량에 대한 전략적 틀이나 비전과는 연결되어 있지 않다. 정부훈련기관인 국립거버넌스아카데미(the National Academy of Governance)가 제공하는 훈련과정은 50%의 공무원만을 대상으로 하고 있다.

국립거버넌스아카데미는 공무원에 대한 교육내용의 약점을 깨닫고 실제지향적인 콘텐츠로 전환할 계획을 가지고 있기는 하나, 교직원의 기술과 지식에 한계가 있고 현대적 커리큘럼이나 정형화된 교과서조차 구비하지 못하고 있는 실정이다. 결국 관료의 전문성이 개혁의 실행과정에서 개혁효과성을 담보해 내는 데 중요한 전제조건이라고 한다면, 몽골공무원의 전문성은 개혁과정에서 요구하는 수준과는 거리가 있었다.

4) 성과평가의 한계

뉴질랜드모형에 입각한 신공공관리모형을 도입하는 데 집행상 장애는 성과계약과 관련한 부분이었다. 일반적으로 바람직한 성과주의 예산제도가 지닌 특징은 이러하다.

첫째, 성과평가 단위는 개인이 아니라 프로그램 단위이다. 그것은 성과평가가 공무원 개인의 근무평가를 목적으로 하는 것이 아니라, 한정된 재정자원을 둘러싸고 경쟁적인 정책수단들 사이에서 효율적 배분을 목적으로 하기 때문이다.

둘째, 성과협약은 부처 내의 공무원들 간에 이루어지는 것이 아니다. 일반적으로 성과협약은 예산담당부처와 지출부처, 그리고 지출부처와 시행청 간에 체결된다. 특정 프로그램에 대한 자원 배분은 예산담당부처와 지출부처 또는 지출부처와 시행청 간에 일종의 협상과정을 통해 이루어지기 때문이다.

셋째, 성과협약에 근거한 평가는 예산배분에 환류된다. 프로그램 성과의 평가는 집행을 담당한 공무원의 인센티브에 영향을 줄 수 있기는 하지만, 성과평가의 주요 목적이 정책수단들 간에 재정자원의 효율적 배분에 있기 때문에 성과평가의 결과는 원칙적으로 예산배분에 환류되어야 한다.

넷째, 다양한 차원의 성과관리 수단들이 활용된다. 일반적으로 성과관리 수단들은 세 개의 층위로 구성되어 있다. 부처나 재정사업 단위로 성과지표를 사전에 설정하고 달성 정도를 확인하는 성과지표관리(performance monitoring), 프로그램 단위로 계획과 집행 및 효과를 종합적으로 점검하는 사업검토(program review), 그리고 사업의 효과성 등을 엄밀하게 검증하는 사업평가(program evaluation) 등이 그것이다(기획재정부 · 한국개발연구원, 2012).

몽골정부는 이 같은 성과평가에 입각한 성과주의 예산제도를 구축하기 위해, 2003년부터 「공공부문관리와 재정법(PSMFL)」을 집행하기 시작했다. 이에 따라 관리자는 매년 성과계약을 작성하고 산출을 나열해야 했다. 그들은 산출물에 대한 예상비용을 제공하고, 적어도 공식적으로는 산출물을 전달하는 책임을 담당했다. 하지만 성과계약을 수행할 개혁체제는 모든 단계에서 어려움을 겪었다. 예컨대, 기관과 개인의 산출물에 대한 구체화 단계에서, 그리고 성과 측정 및 성과에 대한 보상의 결정 단계 등 과정마다 어려움을 겪었다.

신공공관리모형에 따른 공무원 개혁의 성공은 산출물의 구체화와 관리자 및 직원이 제공한 산출물 평가에 달려 있지만, 투입과 산출을 구분하는 것은 쉬운 일이 아니었다. 이에 따라 성과계약서에 대한 검토과정이 형식적이었거나 실제로 거의 활용되지 않았다. 다음 단계의 문제는 산출물을 기반으로 한 인력평가였지만, 산출명세서가 직면한 것과 동일한 문제가 재현되었다. 예컨대, 성과평가에서 질적 평가는 거의 제외되고 양적 평가에만 과도할 정도로 집중되었다. 성과에 대한 인센티브가 부족한 것은 최후의 문제였다.

원래 2003년부터 작동하기 시작한 이 법은 조직이 예산 흑자를 낸 경우 상여금을 지급하게 되어 있었지만 효과는 거의 발생하지 않았다. 개혁이 시작된 지 13년이 지난 2009년까지도 관리들은 성과계약이 대부분 형식적으로 유지되고 있다고 평가했는데(Hausman, 2009: 1), 현재까지도 크게 달라진 것은 없는 상태이다. 결국 이 같은 문제는 개혁의 전제조건을 충족하지 못한 상태에서 급속한 개혁 실행으로 인한 결과이며, 관리자들의 예산자율성이 부족한 데서 기인했다.

이런 상황을 예측하고 아시아개발은행은 '둘째 단계의 거버넌스 개혁 프로그램(GRP2)'이 시작되기 전에 이미 강력한 권고를 했다. 지나치게 성과계약에 기초한 산출기반예산 채택을 현실적 목표로 설정하지 말라는 것이었다. 그것은 몽골이 지닌 공공부문 역량이나 국제적 경험을 고려할 때 효과성이 낮을 것이라는 예측 때문이었다. 대신 재무관리에 대한 개혁 노력을 순차적으로 진행하는 편이 오히려 바람직하다는 권고를 했다.

예컨대, ① 산출물 예산을 목표로 하기 전에 투입물에 대한 예산을 고려하고, ② 발생을 고려하기 전에 현금을 계산하고, ③ 통합재무관리 시스템을 설치하기 전에 신뢰할 수 있는 회계시스템을 운영하고, ④ 내부통제를 도입하기 전에 외부통제를 설정하고, ⑤ 결과를 달성하기 위해 예산을 책정하기 전에 수행해야 하는 예산을 고려하고, ⑥ 관리 책임을 채택하기 전에 내적 통제장치를 마련하고, ⑦ 관리자가 위임된 자원을 효율적으로 사용할 수 있도록 해 달라는 주장 전에 예측 가능한 예산을 채택・집행하고, ⑧ 공공부문에서 성과계약을 도입하기 전에 시장부문에서 공식 계약을 시행하고, ⑨ 성과감사로 이동하기 전에 효과적인 재무감사를 실시해야 할 것을 권고했다(ADB, 2011: 3-12).

하지만 이런 권고에도 불구하고 몽골정부는 신속한 이행에 대한 열망만이 강했을 뿐, 대부분 기관역량은 이에 미치지 못했고 실제로 성과계약에 기초한 산출기반예산의 효과성은 거의 없었다. 오히려 정치적으로 「공공부문관리와 재정법」이 예산과정을 재집권화하고, 헌법에서 보장된 지방정부의 자치권을 축소하는 방향으로 진행될 위험성만 증가시켰다. 사실상 개혁프로그램은 지방정부를 발전시킨 것이 아니라 낙후시키는 데 기여했을 뿐이다(ADB, 2008: 20-21).

5) 문화적 한계

(1) 계약문화

쉭(A. Schick)은 신공공관리모형을 성공적으로 구현하기 위한 전제조건으로, 기업부문에서 계약관계가 발달되어 있어야 함을 강조하면서 그렇지 않을 경우, 정부 사업의 수행이 효과적으로 작동할 가능성은 매우 낮을 것이라고 지적했다. 시장개혁의 모든 요소는 정부와 장관 간에 재화와 서비스 구매자, 부서와 기타 업체를 공급 업체로 설정하거나 강화하도록 설계되었다. 이 새로운 계약주의(new contractualism)는 전통행정을 특징짓는 관계 계약(relational contracts)을 대체했다(Schick, 1998: 3-6).

몽골은 사회주의체제 하에서 장기간 운영되었던 공공부문과 짧은 기간의 경험 밖에 없는 시장메커니즘 하에서, 과연 쉭의 지적처럼 새로운 계약주의에 입각한 신공공관리모형을 제대로 이식할 수 있는가에 대해서는 심각한 고려가 있어야 했다. 특히 뉴질랜드모형이 민간부문의 가장 좋은 기술을 공공 행정에 적용하는 것이라면, 몽골에서 새로이 부상하는 민간부문이 이런 기술과 관행을 축적했는지 여부에 대해서는 회의적일 수밖에 없었다(Hughes, 1994: 83).

(2) 문화적 특성

몽골인은 일반적으로 가까운 관계가 있거나 지역적 유대를 가진 사람을 신뢰하고 선호한다. 이는 사회주의 유산과 유목민 문화의 전통에서 기인하는 것이기도 하다. 사회주의 유산으로 몽골인들의 사고 속에 각인된 사회주의적 믿음과 가치는 몽골인의 업무관계에서 깊은 영향을 끼쳐 왔다.

몽골인은 평생 안전을 제공해 주는 큰형이나 권력자(big brother)를 숭배하려는 경향성과, 사회주의 시대에 집단적 욕구를 중시했던 습성에 따라 집단주의 사고방식에 익숙하다는 데 있다. 이에 더해 유목민 문화의 전통과 함께, 급속한 도시로의 이주현상과 새로운 지역사회에 대한 감각 상실로 야기된 일반적 신뢰의 부족으로, 몽골인들에게 친족과 친구 중심적 네트워크가 차지하는 필수적 사회집단으로서의 중요성은 더욱 커져 왔다(Bertelsmann Stiftung, 2018).

사회주의가 몰락하고 체제전환이라는 급진적 변화가 야기되어 삶의 질서에 도전하는 전이기간에도, 문화적 유산으로부터 영향을 받은 몽골인들은 여전히 영향력 있는 이해집단이나 정당에 속해 안전을 추구하는 것을 선호했다. 이렇게 형성된 강력한 집단관계는 계층구조에 유리한 전제 조건을 만들었다. 의사결정권한은 고도로 중앙집권화되어 수직관계의 권한관계가 형성되고, 구체화된 역할은 구성원들의 모든 행동을 설계해 왔다.

사회주의 정권 때부터 형성된 권위주의적 관료주의는 공공부문에서 참여적 작업환경 대신 수동적 여건을 창출하는 데 주된 역할을 담당했다. 이런 상황에서 공무원은 책임이 수반되는 어떤 일도 하지 않으려 하고, 새로운 것을 시작하는 것을 선호하지 않게 된다. 비록 달성하기 쉬운 간단한 목표라 하더라도 말이다. 몽골공무원에게서 행정에 대한 열정이 부족한 이유가 바로 이런 문화에서 기인했다.

게다가 사회주의 시대 때와 마찬가지로, 몽골인들은 모든 상황에 대한 해결책과 결정이 상부나 정부로부터 오기를 기대하고 있었다. 상부의 결정에 의존하려는 것은 개인적 책임감이 부족하다는 것을 반영한다. 이는 공공부문에 새로운 민주적 가치를 도입하고자 할 때 가장 중요한 전제조건 중 하나인 사회개발에 대한 소유권의 약화를 초래했다.

몽골정부가 그간 공공부문의 효율성과 효율성을 높이고 업무문화를 변화시키기 위해 많은 개혁정책을 시행했지만, 몽골의 공공부문에서 이를 해결할 전제조건으로서 평등주의적이고 개인주의 문화가 이런 이유로 충분하게 형성되지가 않았던 것이다(Badarch, 2013: 130-205). 그 결과 몽골정부가 추진했던 개혁정책은 몽골의 집단주의 문화와 부조화를 거치면서 개혁성과는 낮을 수밖에 없었던 것이다. 결국 개인의 책임성을 촉진하고자 했던 성과관리 사고는 집단주의 문화와 어울리지 않는 것이었을 뿐만 아니라, 형식화되고 심지어 대부분 공공기관에서 시행조차 되지 않았다.

6) 통제장치

정책과정에서 언론이나 시민단체의 참여는 매우 중요하다. 특히 개혁과정에서 개혁에 대한 통제장치나 교정장치로서 이들의 중요성은 재론의 여지가 없다. 몽골의 「헌법」은 정부의 개입이나 제한으로부터 표현의 자유를 보장하고는 있지만, 관련 법률과 시행과정에는 여러 결함이 내포되어 있다.

예컨대, 2011년 제정된 「정보투명성과 정보권리에 관한 법(Law on Information Transparency and Right to Information)」은 정보권리에 대한 법적 보호를 제공하는 데 목적이 있다. 하지만 동법은 국가비밀을 모호하게 정의한다든지 언론인을 제한하는 데 사용되고 있다는 비판에서 자유롭지 못하다. 따라서 몽골언론인과 언론매체들이 보복과 명예훼손 혐의에 대한 두려움으로, 자기 검열을 실시할 수밖에 없는 상황에 내몰리게 되었다는 것은 개혁과정에서 문제가 아닐 수 없다.

몽골에 다수의 언론매체가 있기는 하지만, 양적 요소보다는 매체 소유권 유형과 투명성 부족이 문제로 지적되고 있다. 대부분 뉴스 방송국들은 정치화되어 대기업과 유력 정치인들에 의존하고 있는데, 당파적이고 이익에 기반한 의제를 추구하고 있다는 사실에서 더욱 그러하다.

결과적으로, 언론매체 소유자는 의제설정과 예비 검열과정에서 편집자나 언론인에 대해 직접적 영향을 행사해 왔다는 측면에서, 몽골언론이 안고 있는 문제는 다소 심각하다. 이러한 현상을 반영하듯 몽골은 2016년 '언론자유지수(Freedom of Press Index)' 부문에서 '부분적으로 자유로운 상태' 수준으로 평가를 받았다. 순위는 2020년 현재 180개국 중에서 70위권에 머물러 있는 상태이다(medium.com, 2020년 2월 20일).

다만 몽골이 주요 언론매체에 반해, 활기찬 온라인 커뮤니티를 보유

[그림 4-4] 미디어 자유보고서

자료: gic.mm

하고 있다는 점에서는 긍정적이다. 이들은 정치인을 감시하고 정의를 위한 캠페인 동원을 담당하는 역할을 강화하고 있고, 주요 언론매체들이 하지 못하는 영역까지도 활동 영역과 영향력을 넓혀가고 있다는 점에서 개혁과정을 밝게 하고 있다. 특히 독립블로거와 소셜미디어 활동가들은 공공 영역이나 개혁과정에서 상당한 영향력을 행사하는 것으로 평가받고 있다.

몽골의 개혁과정에서 표현의 자유와 함께 살펴볼 것이 결사 및 집회의 자유이다. 몽골 「헌법」은 결사 및 집회의 자유를 보장한다. 1992년 「헌법」과 1997년 「비정부기구에 관한 법률(law on non-governmental organizations)」은 시민단체(NGO)를 위한 합법적인 근거를 제공했다. 이 법은 몽골시민들이 국가나 다른 당사자의 개입 없이 자신의 이익과 의견에 근거하여, 시민단체를 자유롭게 설립할 수 있는 권리를 보장하고 있다.

특히 법 제정 이후 등록 절차가 상당히 간소해져, 국가등록청(State Registration Agency)에 등록된 시민단체 수가 급증해 2017년 현재 23,694개에 달하고 있다. 이들은 여성 권리, 청소년 및 환경단체 같은 국가 전체 수준에서 활동하는 단체로부터, 농촌지역의 비공식적이고 이슈가 많은 풀뿌리 그룹에 이르기까지 활동 영역이 매우 다양하다. 몽골에는 시민단체적 성격보다는 다양한 관심사와 공동체주의를 반영하는 광범위한 이익집단들도 많이 존재하고 있다. 특히 체제전환 이후에 자유와 민주적 결사체 원칙에 기초해 설립된 단체들이 많이 등장한 것도 이 시기의 특징이다.

결사의 자유와 함께 집회의 자유와 관련해 몽골의 주민과 시민단체는 정부의 간섭 없이도 권리를 행사할 수 있다. 1994년 제정된 「시위조직법(Law on Organizing Demonstration)」에 따라, 공개 시위주최자는 행사가 계획된 지역의 주지사(governor)나 도(imag)에 통보해야 하며, 주지사는 승인 권한을 가지고 있다. 다만 집회 및 시위에 대한 권리가 주지사의 재량권으로 종종 제한받는 경우가 있다는 측면에서 문제로 지적되고 있다(Bertelsmann Stiftung, 2018).

이상에서 보듯이 몽골의 집회 및 결사와 관련된 시민이나 시민단체들은 체제전환 이후 양적·질적으로 많은 변화를 겪어 오면서, 정책과정에서 영향력을 증가시켜 왔다. 이에 반해 몽골정부는 개혁과정에서 민간부문이나 시민사회가 차지하는 역할의 중요성을 인식하는 데 한계를 노정함으로써, 이들과의 바람직한 거버넌스를 구축하는 데 문제가 있었다. 최근 헌법개정과정에서 보듯이 바람직한 거버넌스의 사례가 있기는 하지만, 개혁과정에 통제장치로서 언론과 시민사회의 역할은 늘상 배제되어 왔다.

시민사회도 동등한 파트너로서 정부와 협력할 수 있는 필요한 경험이나 인식 및 역량이 부족한 측면이 문제의 원인일 수는 있다. 또한 많은 시민단체들이 규모가 작고 영세해서, 몽골의 필수적 사회집단으로서 친족이나 친구중심적인 네트워크를 직접적으로 대체할 수 없다는 현실적 한계도 있기는 하다. 하지만 정부가 시민사회나 민간부문에 활성화된 정책환경을 제공함으로써, 시민사회의 발전을 보장하기 위한 노력을 경주해야 할 필요성도 크다.

결국 개혁과정에서 몽골정부가 바람직한 거버넌스를 구축하기 위한 노력을 별로 기울이지 않았다는 점과 시민사회의 역량이 크지 못했다는 현실적 여건을 감안할 때 개혁효과성에 끼친 시민사회의 역할은 크지 않았다(김태룡, 2020: 24-36).

제 5 장

몽골 정부개혁의 미래

제5장

몽골 정부개혁의 미래

제1절 몽골의 정부개혁: 현주소

1. 개혁체제의 현주소

몽골은 1990년 체제전환 이후 30년 간 국제사회의 평가처럼 비교적 성공적인 전이과정을 거쳐 민주주의와 시장경제체제를 정착시킨 국가가 되었다. 평화적 정권교체가 이루어지고, 통제가 남아 있기는 하나 시장경제가 활성화되고, 시민사회도 대체로 역동적으로 작동하고 있다. 그 결과 다소 불안정하기는 하지만 경제성장도 안정세에 들어섰고, 사회안전망도 일정 부분 갖추어져 있다. 특히 몽골을 괴롭히던 외적환경으로 중국이나 러시아와의 외교관계도 순조롭게 유지되고 있으며, 체제 이전과는 비교할 수 없을 정도로 국제관계를 다변화해 왔다.

하지만 성공적 전이과정의 이면에는 심각한 정치적 불안정과 부패가 드리워져 있으며, 국제환경과 지정학적 요인에 취약한 경제구조가 장애가 되고 있다. 공무원집단의 정치화와 전문성 취약과 함께, 전근대적 집단문화나 인식은 합리적 제도운영을 가로 막고 있다. 이에 더해 통제장치의 역할을 담당할 개혁환경으로 시민문화는 사회주의적 전통과 유목민 전통에 기반한 집단주의 문화를 벗어나지 못해 개혁과정에서 역할이 한정적이었다.

2. 개혁과정의 현주소

몽골은 소비에트 위성국가에서 벗어나 체제전환에 따른 전이과정에서 세 차례의 대규모 정부개혁을 단행했다.

첫째 개혁 단계는 체제전환 초기부터 1996년까지 전기 개혁과정으로, 이 시기는 개혁이라기보다는 일종의 기관형성기에 해당한다. 사회주의 체제에서 작동하던 법제도를 모두 교체하고 새로운 법의 제정과 기구를 설립해야 하는 등, 개혁보다는 기관형성적 성격이 더 많은 시기였다. 다만 이 기간에 관리주의적 사상이 전개될 수 있는 토양이 마련되었다는 데에 의미가 있다.

둘째 개혁 단계는 뉴질랜드모형에 기반한 신공공관리모형이 몽골 정부개혁의 지배적 패러다임으로 작동하던 중기 개혁과정이다. 1997년부터 2011년까지가 이에 해당한다. 개혁의 특징은 재정분권화에 대한 부작용을 극복하고 성과계약에 기초해 공무원의 책임성과 행정의 효율성을 담보하는 데 목표를 설정했다. 이 시기 두 차례의 '거버넌스 개혁프로그램(GRP)'이 진행되었고, 개혁의 산출물로 「공공부문관리와 재정법(PSMFL)」이 작동하기 시작했다. 하지만 이 법의 제정으로 재정집권화를 성취한 성과 외에는 형식성만 심화되는 개혁의 부작용이 나타났다.

셋째 개혁 단계는 2012년부터 현재까지로 이 시기 역시 국제사회의 개혁조류에 따라 시민지향적 거버넌스(citizen-oriented governance)에 기초한 후기신공공관리적 개혁이 진행되고 있다. 다만 이 시기에는 「통합예산법」과 여러 부패법제가 제정되었다는 성과가 있을 뿐, 대부분 개혁은 장기계획에 불과하거나 선언적 내용이 주를 이루고 있다.

몽골의 개혁과정이 지닌 특징은 국제적인 개혁 조류를 반영한 개혁모형이 주를 이루고 있으며, 개혁의 주체가 형식적으로는 몽골의 정치체이기는 하나, 국제금융기구를 포함한 국제기구가 주도해 왔다고 해도 과언이 아니다. 그리고 정권별로 지나치게 개혁에 집착해 개혁의 상시화가 구현되고 있다. 그 결과 몽골의 정부개혁이 내포하는 속성으로 부작용도 만만치가 않다. 개혁모형이 몽골의 현실이나 능력을 감안하지 않고 국제적 조류를 쫓다 보니 모형의 적실성과 내재화에 심각한 괴리가 발생하는 것이 그것이다.

또한 개혁의 주체가 몽골의 정치체가 되어야 함에도 국제금융기구의 요구사항에 부응해야 하는 현실적 여건으로, 몽골정부는 늘 개혁의 대상이 되고 있어 개혁의 동력이 상실되고 수동화현상이 가속화되어 왔다. 이에 더해 개혁의 상시화로 인해 개혁의 형식화와 내성이 형성되고 있는 것도 큰 문제이다. 그럼에도 이를 해결할 개혁의 선결요건이나 전제조건이 마련되어 있지 않은 것도 몽골이 안고 있는 개혁과정의 현주소이다.

제2절 몽골의 정부개혁: 미래의 탐색

체제전환 이후 몽골정부가 단행해 온 개혁과정을 토대로, 몽골이 추구해야 할 정부개혁의 미래에 대한 방향과 함의를 모색하면 이러하다. 기본적으로는 개혁을 단행할 수 있는 선결요건이나 전제 마련에 충실해야 한다는 것이 그것이다. 몽골 정부개혁의 미래 방향을 전제조건의 충실성과 개혁모형의 토착화라는 시각에서 살펴보면 다음과 같다.

1. 개혁의 전제조건 구비

1) 정치적 안정성의 확보

몽골의 체제전환 과정에서 보듯이 2년도 채 안 되는 정부수명으로는, 개혁의 안정성과 지속성은 보장되지 않고 정권의 수사에 그칠 개연성이 크다. 정치적 안정성의 선행조건으로 정부 형태를 어떻게 선택할 것인가는 어려운 선택이다. 대통령제나 내각책임제 모두 한계를 갖기는 동일하기 때문이다.

몽골은 초기 이원집정부제 형태에서 2000년 헌법 개정 시에 대통령의 권한을 약화시키는 의원내각제 형태로 이동을 하기는 했지만, 대통령 직선제를 실시하고 있는 몽골에서 대통령직이 지니는 정치적 상징성은 순수내각제의 그것에 비해 대단히 크다. 그로 인해 견제와 균형의 원리가 작동하는 것처럼 보이기도 하지만, 대통령과 내각이 속한 정당이 서로 다른 경우 갈등 정도가 심한 것이 문제이다.

최근 들어 2019년에 이루어진 헌법 개정을 통해 대통령의 권한을 약화시키고 대신 총리의 권한과 사법부의 권능을 강화하여, 내각책임제의 형태를 강화한 것은 정치적 안정성이라는 측면에서 긍정적 요소로 작동할 것으로 보인다. 그러나 정치적 안정성을 확보하는 데 무엇보다 중요한 것이 정실주의와 족벌주의를 타파해 공직사회의 정치화를 막고, 정치적 중립성에 입각한 직업공무원제를 확립하는 것이 절대적 선결요건이라고 할 수 있다.

공무원사회가 현재와 같이 정치화되고 정실주의에 따른 공무원조직의 불안정성이 지속되는 한, 개혁효과성을 기대하기는 난망하다. 몽골이 제정한 「정부공무원법」에 공무원조직의 안정성을 강화하는 조항이 없는 것은 아니다. 하지만 이러한 법에도 불구하고 실제로 행형화되어 제대로 작동하지 않는다는 데 문제가 있다. 따라서 선거에 따른 정치체의 변동에도 불구하고, 특정 직위 이하의 공무원조직에게는 강력한 직업공무원제가 형성될 수 있도록, 정치권 스스로가 이를 보장하고 강제화해 개혁담당자로서의 공무원조직의 안정성을 강화해야 한다.

2) 풍토병의 치유

부패가 몽골에 국한된 문제만은 아니다. 선후진국을 막론하고 부패는 전염병처럼 어느 국가에나 존재한다. 다만 몽골의 경우는 부패가 전염병 수준이 아니라 풍토병처럼 모든 계층과 지점에서 발생하고 좀처럼 사라지지 않는 특성을 갖고 있다. 게다가 국민들조차도 부패에 대한 개념이나 인식이 취약하고 처벌의 불공평성도 심각한 수준이라는 데 문제가 있다. 그럼에도 부패를 감소시키는 일이 쉬운 것은 아니다.

다만 현실적 대안으로 부패방지청의 권한 강화와 사법부의 공정성을 담보할 수 있는 신분보장을 고려할 수 있다. 특히 부패의 정도가 심각한 정당에 대한 재정투명성 강화와 공개가 현실적 대안으로 여겨진다. 부패는 정치체가 솔선수범하지 않으면 효과를 담보할 수 없다. 몽골에서 이루어지는 정권교체의 원인 가운데 인·허가와 관련된 부정이든 또는 부패문제가 반드시 연루되었다는 사실이다. 따라서 정치체의 자정노력이 없으면 풍토병과 같은 부패는 감소하지 않을 것이다.

이와 함께 외부통제기제로서 시민사회의 통제력을 강화하는 방안이 몽골 시민사회에 확산되어야 한다. 이를 위해 부패감소를 위한 시민사회의 문화를 변화시키기 위한 시민운동이 전개될 필요가 있다. 조직적 부패도 문제이긴 하지만 몽골에 만연한 풍토병 같은 부패는 개인이나 조직을 막론하고 모두에게 감염되어 있다는데 심각성이 있다.

예컨대, 개인들의 경우 기부금이나 소위 촌지를 부패로 인식하지 않는 경우가 많다는 데 문제가 있다. 따라서 부패를 바라보는 시각 자체의 변화가 수반되지 않는 한, 부패 없는 사회를 구현한다는 것은 불가능하다. 이런 측면에서 다양한 시민단체들의 노력과 학교 교육에서부터의 자정노력이 함께 수반되어야 할 것이다.

3) 공무원조직의 안정성과 전문화

몽골은 체제전환 초기부터 「정부공무원법」의 제정을 통해 실적주의와 정치적 중립성 강화를 추구해 왔지만, 제도와 실제 간의 괴리는 말할 나위도 없다. 정권교체기는 물론이고 공무원의 이직이 일상화되어 있는 공무원조직의 불안정으로는 개혁의 지속성과 효과성을 담보하기 어렵다. 정치직 공무원을 제외한 모든 공무원을 정권교체와 관계없이 직업공무원으로서의 신분을 확고하게 보장해주고, 매년 만 명에 육박하는 이직 공무원이 발생하는 관례에 제동을 걸어야 한다.

공무원조직의 안정성 없이 개혁의 지속성은 담보되지 않을 뿐만 아니라 전문성의 단절을 극복할 수 없다. 제도운영 능력을 강화하기 위한 공무원 교육이 체계적·지속적으로 강화되어야 한다. 교육을 통한 전문성 제고 없이 강요된 개혁과정은 그저 구호나 종이작업만을 양산할 뿐 개혁은 장식물에 그칠 개연성이 크다.

이런 측면에서 정부훈련기관인 국립거버넌스아카데미를 대폭 개편·확대하여, 공무원 전문교육기관으로 재탄생해야 한다. 그래서 전문성이 취약한 공무원의 전문성강화와 인식 틀의 개조를 전담하는 전문기관으로 전환되어야 한다. 또한 현재와 같은 이론과 법률중심의 채용시험도 혁신적으로 개선해, 실용적이고 전문적인 지식과 경험을 중시하는 방향으로 채용구조를 전환해 나갈 필요가 있다(김태룡, 2020: 36-38).

2. 토착적 개혁모형의 개발

몽골이 처한 형편상 국제금융기구나 국제원조기구의 요구조건을 무시하기는 쉽지 않다. 하지만 개혁의 전제조건을 갖추지 않은 상태에서 추진하는 개혁은 실패로 귀결되고, 개혁을 추진했다 하더라도 일정시간이 지나면 경로의존성에 따라 원래 상태로 회귀한다. 이는 몽골만이 아니라 동일한 조건에서 진행된 모든 국가의 개혁에서 나타나는 공통된 현상이다.

개혁을 수행하기 위해서는 몽골이 지닌 전제조건의 충족 수준에 적합한 개혁모형을 추구해야 한다. 개혁을 수행하기 위한 전제조건이나 선행조건이 충족되지 않은 채, 국제기구를 중심으로 준 강요적으로 진행된 몽골의 정부개혁은 약간의 성과만을 제외하고는 거의 형식화나 프로그램을 나열하는 수준에 머물렀다.

향후 몽골정부는 개혁의 방향으로 국제적 사조를 추종하여 이를 수입·적용하는 데 치중할 것이 아니라, 개혁을 진행하는 데 필요한 전제조건을 강화하는 기반 마련을 위한 개혁에 치중할 필요가 있다. 정치적 안정성을 모색하고 부패를 감소시킬 대안을 찾고 공무원조직의 안정성과 능력 제고에 초점을 둔 개혁 방향이 맹목적인 외국제도의 무분별한 이식보다 선행되어야 할 당위성이 이에 있다.

결론적으로 몽골이 향후 추진해야 할 토착적 개혁모형은 전제조건의 마련에 초점을 둔다는 관점에서, 법제도의 정비와 정치문화를 포함한 시민문화의 개조에 역점을 둔 방향으로 나가야 할 것이다. 법제도는 주로 부패와 공무원조직의 안정성 강화를 위한 제도의 정비와 이를 정착하는 데 필요한 시민문화의 창출에 치중해야 한다.

형식적 민주주의와 시장경제를 달성한 몽골에게 요구되는 다음 단계의 개혁과정의 초점은 결국 실질적 민주주의의 완성에 놓여야 할 것이다. 이를 달성하기 위해 몽골이 직면한 개혁사상은 민주적 시민문화(civic culture)에 토대한 건전한 시민사회가 정치체를 통제하고 감시할 수 있는 방향으로 개혁의 초점이 이동되어야 한다는 것이다.

참고문헌

[국내 문헌]

강명구 · 오대원(2010). 중앙아시아, 몽골경제 환경 및 몽골 금융시장 현황. 『글로벌 경제이슈』. 서울: 산은경제연구소.

강톨가 외 지음/김장구 · 이평래 옮김(2009). 『몽골의 역사』. 서울: 동북아역사재단.

금희연(2009). 몽고의 체제전환과 민주화과정에 관한 연구. 『통일전략』, 9(2).

기획재정부 · 한국개발연구원(2012). 『2011 경제협력국가와의 경제발전경험 공유사업: 우즈베키스탄, 몽골』. 서울: KDI국제개발협력센터.

김광주(2005a). 신공공관리론에 기초한 정부혁신 사례분석: 뉴질랜드 정부개혁을 중심으로. 『한국지방자치연구』, 6(3).

______(2005b). 한국과 뉴질랜드의 정부혁신 비교연구: 수직적 분권 vs 수평적 분권. 『한국행정학회 2005년도 하계공동학술대회발표논문집(Ⅲ)』.

김병섭(1996). 기업가적 정부혁신의 길. 『한국정책학회보』, 5(2).

______(2005a). Charles T. Goodsell의 관료제의 옹호. 오석홍 편. 『행정학의 주요이론』. 서울: 법문사.

김시윤 · 순두자브 창찰돌람 외(2016). 몽골의 체제전환 성과와 향후 발전전략의 모색. 『대한정치학회보』, 24(1).

김태룡(1987). 공공선택모형과 Hobbes의 정부관의 유관성. 『한국행정학보』, 21(2).

______(1999). 한국과 미국의 행정개혁에 대한 비교. 『한국행정학보』, 33(1).

______(2000). 행정학의 신패러다임으로서 신공공관리모형의 적실성에 관한 연구. 『한국행정학보』, 34(1).
______(2001). 한국지방정부의 행정개혁에 대한 평가. 『한국행정학보』, 35(4).
______(2003). 『한국의 정부개혁: 이론과 실제』. 서울: 집문당.
______(2004). 한국과 미국의 정부개혁: 노무현 정부와 부시 정부를 중심으로. 『한국사회와 행정연구』, 15(2).
______(2005). 시민단체가 사회자본의 형성에 미치는 영향에 관한 연구. 『한국행정학보』, 40(3).
______(2009). 사회자본론의 적실성에 관한 비판적 함의. 『한국거버넌스학회보』, 16(4).
______(2013). 행정개혁의 연구경향. 『한국사회와 행정연구』, 24(2).
______(2017). 『행정이론』. 서울: 대영문화사.
______(2020). 몽골의 정부개혁과 리더십. 『제22차 KIPA 공공리더십 세미나』. 서울: 한국행정연구원.
김태룡 · 윤영진(2000). 『지방정부개혁』. 서울: 대영문화사.
김호동(2016). 『아틀라스 중앙유라시아사』. 서울: 사계절.
대한민국정부 관계부처합동(2016). 『몽골 국가협력전략』. 서울: 대한민국.
송병구(2012). 민주화 이후 몽골정치의 변화와 전망: 총선과 대선을 중심으로. 『제4차 중앙아시아 연합학술대회-21세기 중앙아시아의 지속과 변화』. 서울: 아태지역연구센터.
오석홍(2005a). 『조직이론』. 서울: 법문사.
______(2005b). 『한국의 행정』. 서울: 법문사.
외교부(2016). 『2016 몽골개황』. 서울: 대한민국.
이재영 · 이시영 · 간바티르(2010). 『신아시아시대 한국과 몽골의 전략적 협력 방안』. 서울: 대외경제정책연구원.
이종범(1995). 기업형 정부의 구축 방안. 『한국행정연구』, 4(1).
이평래(2015). 심화되는 몽골의 경제위기. 『몽골마당』.
정동연(2020). 몽골, 장기개발정책 '비전 2050' 확정. 『이슈&트렌드』. 서울:

대외경제정책연구원.
정재완(1995). 『몽골편람』. 서울: 대외경제정책연구원 지역정보센터.
______(2006). 몽골경제의 특징과 한·몽골 정상외교의 주요 성과. 『KIEP 세계경제』, 5월호.
정재완·유민우(2006). 몽골경제와 한·몽골 경제협력 확대방향. 『정책자료 06-02』. 서울: 대외경제정책연구원.
한국국제협력단(2014). 『몽골 ICT 현황조사 보고서』. 서울: KOICA.
한국무역투자진흥공사(2019). 『국별 진출전략 몽골』. KOTRA자료 19-044. 서울: 대한무역투자진흥공사.
______(2020). 『국별 진출전략 몽골』. 서울: 대한무역투자진흥공사.

[국외 문헌]

Andrews, M. et al.(2011). *The World Bank Approach to Public Sector Management 2011-2020: Better Results from Public Sector Institutions*. The World Bank Paper. Washington, DC: The World Bank.
Ariunbold, B.(2017). *Political Party Financing in Mongolia: A Road to Grand Corruption?* https://asiafoundation.org/2017/10/18/political-partyfinancing-mongolia-road-grand-corruption/
Arnold, Peri E.(1995). Reform's Changing Role. *Public Administration Review*, 55(2).
Asia Foundation(2009). *Mongolia Corruption Benchmarking Survey*. San Francisco, CA: The Asia Foundation.
______(2016). *Study of Private Perceptions of Corruption. Strengthening transparency in Mongolia Project*. https://asiafoundation.org/wpcontent/uploads/2016/11/STOPP_2016_ENG.pdf
______(2017). *The State of Conflict and Violence in Asia-Mongolia*. https://asiafoundation.org/wpcontent/uploads/2017/10/MongoliaStateofConflictandViolence.pdf

Asian Development Bank(1994). *Asian Development*, Outlook 1994. Manila: Asian Development Bank.

______(1995). *Economic Review and Bank Operations, Mongolia*. Manila: Asian Development Bank.

______(1997). *Review of the Banks Technical Assistance Operations*. Manila: Asian Development Bank.

______(2000). *Technical Assistance to The Islamic Republic of Pakistan for Fiscal Decentralization*. Manila: Asian Development Bank.

______(2001). *Governance Strategy for Viet Nam*. Draft Report. Manila: Asian Development Bank.

______(2002). *Country Strategy And Program Update(2003~2005)*. Manila: Asian Development Bank.

______(2003). *Enhancing Effectiveness: Managing for Development Results*, Discussion Paper. Manila: Asian Development Bank.

______(2005). *Mongolia: Second Phase of the Governance Reform Program, 1*. Manila: Asian Development Bank.

______(2008a). *Mongolia: Governance Reform Program(First Phase)*. Performance Evaluation Report. 2, Manila: Asian Development Bank.

______(2008b). *Performance Evaluation Report: Mongolia: Governance Reform Program(First Phase*. Project Number: 31597). Manila: Asian Development Bank.

______(2011). *Mongolia: Second Phase of the Governance Reform Program*. Completion Report. 3-12, Manila: Asian Development Bank.

Badarch, K.(2013). *Integrating New Values into Mongolian Public Management*. Potsdam: Universitatsverlag Potsdam.

Baker, Wayne(1990). Market Networks and Corporate Behavior. *American Journal of Sociology*, 96.

Bale, M. & T. Dale(1998). Public Sector Reform in New Zealand and its

Relevance to Developing Countries. *The World Bank Observer*, 13(1).

Balfour, Danny L.(1997). Reforming the Public Service: The Search for a New Tradition. *Public Administration Review*, 57(5).

Barzelay, M.(2003). Introduction: The Process Dynamics of Public Management Policymaking. *International Public Management Journal*, 6(3).

Batbayar, B.(1998). *Problems and Perspectives of Public Administration Reform: The Case of the Executive Branch of the Government of Mongolia*. Working Paper Series 273. Netherlands, Hague: Institute of Social Studies.

Bertelsmann Stiftung(2018). *BTI 2018 Mongolia Country Report*, Haus Berlin.

Beschell, R. P.(2003). Civil Service Reform in India in Howes, S., Ashok Lahiri & Nicholas Stern(eds.). *State-level Reforms in India: Towards More Effective Government*. New Delhi: Macmillan India.

Bittner, P.(2016). Mongolian People's Party Routs Democratic Party in Parliamentary Elections. *The Diplomat*, July 01, 2016.

Boone, P. et al.(1997). Mongolia's Transition to a Democratic Market System. in Wing Thye Woo, Stephen Parker, & Jeffrey D. D. Sachs (eds.). *Economics in Transition: Comparing Asia and Europe*. Cambridge, MA: The MIT Press.

Braga, Alessandro & Sancino, Alessandro(2013). Public Management Reforms in Developing Countries between Heteregenesis of Purpose and Managerial Fashion. *Rivista Italiana di Ragioneria e di Economia Aziendale RIREA*, 113(7-8-9).

Brautigam, D.(1996). State Capacity and Effective Governance in Ndulu, B. & Walle, N.(eds.). *Agenda for Africa's Economic Renewal, Transaction Publishers for the Overseas Development Council*. Washington,

DC.: Bhatnagar.

Brogger, L. et al.(2004). *State of the State in Mongolia.* Demstar Research Report Number: 23. Nordre Ringgade: University of Aarhus.

Burns, James McGregor(1978). *Leadership.* New York: Harper and Row.

Cheng, Kevin C.(2003). *Growth and Recovery in Mongolian During Transition.* IMF Working Paper, WP/03/217, IMF.

Christoplos, Ian(1998). Public Services, Complex Emergencies and the Humanitarian Imperative: Perspectives from Angola, in Martin Minogue, Charles Polidano, & David Hulme(ed.). *Beyond the New Public Management: Changing Ideas and Practices in Governance*. Northampton, MA: Edward Elgar Publishing, Inc.

Chuluunbat, N.(2013). *Why Was Mongolia Successful? Political and Economic Transition in 1990-1996*, Graduate School of the University of Maryland, Ph. D.

Cohen, J. & Peterson, S.(1999). *Beyond Administrative Decentralization Strategies for Developing Countries.* West Hartford, CT: Kumarian Press.

Cohn, Daniel(1997). Creating Crises and Avoiding Blame: The Politics of Public Service Reform and the New Public Management in Great Britain and the United States. *Administration & Society*, 29.

Common, Richard(1998). The New Public Management and Policy Transfer: The Role of International Organizations, in Martin Minogue, Charles Polidano, & David Hulme(ed.). *Beyond the New Public Management: Changing Ideas and Practices in Governance.* Northampton, MA: Edward Elgar Publishing, Inc.

Damiran, T. & R. Pratt(2005). *Institutional Change in Mongolia: Balancing Waves of Reform.* Presentation at the Annual Conference of the Network of Asia-Pacific Schools and Institutes of Public Administration and Governance. Beijing, China.

Davis, J.(2004). Corruption in Public Service Delivery: Experience from South Asias Water and Sanitation Sector. *World Development*, 32(1).

De Bruijn, H.(2002). Performance Measurement in the Public Sector: Strategies to Cope with the Risks of Performance Measurement. *International Journal of Public Sector Management*, 15(7).

Denhart, Robert B. & Janet Vinzant Denhart(2000). The New Public Service: Serving Rather than Steering. *Public Administration Review*, 60(6).

Denhardt, Robert B. & Joseph E. Gray(1998). Targeting Community Development in Orange County. Florida. *National Civic Review*, 87(3).

Dolgormaa, L.(2017). 몽골 대선 전망과 신정부의 경제정책방향. 『대외경제정책연구원 몽골 전문가풀 발표자료』. 서울: 대외경제정책연구원.

Dubnick, Melvin J.(1994). A Coup against King Bureaucracy, in John J. DiIulio, Jr.(ed.). *Deregulating the Public Service: Can Government Be Improved?* Washington, DC: The Brookings Institution.

Easterly, W.(2002). *The Cartel of Good Intentions: Bureaucracy Versus Markets in Foreign Aid*. Washington, DC: Center for Global Development, Institute for International Economics.

Extractive Industries Transparency Initiative(EITI)(2016). *Country Overview Mongolia 2016*. https://eiti.org/mongolia

Ferlie, Ewan, Ashburner Lynn, Fitzgerald Louise, & Pettigrew Andrew (1996). *The Public Management in Action*. Oxford: Oxford University Press.

Fox, Charles J. & Hugh T. Miller(1995). *Postmodern Public Administration: toward Discourse*. Thousand Oaks, CA: Sage Publications.

Frederickson, H. George(1996). Comparing the Reinventing Government Movement with New Public Administration. *Public Administration*

Review, 56(3).

Freedom of Press Index(2017). *Mongolia Profile*. https://freedomhouse.org/reportfreedompress/2017/mongolia

GAN Integrity(2016). *Mongolia Corruption Report*. https://www.business-anti-corruption.com/countryprofiles/mongolia/

Gillespie, P. et al.(1996). This Great Evil: Anticipating Political Obstacles to Development. *Public Administration and Development*, 16(5).

Government of Mongolia(2001). Good Governance for Human Security Programme. *Policy Document*.

Government Service Council of Mongolia(2008). *Mongolian Civil Service Profile Map*. Ulaanbaatar.

Harris, Chauncy D.(2020). *Mongolia, Britanica*. London: Encyclopedia Britannica, Inc.

Hausman, D.(2009). From Central Planning to Performance Contracts: New Public Management in Mongolia, 1996-2009. *Innovations for Successful Societies*. Princeton, New Jersey: Princeton University.

Heller, Walter P., Ross M. Starr, & David A. Starrett(1986). *Uncertainty, Information, and Communication*. Cambridge: Cambridge University Press.

Hirschmann, D.(2003). Aid Dependence, Sustainability and Technical Assistance. *Public Management Review*, 5(2).

Hood, Christopher(1991). A Public Management for All Seasons? *Public Administration*, 69(1).

Hugh, Owen E.(1994). *Public Management and Administration: An Introduction*. New York: St. Martin's Press.

IAAC(2015). *The Stolen Asset Recovery Initiative(STAR)*. https://www.iaac.mn/news/668?lang=en

Ingraham, Patricia W. & Barbara S. Romzek(1994). *New Paradigms for*

Government: Issues for the Changing Public Service. San Francisco: Jossey-Bass Publishing.

International Monetary Fund(1997). *Enhanced Structural Adjustment Facility: Policy Framework Paper*, 1997-2000. Washington, DC: International Monetary Fund.

Kaboolian, Linda(1998). The New Public Management: Challenging the Boundaries of the Management vs. Administration Debate. *Public Administration Review*, 58(3).

Kettl, Donald F.(1994). Deregulating at the Boundaries of Government: Would It Help? in John J. DiIulio Jr.(ed.). *Deregulating the Public Service: Can Government Be Improved?* Washington, DC: The Brookings Institution.

______(2000). The Transformation of Governance: Globalization, Devoltion, and the Role of Government. *Public Administration Review*, 60(6).

Kettl, Donald F. & H. Brinton Milward(eds.)(1996). *The State of Public Management*. Baltimore, MD: Johns Hopkins University Press.

KOTRA(2019b). 『KOTRA 해외시장뉴스』. 서울: 대한무역투자진흥공사.

Laking, R.(1999). Don't Try This at Home? A New Zealand Approach to Public Management in Mongolia. *International Public Management Journal*, 2(2).

Larbi, G. A.(1999). *The New Public Management Approach and Crisis States*. Discussion Paper No. 112. United Nations Reserch Institute for Social Development.

Leftwich, A.(1993). Governance, Democracy and Development in the Third World. *Third World Quarterly*, 14.

Leiderer, S.(2005). *Diagnosis and Reform of Public Financial Management Systems: A Key Crosscutting Issue for Program-Based Approaches in Development Policy*. Briefing Paper, No. 3/2005. Bonn: Deu-

tsches Institut für Entwicklungspolitik.
Lundeejantsan(2017). *Conceptual Issues Related to Making Amendments to the Constitution of Mongolia.* The Proceeding Paper, The Constitutional Court of Mongolia.
Marshall, Richard(2004). *Lessons from Mongolia's Transition to the Market.* Paper Prepared for the UNDP Transition Conference. Hanoi, Viet Nam.
Mascarenhas, R. C.(1993). Building an Enterprise Culture in the Public Sector: Reform of the Public Sector in Australia, Britain, and New Zealand. *Public Administration Review*, 53(4).
Matheson, A. et al.(2007). Study on the Political Involvement in Senior Staffing and on the Delineation of Responsibilities between Ministers and Senior Civil Servants. *OECD Working Papers on Public Governance*, 2007/6, OECD.
Mathiasen, D. G.(1999). The New Public Management and its Critics. *International Poublic Management Journal*, 2(1).
McCourt, Willy(1998). Civil Service Reform Equals Retrenchment? The Experience of Right-Sizing and Retrenchment in Ghana, Uganda and the UK, in Martin Minogue, Charles Polidano, & David Hulme (ed.)(1999). *Beyond the New Public Management-Changing Ideas and Practices in Governance*. Northampton, MA: Edward Elgar Publishing, Inc.
McKevit, David(1998). *Managing Core Public Services.* Oxford: Blackwell Publisher.
Merkle, Ortrun(2018). *Mongolia: Overview of Corruption and Anti-Corruption.* Transparency International.
Minogue, Martin(1998). Changing the State: Concepts and Practice in the Reform of the Public Sector, in Martin Minogue, Charles Polidano,

& David Hulme(ed.)(1999). *Beyond the New Public Management-Changing Ideas and Practices in Governance*. Northampton, MA: Edward Elgar Publishing, Inc.

National Statistical Office of Mongolia(2008, 2015, 2019). *Mongolian Statistical Yearbook*.

Nixson, F. & B. Walters(1999). Administrative Reform and Economic Development in Mongolia, 1990-1997: A Critical Perspective. *Policy Studies Review*, 16(2).

Odonkhuu, Munkhsaikhan(2020). Mongolia's Long, Participatory Route to Constitutional Reform. *Constitutionnet*: International.

Osborne, David & Peter Plastrik(1997). *Banishing Bureaucracy*. Reading, MA: Addison-Wesley.

Osborne, David & Ted Gaebler(1992). *Reinventing Government: How the Entreprenurial Spirit is Transfoming the Public Sector*. New York: Addison-Wesley.

Peter, Boone, Baavaa Tarvaa, Adiya Tsend, Enkbold Tsendjav, & Narantsetseg Unenburen(1997). Mongolia's Transition to a Democratic Market System. in Wing Thye Woo, Stephen Parker, & Jeffrey D. D. Sachs(eds.). *Economics in Transition*. The MIT Press.

Peters, B. Guy & John Pierre(1998). Governance Without Government? Rethinking Public Administration. *Journal of Public Administration Research and Theory*, 8(2).

Pollitt, Christopher(1996). *Managerialism and the Public Services*. Oxford: Blackwell Publishers Ltd.

Rana, P.(1995). Reform Strategies in Transitional Economies: Lessons from Asia. *World Development*, 23(7).

Raza, A.(ed.)(2006), *The Role of Public Administration in Building a Harmonious Society*. Philippines: Asian Development Bank.

Rhodes, R. A. W.(2000). Governance and Public Administration, in Jon Pierre(ed.). *Debating Governance*. Oxford: Oxford University Press.

Rose, A.(2003). *Results-Oriented Budget Practice in OECD Countries*. London: Overseas Development Institute.

Rosenbloom, D.(1994). *The Government Performance and Results Act: Early Implementation, The Context of Management Reforms. Post Symposia Information*. Washington, DC: Institute for Effective Public Management, Washington Public Affairs Center.

Saruul Tovuusuren/배건이 역(2011). 경로의존성을 통해 본 현재의 문제상황 진단: 초기 동유럽 체제이행 국가들과 몽골의 RIA 프로그램 비교분석. 『입법평가연구』. 제8호.

Schaefer, L.(2018). *New Public Management in Mongolia*. Center for Public Impact. Arlington, VA: A BCG Foundation.

Schick, A.(1998). Why Most Developing Countries Should Not Try New Zealand Reforms. *The World Bank Research Observer*, 13(1). The International Bank for Reconstruction and Development/The World Bank.

Self, Peter(1993). *Government by the Market: The Politics of Public Choice*. London: The Macmillan Press.

Sundquist, James L.(1995). The Concept of Governmental Management: Or What's Missing in the Gore Report. *Public Administration Review*, 55(4).

Tendler, Judith(1997). *Good Government in the Tropics*. Baltimore and London: Johns Hopkins University Press.

Terry, Larry D.(1995). *Leadership of Public Bureaucracies*. Thousand Oakes, CA: Sage Publications, Inc.

Transparency International Mongolia(2016). *Political Party Financing-Mongolia's Grand Corruption*. http://www.transparency.mn/content/

18554.shtml
______(2017a). *Mongolia.* https://www.transparency.org/country/MNG
______(2017b). *Combatting Corruption in Mining Approvals: Assessing the Risks in 18 Resource Rich Countries.* https://www.transparency.org/whatwedo/publication/comb

Turner, Mark(1998). Central–Local Relations in the Asia–Pacific: Convergence or Divergence? in Martin Minogue, Charles Polidano, & David Hulme(ed.)(1999). *Beyond the New Public Management–Changing Ideas and Practices in Governance.* Northampton, MA: Edward Elgar Publishing, Inc.

Turner, M. & D. Hulme(1997). *Governance, Administration and Development: Making the State Work.* London: Macmillan.

Ulaanbaatar(2004). *Medium–Term Civil Service Reform Strategy.* Mongolia.
______(2008). *2007 Civil Service Census of Mongolia.* Mongolia.

UNDP(2003). *Public Administration Reform.* Practice Note.
______(2018). *Towards a Professional and Citizen–centered Civil Service in Mongolia.* project number Mon/18/101.

Vinzant, Janet(1998). Where Values Collide: Motivation and Role Conflict in Child and Adult Protective Service. *American Review of Public Administration*, 28(4).

Vinzant, Janet & Lane Crothers(1998). *Street–Level Leadership: Discretion & Legitimacy in Front–Line Public Service.* Washington, DC: Georgetown University Press.

Volodya, Bolormaa(2020). Mongolia: The Amendment on Constitution of Mongolia. *Mondaq.*

Wheare, K. C.(1973). *Maladministration and its Remedies.* The Hamlyn Lectures. Twentyfifth series. London: Stevens & Sons Publication.

Williamson, John(1990). What Means by Policy Reform, in J. Williamson (ed.). *Latin American Adjustment: How Much Happened?* Washington, DC: Institute for International Economics.

Wood, A.(2000). *The IMF's Enhanced Structural Adjustment Facility: What Role for Development?* London: Bretton Woods Project.

World Bank(2002). *Mongolia Public Expenditure and Financial Management Review: Bridging the Public Expenditure Management Gap.* Report Number: 24439. Washington, DC: The World Bank.

______(2009). *Mongolia Towards a High Performing Civil Service.* Report No. 50767-MN. Washington, DC: The World Bank.

______(2013). *World Development Indicators*. Washington, DC: The World Bank.

______(2015). *Mongolia Public Financial Management Performance Report*. Washington, DC: The World Bank.

______(2018). *The Ease of Doing Business in Mongolia*. http://www.doingbusiness.org/data/exploreeconomies/mongolia

Д.ЖАРГАЛСАЙХАН(2019). Corrupt Government, State Ownership, and Poverty, *Jargal DeFacto.*

찾아보기

ㄱ

ㄹ

ㅁ

ㅂ

ㅅ

ㅇ

ㅈ

ㅊ

ㅋ

ㅌ

ㅍ

ㅎ

기타

김태룡(金泰龍)

서울대학교 대학원에서 행정학 박사학위를 취득하고, 상지대학교 행정학과에서 교수로 재직하고 있다. 연구 영역은 정부개혁, 시민사회론, 행정이론 분야이다.

연구 활동으로는 주요 저서에 『Public Administration: Development, Scholars, and Theories』(Daeyoung Moonhwasa, 2019), 『새 한국행정론』(대영문화사, 2017), 『행정이론: 행정사와 이론을 중심으로』(대영문화사, 2017), 『한국의 정부개혁: 이론과 실제』(집문당, 2003), 『한국의 행정과 정책』(조명문화사, 1999) 등이 있다. 주요 공저서로는 『새 한국정부론』(공저, 대영문화사, 2019), 『현대사회와 NGO』(공저, 대영문화사, 2013), 『사회자본과 자원봉사』(공저, 집문당, 2011), 『한국 지역사회 정치문화』(공저, 오름, 2005), 『새행정이론』(공저, 대영문화사, 2002), 『지방정부개혁』(공저, 대영문화사, 2001) 등 20여 권을 출간했다. 『한국행정학보』를 비롯한 주요 학회보에 100여 편의 논문을 발표했다.

학회 활동으로는 한국행정학회 회장(제45대)과 서울행정학회 회장(제18대)을 역임했다. 이와 함께 『한국사회와 행정연구』의 편집위원장을 역임했다.

사회 활동으로는 부패방지입법시민연대 공동대표와 경실련 및 소비자주권시민회의에서 상임집행위원장을 역임하고, 현재는 경실련 아카데미 대표와 유보통합운동본부 공동대표로 있다. 정부와 각종 기구에서 활동으로 국무총리실과 행정안전부 등에서 채용선진화제도추진위원회 위원장과 정책자문위원으로, 인사혁신처에서는 규제혁신위원장을 역임했다. 지방정부 차원에서는 원주비전21위원장과 횡성정책아카데미 원장을 역임했다. 이외에 한국연구재단에서 Program Manager와 각종 위원장을, 경제인문사회연구회에서 평가위원장을 역임했다.

몽골의 정부개혁

펴낸날 제1판 제1쇄 2021년 3월 22일
지은이 김태룡
펴낸이 임춘환
펴낸곳 도서출판 **대영문화사**
주소 (본사) 사무실: 경기도 고양시 일산서구 주화로 70
우신프라자 307호 (우) 10387)
(본사) 물류센터: 경기도 고양시 일산서구 덕산로
107번길 68-50 (우) 10205)
등록 1975년 12월 26일 제3-16호
전화 (031) 913-3062, (031) 914-3884~5
팩스 (031) 913-3839
홈페이지 http://www.dymbook.co.kr

ISBN 978-89-7644-778-4
값 20,000원